行　政　学

武智秀之　著

中央大学出版部

ま え が き

(1)　行政学の特質

　行政学は理論構築と現状分析に存在理由を有し，学際的な研究業績によって構成されている。偏りがなく，調和的で，中間的という意味で，いわば中庸の徳とでもいうべき特質に行政学の学問的な面白さがある。

　行政学の教科書では制度の解説と学説の概説が行われることが一般的である。ただし，教科書の中で現状の分析が行われることは少なく，学説を分析枠組みとして理論化・体系化する意識も教科書の執筆者には希薄であった。学修は「暗記」ではなく「相対化」であるが，制度と学説の暗記が恒常化した行政学教育では相対的な思考の養成は難しい。この教科書は既存の研究蓄積に基づいて議論の体系化を試みている。行政と行政学に関しては，「行政を対象としていれば行政学になる」という考え方と，「行政を対象としていても行政学になるわけではない」という考え方の2つが存在する。行政学の教科書は，この2つの考え方の間にあるギャップを埋めることに課題がある。

　「まえがき」では行政学の教科書を読み解きながら，望ましい教科書とは何かを考えてみることにしたい。素材とする行政学の教科書は参考文献にあげている，西尾勝（2001），曽我（2013），西尾隆編（2016），伊藤・出雲・手塚（2016），森田（2017）の5冊であり，西尾勝（2001）以外の4冊はいずれも西尾勝（2001）に強い影響を受けている。本稿では5つの点について論述する。第1に各教科書で行政学の特質をどのように取りあげているかを検討する。第2に各教科書の章立て構成について説明する。第3に議論の継承と断絶について検討する。第4にマニュアルとしての行政学教科書について説明する。第5に本書の3つの特徴について論じる。

　行政学はその研究対象が広く，政治学では応用的分野に属する。逆に言えば

理論の希薄さ，学説と理論の未分離という特質をもつと批判されても仕方がない。それゆえに，行政学を研究する者は対象への関心を広く持ち，理論を修得して現実へ適用する能力が求められている。

　政治学の一分野である点で政治権力の学問であり，官僚制を対象として社会学・経営学など組織の理論を背景としている点で管理技術の学問でもある。東京帝国大学で蠟山政道が「行政は権力なるや技術なるや」という試験問題を出して，2つの優秀答案の提出者が丸山眞男と辻清明であったことは有名である。

　西尾勝（2001）は日本の行政学においてオーソドキシーの位置を占める。行政学の学問姿勢に対して禁欲的であり，蠟山政道や辻清明と異なり公務員制度ではなく市民参加の問題関心から研究を始めた。政治との分離融合の中で行政現象を把握し，中央と地方の政治権力の文脈から民主制の下での官僚制を論じる点が，第1の特質である。歴史的展開，中央地方関係，統治構造，公務員制度などの論述で政治権力としての行政が描かれる。また西尾勝はバーナードの組織論を大都市行政に適用し，研究手法の点で当時としてはラディカルな助手論文を執筆した。この能率性に基づく官僚制について管理技術の文脈から論じる点は，この教科書の第2の特質となっている。官僚行動，官僚主義，能率，資源管理などの論述で管理技術としての行政が示される。これら権力の文脈と技術の文脈とを一つに紡ぐのが行政学の諸概念である。需要，調整，計画，裁量，自治，責任，分権など行政学の主要概念を網羅している点が，第3の特質となる。さらに，官房に対する問題関心は官僚制の作動様式や稟議書による意思決定に関する論述に示されている。この教科書は西尾勝における研究世界を理解する入門書としても有益である。

　権力と技術の交錯を行政学の第1の特質とするならば，第2の特質は分業と調整にある。曽我（2013）は「分業と委任」という視点で行政学教科書を設計しており（3頁），これは「分業と調整（協働）」をコンセプトとしたアメリカ行政学の標準であるサイモンら（1977）と問題関心を共有したものと言ってもいいであろう。曽我（2013）は他の教科書と比べても突出して理論志向が強く，水準の高さゆえに学部生というよりも大学院生に適性がある上級教科書という

べきであろう。

　西尾隆編（2016）は政策研究を取り込んだ政府学，公共部門の政治学として行政学を構築しようとする試みである。ここでは行政学を市民が学ぶことで行政や政策が一般市民の手によって改善・改革されることが主張される（15頁）。この本が放送大学のテキストブックであることを考えれば，市民のための行政学を志向することは当然至極なことであろう。

　これに対して伊藤・出雲・手塚（2016）は同じ入門書でも大学2年生レベルを想定し，簡潔で要領の良い説明をする工夫が随所に見られる。各章の冒頭には概要を掲載し，図表も豊富で，コラムも盛り込み，練習問題さえ付されている。丁寧な解説が心がけられ，様々な点でバランスの良い教科書であり，法学部の2年次学生には推奨できる教科書である。かつて3年次に配置されていた行政学の授業科目は下級年次へ降りる傾向にあるが，このようなカリキュラムの改訂にも対応した初学者に優しい教科書となっている。ただし情報量としては不十分であり，公務員試験を考えている学生や行政学を本格的に研究する学生には，あわせて西尾勝（2001）の講読を勧めることも必要である。

　森田（2017）は制度思考の強い行政学教科書である。行政学が取り組んでいる課題として，行政責任，政策研究，政治過程の分析の3つをあげている（31-32頁）。森田は「行政学における行政組織の実際の活動を理解するには，現代組織論の枠組みが最も適している」（82頁）と評している。本稿で取りあげる教科書としては最も標準的であり，学生からも受け入れやすく馴染みやすい持味を有している。

（2）　教科書の章立て構成

　章立て構成は教科書の命である。既存の議論をまとめているので，教科書の細かい内容には大きな差はない。そのため，政治社会をどのように構成して見せるかがライターの腕の見せ所である。本論をいきなり公務員制度から始める行政学教科書が存在するならば，玄関の次が応接間のような間取りは行政学の関心を持った来客に不親切である。教科書の構成から見れば，残念物というべ

きであろう。経済学のようにミクロの市場行動として需要と供給の論述から始める方法もあるが，政治学の基礎知識を有する読者を対象としていることが多いと思われるので，マクロ的な概観や歴史的経緯から論述する方が読者には理解しやすいであろう。

西尾勝（2001）は20章の構成となっている。政府の活動範囲や行政の歴史的展開に始まり行政責任で終わる章立て構成は伝統的なものである。むしろ西尾勝（2001）がこのスタンダードを日本において定型化したといってもよい。西尾勝は行政学が制度学，管理学，政策学の要素から構成されることを示したが，教科書の構成を自己完結なものにするために「制度学の視点からの考察を中心にしながら，これに多少は管理学や政策学の視点からの考察を加味したものとなっている」（iii頁）。教科書における緻密な論理構成や現実の制度条件への配慮は，「目配りの西尾」と言わしめた著者の最も優れた特徴であり，現在においても他の行政学者の追随を許さない水準の高い行政学教科書の一つである。

曽我（2013）は16章，Ⅳ部構成となっている。各章で自己完結しておらず，各部で全体の構造が理解できる仕組みである。16章では年間26〜30回ある講義の教科書として使いにくく，しかも各章で自己完結していないので，演習としても1章ごとの講読では学生の理解は進まない。他の教科書と比べて理論的分析の比重が強い点に特徴があるが，それは学部生には解りづらい内容ともなっている。例えば，「権力の集中・分散と官僚」では代理人が委任された本人が複数いる場合の帰結が示されるが，具体的に想定される状況が明示されていないので，説得的な議論とは言えない（92-94頁）。また章立て構成型の教科書とは異なる点は独特であり，その点も慣れない人には読みづらいかもしれない。

西尾隆編（2016）は15の章から構成され，市民社会から国際公共財まで取りあげながら政策と制度を中心に政府論を説明している。第8章で「モノ・人・社会のマネジメント」というマネジメントの章を割いているが，政策に重きを置いた影響でミクロ的な管理の側面は他の教科書と比べれば相対的に比重が低い。このトレードオフはこの教科書が政策学の要素を取り込んでおり，紙面の制約が存在するためである。この点を批判しても生産的ではない。管理の側面

が存在しない点よりも政策の面を取り込んでいる点を強調すべき教科書である。

　伊藤・出雲・手塚（2016）は12章構成となっており，初心者が関心を寄せるような工夫が随所に見られる。第4章の「新しい行政の見方」で新公共管理（NPM）改革について触れ，第8章の「変化する行政の姿」で組織改革，規制改革，民営化，分権改革などを取りあげる。第9章「行政活動をデザインする」では政策の視点から行政の設計について検討し，第12章「行政と社会のインターフェイス」では政策実施や政策評価，政策の失敗から行政責任を問う議論を行っている。

　森田（2017）は15章から構成され，最も標準的かつ伝統的な章立て構成となっている。その点は読者にとって馴染みやすく，論述の仕方も標準的である。むしろ，標準的すぎると評される人もいるかもしれない。しかしながら，元々が放送大学のテキストブックであり，一般的な読者を想定しているため，その対象設定を考えれば適切なレベル設定や記述の密度として評するべきであろう。森田朗は指導教授の西尾勝から「最良のテキストブック・ライター」と評されていたが，この標準こそ個性であり，最良のテキストブック・ライターの面目躍如というところであろう。

（3）　議論の継承と断絶

　教科書は過去から未来に知を継承する役割を持っている。5冊の教科書は知の標準化という点から見れば，継承と断絶の両方をあわせもっている。ここでは5点あげておく。

　第1は学説史についてである。伊藤・出雲・手塚（2016）も森田（2017）も第3章で行政学の学説史を取りあげており，これは西尾勝（2001）が第3章と第4章とで学説史を取りあげていることと類似している。しかしこのような位置では学生に学説史の理解は進まない。学説史はプロを志向する学生には有益であるが，他の学部学生にはあまり理解は進まない。学説史をアメリカ行政学から始める教科書のスタイルは西尾勝（2001）以降，行政学教科書の定番である。しかし，行政の歴史をヨーロッパ近世から論じながら，学説史はアメリカ

行政学に限定するという論理整合性の問題は残る。経済学では経済学史として別の教科書とされ，理論化した学問分野ではそのような取り扱いとなる。学説史の取り扱いが不安定であることは，行政学の理論化や体系化が発展途上であることの証拠である。今村・武藤・真山・武智（1999）のように学説史を最終章で取りあげるか，曽我（2013）や西尾隆編（2016）のように学説史を省く方が望ましい。

　第2は行政責任論についてである。サイモンら（1977）では，最後に管理者の責任として公式的統制と非公式的統制を2つの章にわたって取り扱っている。行政責任論で締める構図は行政学教科書の定番であった。実際に，西尾勝（2001）や西尾隆編（2016）は最後に行政責任論を取りあげ，そこに収斂させる形で各章の構成を行っている。ただし他の本は最終章ではなく，曽我（2013）は第4章「政治と行政の関係の帰結」で，森田（2017）は第4章「現代の政府体系」で行政責任論を論じる。また伊藤・出雲・手塚（2016）は行政責任を最後の1頁を割いて軽めの説明に終わっている。行政責任は規範的な問題であり，演繹思考の世代には古臭い問題として理解されるのかもしれない。

　第3は人間的要素の扱い方である。日本の行政学教科書は世界標準から見て人的資源のマネジメントに論述の比重が軽い傾向にある。人事行政や公務員制における制度論での説明に偏っている。人間関係論で議論されてきたように，組織は「感情の体系」である。動機づけ（モチベーション）や誘因（インセンティブ）の考え方が欠如している点は，日本の行政学の悪しき慣行であるといってよい。日本の行政学は制度主義の志向性を持つが，これは西尾勝（2001）や村松（2001）も同様であり，他の教科書も押しなべて同じ傾向にある。曽我（2013）は誘因（インセンティブ）に対する理解は深く，青木昌彦の人事集中・情報分散のモデルを適用している。行政資源の調達と運用については「権限」「財源」「情報」「人的資源」について明示的な書き方がされており，青木昌彦のAモデル・Jモデルを用いて人事集中・情報分散の日本型システムを描こうとする点は共感できる点である。しかしながら，人的資源のマネジメントという視点から動機づけやリーダーシップに関する研究成果の蓄積が説明されているわけではな

い。また，西尾隆編（2016）は第8章で人的資源の問題を取りあげており，森田（2017）は第6章「官僚制」において，組織理論の中で人間関係論を扱っている（81頁）。しかしながら，伊藤・出雲・手塚（2016）では学説史でも人間関係論は存在しない。

　第4はガバナンスについてである。ガバナンスないしガバメントに対する行政学教科書の関心は高く，西尾隆編（2016）では行政学の「中心的関心」（3頁），森田（2017）では「新たな社会秩序形成」（205頁）として重要視されている。西尾勝（2001）の「はしがき」では，Governmentの制度と運用の重要性として既に論じていた（iv頁）。伊藤・出雲・手塚（2016）は第4章「新しい行政の見方」で「NPMからガバナンス」（70頁）として近年の傾向を理解し，伝統的な行政学，新公共管理（NPM），ガバナンスの3つに類型化しているが，この理解はやや単純化しすぎる。新公共管理（NPM）は現実のレベル，ガバナンスは認識のレベルであり，混同することは望ましくなく，わかりやすくする際に陥りがちな過度な単純化の語弊というべきであろう。マルチレベル・ガバナンス（多次元ガバナンス）は統制だけでなく調整・契約への行政手法へ拡大している現象をさすが，この点から見ても新公共管理（NPM）とガバナンスを並列的な対置関係として読者へ理解させるのは適切ではない。

　また曽我（2013）は第Ⅲ部の「マルチレベルの行政」において，「マルチレベルの行政とは，中央政府と地方政府の関係という国内の政府間関係および他国の政府との関係という国際的な政府間関係の双方のレベルにおいて，政府間，とりわけその行政機構間にいかなる調整メカニズムが備わり，対立の抑制や協調の促進が図られているかをとらえる概念である」（222頁）としている。ただし，レーン（2017）は多次元ガバナンスを垂直的な政府間関係，水平的な政府間関係，政府民間関係の3つの次元で理解する（130-131頁）。曽我のマルチレベル・ガバナンスの概念は政府と民間との契約や水平的な政府間関係における調整の観念がなく，やや狭い概念規定となっている。

　第5は稟議制についての論述である。西尾隆編（2016）では稟議制を意思決定の特質として位置づける（181-185頁）。森田（2017）も同様である（102頁）。

この点は西尾勝（2001）を継承した議論である。また曽我（2013）は「事務処理形態の根底に意思決定方式の特徴を見抜いたことは慧眼というべきである」（153頁）と述べ，稟議制の議論を重視している。しかしながら曽我（2013）と対照的に，この形態が意思決定の実態から離れている点を消極的に評価しているのが伊藤・出雲・手塚（2016）である。伊藤・出雲・手塚（2016）は「文書と意思決定が大きく異なる」（180頁）とし，意思決定方式としては消極的に評価する。

　辻清明（1969；1982）や西尾勝（2001）は稟議書を意思決定として理解していただけではなく，むしろ組織の規律やルーティンとして理解していたことに注目すべきであろう。元農林省の井上誠一（1981）は「事前の意見調整や稟議書の持回りが，それだけを取り上げてみればかなりの時間と手数を要するように思われるにもかかわらず，重要な意思決定における原則的な処理方式となっているのは，そのような処理方式をとらない場合に生ずる混乱と事務処理の停滞，その解決のために要する膨大な時間と労力とを考慮すると，結局その方がはるかに効率的で摩擦の少ない方法だからである」（39頁）と述べ，稟議書による意思決定の実質合理性を論じている。

　稟議制は組織の構成員であることを確認する作業であり，意思決定のプログラム化に影響するメカニズムである。つまり組織はルーティンを原則とし，それは組織の意思決定を安定化させる重要な役割を果たしている。かつてマーチとサイモン（2014）はグレシャムの法則をあげながらルーティン活動に収斂する組織特性をプログラム化として議論した（106-108頁）。マーチとサイモンが示したように，組織の活動で稟議書型意思決定の割合は少なくてもルーティンが原則であることの重要性は認識しなければならない。かつて伊藤大一（1980）は『現代日本官僚制の分析』の中で，「内部的な制御が外部的に適用されていくにつれて，逆に，外部の秩序が内部に還流してくる」と述べ，内部管理と外部制御の連動性を重視した。なぜ官僚制がプログラム化されているかを理解するために，稟議制の理解は最適な事例である。

（4）　教科書はマニュアルか

　5冊の教科書は，現実の行政を理解するための助けとして機能しており，その点で共通して初心者への案内としての機能を果たしている。著者たちは行政に関心を寄せる読者へ複雑な仕組を解説し，理解を深めるための枠組みや思考を提供している。しかしながら，教員はこれらの教科書を教え込むためのマニュアルとして使用することも多く，学生たちも試験対策のマニュアル本として活用している。使い方によってマニュアルにも，初心者への案内や指針にもなりうるのである。また対象となる学生のレベルや特性によっても異なるのかもしれない。細かく指示しないと行動できない学生が増加している現実，つまりマニュアル世代の拡大を見ると，マニュアルとして教科書を提示することは初級者に現実的な対応かもしれない。マニュアルとして使用するにしても，批判をする素材として教科書を用いることは有益だろう。

　ただし，社会で求められる人物像は，自分で考えて主体的に行動する人である。つまり，社会で必要な能力は課題発見と課題解決の能力，論理的思考，コミュニケーション能力であって，専門知識を暗記する能力ではない。このような社会で求められる能力を考えれば，可能な限りガイドラインとして教科書を利用し，学生を自ら考える主体性ある人間へと導いていくことが望ましい。学生からマニュアルのような講義を求められる際に心折れることも少なくないが，以下の3つの方法で行政学の教育を行うことが必要であると考えている。

　第1に講義で行政学の思考と方法を伝え，学問的魅力を伝えることである。大学は教育を行う場であると同時に研究を行う場所である。この点は高校と異なる大学の特色である。行政学が権力と技術の交錯する領域に存在し，分業と調整の枠組みで構成されている点を伝えることは，講義において必要不可欠なことである。行政学の理論と方法は組織理論に依存することが多く，その理論の適用可能性や分析可能性についても，実際の分析内容を講義で伝えることで過去の英知を未来につないでいくことが使命であると信じている。

　第2に教科書の多様性を伝えることである。学生たちは教科書が同じものであると観念しているが，その実態は各教科書に認識の誤り，解釈の違い，学説

の対立などが存在し，その意味内容を比較しながら紹介していくことが望ましい。ここでは5冊の教科書の共通と差異について論じてきたが，このような教科書が個性的であることを伝えていくことも，知識偏重型の教育から思考養成型の教育へ変えていく手段として有益であると考えている。また暗記することが学修ではなく，対象から距離を置き，考え方を相対化し，複数の考え方を理解することの重要性も伝えていくことが可能である。

　第3は講義と演習を組み合わせたチュートリアル教育の可能性である。講義では双方向性の工夫をしたとしても時間制約のため限界がある。講義と演習の相互作用によって学修効果を高める工夫は可能である。教科書の講読に留まらず，一定のテーマで答案を書いてもらい，その答案を論評しあうことで論述の多様性を知ることもできる。一定のテーマで議論をすることで，多様な解釈の仕方，議論の論拠や根拠の構図を理解することも可能である。演習の最大の効用は議論を行う時間が確保可能な点にあり，一方的な知識提供になりがちな講義を補完・修正する機能をもつ。

(5)　本書の特徴

　5冊の行政学の教科書を比較して明らかになったことは，その内容の多様性である。かつて辻清明先生に「自分の行政学をつくりなさい」と言われたことがあるが，行政学者が各自の問題関心に沿って個性を発揮することは重要であろう。しかし同時に想いを深くした点は，学問的発展のために，行政学者がその個性を生かしつつ，理論化・体系化・標準化の考えを行政学者の間で共有することも重要だということである。そのため，本書は以下の3つの点に配慮して執筆が行われた。

　第1は「権力と技術」「分業と調整（協働）」という伝統的な行政学のテーマに即して執筆が行われた点である。「権力と技術」というテーマ設定は日本行政学の良き伝統であり，これは継承すべき点であると認識している。また「分業と調整（協働）」というテーマはアメリカ行政学のオーソドックスな伝統であり，これもまた行政学の教科書の中で構成するべきであると考えている。なお，こ

こで行政の技術とは経営管理の手段・方法・手続きとして用いている。

　第2はマクロ的な構造認識とミクロ的な技術把握という設定をしている点である。本書では現実の行政についてマクロ的に把握するため，はしがきと第1章で行政の導入的な理解を深めたうえで，第2章から第12章において行政の構造的な認識をおこなう。第13章から第23章まではミクロの理論，特に組織理論を駆使して制度と管理の技術的な把握をおこない，最後に第24章で全体を概観するために行政学説史を説明し，あとがきで確認をおこなった。

　とくに，分権化，民営化，規制緩和，組織再編，公務員制度改革などの制度改革をとりあげ，依拠すべき研究蓄積に基づいた議論の体系化・理論化を試み，組織論研究の分析枠組みとしての理論化に努めた。本書では，頁数の制約もあり公共政策や地方自治に関しては限定的な論述にとどめた。また研究蓄積に基づいて理論や現実の論述を体系化することと，現実と理論を結びつけることを主眼とし，制度や学説の詳細な暗記学修は目的としていない。「まえがき」の論述を終えるにあたって，最後に3点補足しておきたい。

　第1は行政学の教科書で政策研究の取り込みが共通して行われている事実である。論述の濃淡はあれ，その問題意識と政策研究を論述する傾向は5冊の教科書に共通して見られた。これは以前の行政学の教科書にはなかった点である。ただし，政策研究の取り込みで論理整合性・学問的体系性を損なうリスクや頁数の制約のために行政学の重要な構成要素を削除してしまう可能性もあり，それでは本末転倒である。

　第2は行政学における理論の重要性である。これは5冊の教科書の執筆者が組織理論にシンパシーを寄せている人たちであることも関係する。行政学という学問の理論的支柱の一つは組織理論であり，さらに政策科学，ゲーム理論，科学哲学，行動科学，進化生物学など隣接分野を取り込んで行政学の理論構築を行うことが必要である。実証研究の成果を教科書の中で紹介することにより，研究の方法や思考を学ぶ機会を提供することになり，教育と研究との連結もより容易になる。

　第3は行政学最大の難問である「調整」「裁量」を行政学教科書でどのように

図表 0-1　本書の構成

```
┌─────────────────────────────┐
│          導　　入            │
│      まえがき，第 1 章        │
└─────────────────────────────┘
```

```
┌─────────────────────────────┐
│      マクロ的な構造認識       │
│  第 2 章，第 3 章，第 4 章，第 5 章，第 6 章，第 7 章，第 8 章， │
│  第 9 章，第 10 章，第 11 章，第 12 章  │
└─────────────────────────────┘
```

```
┌─────────────────────────────┐
│      ミクロ的な技術把握       │
│  第 13 章，第 14 章，第 15 章，第 16 章，第 17 章，第 18 章， │
│  第 19 章，第 20 章，第 21 章，第 22 章・第 23 章  │
└─────────────────────────────┘
```

```
┌─────────────────────────────┐
│      全体の概観と確認        │
│      第 24 章，あとがき       │
└─────────────────────────────┘
```

教えるかという認識を共有化する必要性である。5 冊の教科書はどれもこれら
の問題に取り組み，論述の仕方に苦労と工夫が見られる。その重要性の理由は，
官僚制が他律という近代の要請に応えて受動的対応を行うように設計され，自
律という現代の必要に応じて能動的に行動するように再構築され，他律と自律，
受動と能動のディレンマの解決が求められているからである。その成立条件を
明示化・体系化することは重要である。

　行政学については，学生から「面白くない」と言われ，実務家からは「役に
立たない」と評される。この面白くなくて役に立たない行政学を魅力的な学問
に変えていくことが，行政学者の大きな課題である。行政学も公務員試験受験
者や一般市民だけでなく，法曹，民間企業，マスコミへ進路を定めた学生や実
務家にも有用な学問として発展することが望ましい。そのためには法律，マネ

ジメント，政治過程の要素を行政学の体系に取り込んでいくことが必要不可欠
であろう。

武　智　秀　之

参考文献

伊藤大一（1980）『現代日本官僚制の分析』東京大学出版会

伊藤正次・出雲明子・手塚洋輔（2016）『はじめての行政学』有斐閣

井上誠一（1981）『稟議制批判論についての一考察』行政管理研究センター

今村都南雄・武藤博己・真山達志・武智秀之（1999）『ホーンブック行政学　改訂版』北樹出版

H・A・サイモン／D・W・スミスバーグ／V・A・トンプソン（1977）『組織と管理の基礎理論』（岡本康雄・河合忠彦訳）ダイヤモンド社

ジェームズ・G・マーチ／ハーバート・A・サイモン（2014）『オーガニゼーションズ：現代組織論の原典』（髙橋伸夫訳）ダイヤモンド社

曽我謙悟（2013）『行政学』有斐閣

辻清明（1969）『新版　日本官僚制の研究』東京大学出版会

辻清明（1982）『行政学概論　上巻』東京大学出版会

西尾隆編著（2016）『現代の行政と公共政策』放送大学教育振興会

西尾勝（2001）『行政学［新版］』有斐閣

村松岐夫（2001）『行政学教科書（第2版）』有斐閣

森田朗（2017）『新版　現代の行政』第一法規

ヤン＝エリック・レーン（2017）『テキストブック　政府経営論』（稲継裕昭訳）勁草書房

目　次

第1章　行政と行政学

　行政学の第1のテーマは「権力と技術」であり，第2は「分業と調整（協働）」である。本書はこの2つのテーマに取り組むことを目的としている。第1章ではまず行政学の対象となる行政について理解を深め，行政と行政学の関係について検討することにしよう。

1．行政とは何か

＜ライフサイクルと行政＞

　行政の活動は私たちのライフサイクルに大きく関わっている。出産に関しては，保健所が出産に関する情報の提供や教育を行い，乳児死亡率の低下と住民の安全・安心の確保に貢献している。育児については，国が児童手当，児童扶養手当，税制上の控除を行い，乳幼児医療費の自治体負担などが行われている。保育所には設置基準に基づいて国や都道府県が補助金を基礎自治体に交付している。教育に関して，小中学校は義務教育で無償の現物として教育サービスが提供されており，文科省の教科書検定などで教育の内容が規定され，私立高校に対して教員人件費の負担が都道府県でおこなわれていることが多い。高校生の就職については，全国高等学校協会，主要経済団体，文部科学省，厚生労働省が検討会を開催し，就職の推薦・選考開始期日について取り決めを行っている。被用者と雇用主との労働紛争では，都道府県の労働委員会があっせん，調停，仲裁の調整機能や禁止・是正の命令を行う判定機能を担うこともある。

　家の前の市道に穴があいているので，市役所に保守の要請をしても対応しない場合があったとしよう。そのため市議会議員へ陳情したら，市議会議員から都市計画課へ問い合わせが行われ，市道の保守工事に市役所が即応することも

ある。このような市役所機構と市議会の関係は日常のことである。この市道にも国や県の補助金が負担されている。近所の家から騒音が聞こえても騒音防止条例に違反しない程度ならば警察も規制しないし，市役所もその近所の家に音を抑えるように協力を要請するに止まる。権力行使は行政の恒常的手段ではないのである。

　家庭ごみの収集や公的介護のサービスは地方自治体の自治事務である。法令に違反しない範囲で自治体がサービス内容を決めるため，地方自治体の間での格差が大きく，財政状況や首長のリーダーシップなどに左右される。住民は有料の指定ごみ袋を購入して自宅の可燃ごみや不燃ごみを指定ごみ袋に入れて指定場所に出すことになる。家族が認知症などの状態になれば，医師の診断を受けて介護認定の手続きを経て施設や在宅の介護サービスを受け，要介護状態の本人と家族への支援を求めなければならなくなる。もし失業すれば職業安定所（ハローワーク）で失業保険の申請と給付を受けながら職業案内のサービスを受けることができるし，仕事も資産も失えば生活保護を申請することができる。

＜現代国家の特質＞

　現代国家はサービスの拡大がみられる点で職能国家への道を歩んでおり，そのサービスが再分配的な特質をもつ点で福祉国家の特質をもち，それらの決定で行政が権力主体として大きな影響力を行使している点で行政国家の現代的諸相を有している。

　古代中世の国家機能は国防，治安，裁判など限定的であったが，絶対王政時代には富国強兵と殖産興業をスローガンにして重商主義・重農主義の国家介入がみられる国も出てきた。国家の機能は現代からみると限定的であるが，外交，国防，警察，治山治水，殖産興業など国家の基本機能がここに成立したことは重要である。このような警察国家に対して，イギリスやアメリカでは自由放任の思想が議論された。重商主義・重農主義への批判として，政府の介入は自由な経済活動への阻害になるというのである。ドイツのラサールはイギリスの国家形態がドイツに比べて限定的なものであるとして「夜警国家」でしかないと

揶揄し，アメリカのジェファーソンは「最小の行政こそ最良の政治なり」とアメリカの政治が行政を主導する民主主義を自負した。

　19 世紀半ばから産業革命に伴う資本主義の矛盾が現れ，20 世紀にはそれを解決するための行政サービスの量的拡大と質的変容，行政官僚制の政治的中立性や専門性を高める機能強化が実施された。貧民の救済，上下水道・道路の整備，工場労働者の保障，学校教育の充実，失業保険・健康保険の拡充が行われた。行政の量的拡大は公務員数の拡大をもたらし，行政の質的変容は公務員の職業専門化を促進した。行政の量的拡大と質的変容によって行政官僚制の権力は拡大した。公務員の数と専門能力を権力源として行政の機能拡大はさらに進んだのである。

　蠟山政道は『行政学講義序論』の中で，行政の概念構成として，統治や職務と共に「生活営為」という概念を提示し，「国家と行政を結合し，媒介するものが統治の作用である如く，文明は生活営為に媒介されて技術と契合するのである」と述べている。行政の依存する資力や手段は統治内部からではなく文明から供給され，国家の環境である文明に働きかける作用こそ行政の機能であるという。

＜行政の機能＞

　このように私たちの生活に大きな影響を持つ現代国家とその中核の行政は，どのような機能を有しているのであろうか。ここでは 3 つに区分して説明しておく。

　第 1 は調査・立案機能である。政策の決定と実施をする前提として状況の正しい認識が必要となる。状況を定義して認識のフレームを形成するために現実の実態を調査しなければならない。将来どれくらいの人口となるのか，要介護者数はどれくらいとなるのか，家族の世帯数と形態がどのようになるのか予測することは，小中学校，福祉施設，公務員数などの行政サービスを計画するために欠かせない。また，道路，学校，保育所などの公共施設を建設したり，廃止したりする際には，利用者など利害関係者を含めて住民の意識や意見を調査

しなければならない。これらの調査なしに政策が立案されれば，住民のニーズと行政のサービスが一致せず，住民へのサービスは不足し，住民の不満は高まるであろう。このような調査のデータとエビデンス（事実）に基づいて，行政は政策・立案を行うことを理想としている。

　第2は調整・協働機能である。たとえば特別区の健康福祉課が立案する際には，区役所内部の関連部門や企画財政部門，区長や区議会，東京都などと事前調整を行うのが通例である。また施設管理などで住民の協力が必要な場合には，共に協議をしながら決定をしていく。政策を実現するには利害関係者間の利害を一致させ，共通の認識を維持し，信頼関係を保つことが求められる。たしかに垂直的な調整であれ水平的な調整であれ，調整にはコストがかかる。しかし調整や協働を欠いた決定や実施により政策が失敗することを考えれば，このような事前調整のコストは必要不可欠なものともいえる。行政の体系は図で描いた通りに作動するのではなく，変更や修正を含めて結論を想定しなければならない。行政の活動は理想通りにはならないのが一般である。

　第3は実施・遂行機能である。決定した政策を実施・遂行する際に行政権力の行使が行われ，目的が実現する。その権力行使は機械的な基準の適用ではなく，裁量の余地がある。裁量は状況の変化へ柔軟に基準適用できるメリットもあるが，恣意的な権力行使にもなりかねない。裁量は「行政の生き血」とされ，その研究は行政学の永遠の課題と言われる所以である。行政が民間と契約して事業を遂行する際には，適正価格や労働条件などに配慮しながら事業者と事業内容を決めなければならない。実施条件の決定は民間にゆだねてはいけない行政の特質であり，民間ではできない行政の存在理由は公権力そのものである。税や年金や介護の決定内容に納得できない時には，住民は不服の申し立てを行い，不服審査が行われる。労働の調整・判定では，都道府県は公平・中立的な立場から労使の間を取り持つ活動を行わなければならない。

　以上，行政の機能を3つに区分して説明してきたが，次からは行政を政府，政治，経営の3つと対比しながら行政の意味内容を考えることにしたい。

2．政府と行政

＜政府とは何か＞

　行政は「政府 Government」と同じ意味で用いられることがある。これはある意味で正しく，ある意味で誤っている。正しいという意味は，行政府が立法府や司法府より優越した権力を実質的に有しているからであり，誤っているという意味は，政府は行政府だけでなく立法府や司法府からも形式的に構成されているからである。まず政府の意味から説明しよう。

　第 1 は政府のレベルである。政府とは国のみならず，地方にも政府がある。都道府県，市区町村などがそれである。また EU やスコットランドのような地域政府も該当する。ここでは国・地方関係，広域自治体と基礎自治体の関係という縦の垂直関係が研究の対象となる。また水平的な自治体間関係も広域連携の問題として重要な課題である。政府の活動は多次元で行われていることを理解すべきである。

　第 2 は政府の形態である。行政学の対象は政府の構造や機能だけでなく，他の政府や民間との関係を含めたガバナンス（政府の統御作用）も対象となる。政府と民間の間でどのような関係が条件づけられるのか，どのようなネットワークが形成されるのか，という関係性の中で政府の活動を考えるのがガバナンスの研究課題である。政府の活動は他の主体との関係性の中で形成されていることを理解すべきである。

　第 3 は政治体制や統治構造との関係での政府のあり方である。自由民主主義体制，権威主義体制，社会主義体制など様々な体制の中で政府は存在している。王政の強い影響の下で形成された政府もあれば，共産主義政党の主導の下で成立している政府もある。共和制の議会制民主主義の中に位置づけられた政府もあれば，議会や政党を包括した権力を有した大統領が指導する政府もある。議院内閣制・大統領制・半（準）大統領制などの統治形態やコーポラティズムなどの政治構造に政府の機能は大きく影響を受ける。政府の活動は政治体制に影

響されて存在することを了解しなければならない。

　このような政府を対象とした改革の視点として，政府と民間との関係では民営化，規制緩和，法人化改革，中央政府と地方政府との関係では分権改革，政治と行政との関係では内閣機能の強化，中央省庁再編，公務員制度改革が説明されることになる。

＜公共財理論の政府＞

　経済学の公共財理論は非排除性と非競合性とで政府の役割を説明する。民間企業はただ乗り（フリーライド）を排除できれば利潤をあげることができるが，排除できなければ営利活動が成立しない。またサービスを求める需要が競合するならば，そのサービスに値段がついて供給が成立する。このような非排除性・非競合性が成立する際にサービスは基本的に民間が行う。しかし，それらが成立しないが社会的にサービスの供給が必要な場合，政府がサービスを提供することになる。公共財理論は非排除性と非競合性でその特性を説明し，民間が利潤をあげるサービスであり，政府が無償のサービスである点を強調することで政府の活動を位置づけている。これが図表 1-1 で示した公共財理論である。

　ただし，政府と民間の二分論は現実的ではない。政府と民間は統制・調整・契約の関係を形成し，準政府組織も存在する。また，ごみ処理や高速道路などで利用者負担が拡大しており，政府活動はすべてが無償ではない。歴史的経緯を考えれば，政府と民間企業は代替関係ではなく，むしろ政府と家族・地域が代替性を有している。現代社会では民間非営利団体や家計（家族）の無償活動も大きな役割を果たしているが，それについては必ずしも積極的に評価されて位置づけられているわけではない。

　民営化や規制緩和で行政と民間の境界線はなくなっており，内部組織の管理や対社会的な管理の手法は共通化しているといえる。ただし，民営化で明らかになった行政の存在理由は公権力の行使である。行政を民間企業との対比で考えるならば，行政にできて企業にはできないことは，公権力の行使である。体育館や音楽ホールで施設管理や住民へのサービスを行うことは，行政でも民間

図表 1-1　公共財

出典：筆者作成

企業でも NPO でも可能である。

　しかし料金の設定やサービスの対象設定は行政しかできない。刑務所でのサービスは企業でも可能であるが，受刑者への処遇は公務員である刑務官でしか行ってはいけない。水道事業は世界標準では民間企業が行うことが一般的になりつつある公共サービスであるが，品質の管理や料金の設定は行政が決めるべき事項である。また管理基準の設定，リスク管理の規定・協定の締結，労務管理，個人情報保護の枠組みの設定は，民営化が進展している政策領域においても行政が行うべき重要な事項となっている。

＜三権分立制における行政＞
　絶対君主制における政府は行政とほぼ同じ意味であったといってよいが，こ

れは立憲君主制から近代民主制へ移行する中で大きく変化した。統治・政府の概念から立法・司法・行政が分化し，君主が支配していた予算編成権，軍隊を掌握する権限，行政官僚制を指導する内閣を組織する権限が議会へ移行することになったのである。法による司法機能も独立した裁判所によって行われるようになった。ここで行政とは消極的な定義（残余説）によると，統治から立法・司法を除いた残余であると認識されている。

　権力を立法府，行政府，司法府の三権に分立することはジョン・ロックやモンテスキューによって構想された政治装置である。権力が集中することは恣意的裁量の行使になるため，これを分散させてリスクを回避しようとしたのである。ただし大陸系諸国においては行政府の機能は大きく，英米系諸国では司法府の裁判所が判決を出して決定することでも，行政府の定めた行政法によって決定されることが多い。英米系諸国では司法裁判所によって裁定される事項が，大陸系諸国においては行政裁判所によって決められてきた。

　また行政を機関・形式で区分するのか，機能・実質で区分するのか，によって行政の意味内容は大きく異なる。行政を形式で定義づけても，行政府にも立法機能・司法機能が存在するし，立法府・司法府にも行政機能が存在する。司法行政や行政立法の用語法がそれである。

　三権分立制は権力集中を回避する消極的な政治装置であることを説明したが，3つの権力の抑制均衡が十分機能しないならば，司法府や立法府で実施される恣意的権力行使を防ぐ方法はない。そのために，より積極的な政治装置として考案されたのは法治行政であり，それは政治と行政との間に縦の関係を構成した点に特徴がある。つまり行政は法律に基づいて活動しなければならず，その法律を決定するのが国民の代表である政治家となる。政治が行政を主導する構図は近代民主制の下で生まれ，公法学と行政学はこの三権分立制の政治構図の中で民主主義を実現するための学問として発展した。

3．政治と行政

＜政治が主導する行政＞

　政治が行政を主導する法治行政の枠組みは近代民主制の下で確立した。権力の分立は行政による恣意的権力の行使を抑制することが期待されたが，それは消極的な政治装置にすぎなかった。なぜなら，行政の権力は立法や司法を圧倒していたからである。そのため行政の活動を法律によって抑制し，その法律を立法府が作成することで立法統制を行い，司法府が裁判によって規律することで司法統制することを構想した。より積極的な政治装置である法治行政の仕組みである。これは政治と行政における機能や形態の分化を前提とし，行政を政治と対比させて用いる。政治の優位が早くから確立した英米系諸国において，制度設計されることが多かった。

　ここで政治を公選職（政治家）ないし公選職によって構成される議会・内閣など政治機関の行動とし，行政を任命職（行政官）ないし任命職で構成される行政機関の行動と形式的に定義づけることができる。また政治を統治意思の決定作用と統治意思の執行に対する統制作用とし，行政を統治意思の執行作用とみなすことも可能である。対社会的な側面に着目すれば，政治を社会的諸利益の対立を調整統合する機能とし，行政を社会生活の日常的な維持管理機能とすることもできる。

　アバーバックらの国際比較調査『民主主義国家の官僚と政治家』によると，行政官よりも政治家の方が学歴で国民により近い。つまり同質性という点で政治家の方が国民に近く，専門性という点で行政官の方が国民から遠い。党派性では政治家の方が高く，中立性では行政官の方が高い。民意を政策決定に反映させるという意味で大衆民主主義の実現を政治家が図り，行政官は効率性や有効性を実現することが求められる。一般的に政治は決定，党派，大衆，同質でイメージされ，行政は実施，中立，専門，異質で観念される。ただし，官僚政治として行政の権力的構造が表現されたり，行政の政治化として官僚制の党派

的特質が説明されたりすることもある。このようにして，行政は政治と対比されながら，行政学は権力の学問として政治学の一分野として発展することになる。

＜統治過程での政治と行政＞

　G・ピーターズは『比較官僚制論』の中で政治家と行政官の関係を「公式モデル」「村落共存モデル」「機能的モデル」「対立モデル」「行政国家モデル」の5つに類型化している。ここではこの5つのモデルを統合して，政治と行政の関係を3つにまとめておきたい。もちろんこの3つの関係は理念的なものであるため，現実には3つの内容が同じ対象で重複して現れることもありうる。

　第1は「統制従属モデル」である。政治家は国民の意志を信託された公選者である。国民から選挙で選ばれたという点が行政官とは異なる正統性を有する。そのため民意を実現し，そのための実施機構としての行政を統制し従属させる責任がある。これは近代民主制の下で確立された基本構図である。国民の代表者である公選職の政治家が決定し，任命職の行政官がそれを実施する分担関係になる。

　第2は「共存対立モデル」である。公共営為の政治空間の中で政治家も行政官も共存しているが，その中で両者が勢力をめぐって対立している構図である。近代民主制から現代民主制へ移行する過程で行政国家が生まれ，行政の権力が拡大する中で政治との緊張関係が生まれた。行政が技術という権力源を有しながら政治の権力空間へ侵食して決定権力を掌握し，時には政治との対立を生み出すことになる。

　第3は「指導補佐モデル」である。政治と行政との機能重複を了解しながらも，行政が一定の専門的な役割に自らを限定する関係である。政治との権力闘争を公式には放棄し，自らの存在理由を専門的な知識と技能の提供に規定して機能的な責任を遂行しようとする。政治は価値判断を下し，細かな政策内容の吟味については行政に委任し，専門技能を有する行政に対して指導する役割を演じる。

＜裁量行使としての行政＞

　行政の作用としては，認可，許可，届出，勧告，指導，指示，要望，助言，警告など法律に基づく行政行為と法律にもとづかない事実行為との両方が存在する。政治と異なる行政の存在理由は国民という対象者と直接的・間接的に接触し，特定の価値を配分する機構に携わっている点にある。一定の政策目的を実現する立案と実施の権限を有しているのは行政であり，それは行政の強みでもある。

　それゆえ民主主義の関心からは裁量統制の視点が重要である。政治の民主統制の手が届かない所で行政が恣意的裁量を行使している可能性がある。そのため，伝統的な立法統制や司法統制だけでなく，新しい仕組みで行政の裁量を規律し統制するメカニズムが求められている。しかしながら，能率かつ有効な行政活動のためには行政裁量を統制するだけでは適切な活動は確保されない。行政は流動的に変化する状況の中で柔軟に対応することが求められているからである。規則を演繹かつ自動的に適用していた法治行政の成立時とは状況が大きく異なる。そのため，裁量を積極的に生かしながら創造的で即応可能な行政活動を実現しなければならない。

　このように裁量を民主的に統制しながら裁量を能率的に行使する両義的な側面を併せ持つ点が現代的な行政の特質であり，この裁量行使のディレンマをいかに克服し，どのように裁量を構造化するかが現代行政の大きな課題である。それは民主性と能率性との2つの社会要請に応答することが行政に求められているからであり，この他律的な民主主義と自律的な能率主義の両立こそ裁量問題の中心的課題であり，ここに現代行政の本質が示されている。

4．経営と行政

＜経営管理としての行政＞

　第3の行政の意味は，経営管理と同義語としての行政である。この概念は組織の規模が拡大し，その専門分化（分業）が複雑化した20世紀以降に確立した。

　ここで言う行政とは「組織の第一義的な組織目的の達成活動ではなく，その目的達成活動を支え方向づけを行う組織管理活動」を指す。行政＝管理administrationと言ってもよい。「公行政 Public Administration」も「私経営 Business Administration」も管理という共通の組織営為であり，組織の最高機関と末端機関の中間に介在する管理職層の活動・機能を意味している点では同じである。一定規模の組織には必然の組織営為が存在し，それが管理なのである。

　行政の組織運営を効率的・有効的に運営するためには企業と同じ技術が用いられ，かつて工場で生産性向上のために開発された科学的管理法が市政の能率性向上のために導入され，経営管理のための管理手法が行政管理の手法として用いられることになる。

　たしかに公行政は権力を行使し，企業経営は利潤を追求する点で公共経営との違いがある。しかし，そのような差異ではなく，管理という共通の組織営為に着目したのが管理の研究であり，その学問基盤となったのが組織理論である。そこにおいて，分業と調整（協働）の制度をどのように設計するかは，組織の効率的な運営には最も重要な点である。また，人的資源をいかに調達し動員するかは，組織の管理運営で肝とされる部分となる。技術の学問としての行政学はこのような組織理論の摂取や包摂を通じて発展することになる。

＜供給機構の管理手法＞

　オイルショックにより経済活動は鈍化し，税収の低下に伴い行政活動の量と質は見直しが進んだ。職能国家と福祉国家として成立していた現代国家も，新公共管理（経営）改革による行財政改革を余儀なくされた。それは効率・成果を求める改革であり，従来の行政が必要性や合規性の基準に基づいて活動していたのに対して，効率性と有効性を活動の基準にすることになり，これは行政活動の枠組としては大きな変更であった。

　行政活動を目的別に分類すれば，河川整備，道路舗装，公園の整備，住宅の建設，交通安全の確保，労働安全の確保，医療福祉の充実，教育の確保などの目的を行政が遂行することが求められた。行政の活動を性質別に分類すれば，

規制行政としては免許，許認可，検査が実施され，給付行政としては人件費や
事務費の交付，公共施設の管理運営，教育や福祉のサービスの提供などがそれ
である。

　行政は国民・住民へサービスを直接提供するだけでなく，間接的な行政サー
ビスへ拡大した。第1は民間活動を「規制」する活動である。民間の活動が公
共性を逸脱していないかどうか，国民へ被害を与えていないかどうかという社
会規制や経済規制を加えることが目的となる。第2は民間活動を「助成」する
活動である。公教育を行っている学校法人や福祉サービスを行っている社会福
祉法人へ人件費，事務費，サービス費を提供する。第3は民間活動を「補完」
する活動である。利潤が上がらないので企業活動が成立しないが社会的に必要
なサービスは行政が補完しなければならない。公共交通や地域医療などのサー
ビスがそれである。第4は民間活動の競争を中立的な立場で「監視」すること
である。基準を設定したり，公平・公正な手続きを保証したりすることで健全
な競争を促進することがそれである。組織管理は内部管理だけでなく，対社会
的なネットワークの中で形成されることになり，社会統制の管理手法や社会関
係の内部組織化も行政学の重要な対象となる。

＜管理における人間的要素＞

　コーチングという言葉はハンガリーのコチという地名に由来し，コチが馬車
の産地であったことからコーチは馬車を指すようになった。馬車が目的地に運
ぶ役割を果たすことから，コーチングはスポーツの指導や助言を行うこととい
う意味に転じ，現在では組織のマネジメントやコンサルタントに応用されてい
る。つまり，コーチングとは本人の自発性を前提にモチベーションを高めなが
ら目標を達成するためのコミュニケーション手段である。

　このアプローチでは，本人の潜在能力を引き出し，本人の自発的な学修を通
じて成長することを支援する手法を取り，本人に上から命令して本人が機械の
ように行動することを求めない。本人が自ら考え，自ら問題を発見し，自ら解
決策を導き出すための助言と支援を行う人的資源管理の手法であり，組織にお

ける人間の感情，動機づけ，成長を前提とした管理システムである。「褒めて育
てる」「ポジティブな言葉をかけて動機づけを高める」ことを心がける近年最も
有効なマネジメント技法といえる。

　このようなコーチングに象徴的であるが，人間的要素を重視する管理手法は
従来から経営学の人間関係論や社会学の逆機能学派で議論されてきた。またリー
ダーシップ論では状況要因とは異なるパーソナリティ要因を決定要因の重要
な要素として検討してきた。経済学では人間のインセンティブを重視し，その
インセンティブを左右する条件に着目してきた。近年の行政学は制度的な側面
を強調するあまり，このような人的資源管理の人間的要素を軽視する傾向があ
る。組織は「感情の体系」とも言われ，人的資源の蓄積は組織の効率性や有効
性を大きく左右する。管理における人間的要素を抜きにして行政の活動は語れ
ないのである。

【確認問題】

　1．ラサールはイギリスが夜警国家でしかないと揶揄した。
　2．ジェファーソンは「最小の行政こそ最良の政治なり」とアメリカの民主
　　主義を自負した。
　3．公共財理論とは非排除性と非競合性によって政府の提供すべきサービス
　　を確定しようとした経済学理論である。
　4．アバーバックによると，行政官よりも政治家の方が学歴で国民により近
　　い存在であるとした。
　5．Administration は公行政でも私経営でも用いられ，管理の組織営為を意味
　　している。

【練習問題】

　「行政は権力なるや技術なるや」という試験問題は何を意図して出題されたか
考察しなさい。

【ステップアップ】

蠟山政道（1950）『行政学講義序論』日本評論社

　日本の行政学の創始者による行政学教科書の一つである。論述がラフな点は否定できないが，統治の概念や生活営為の概念は他者にはない発想があり，大変参考になる。論述の巧みさや体系性というよりも，アイデアの独自性やシャープな着想にこそ，著者の特色があるというべきなのかもしれない。行政学のアイデンティティを確立するために創始者がいかに思索し格闘したかを知るためにも，一度講読することをお勧めしたい。

主な参考文献

J・E・スティグリッツ（2003）『公共経済学　上』（藪下史郎監訳）東洋経済新報社

辻清明著・郵政省人事部能率課編（1951）『行政のはなし』みすず書房

西尾勝（1990）『行政学の基礎概念』東京大学出版会

西尾勝（2000）『行政の活動』有斐閣

西尾勝（2001）『行政学』有斐閣

第2章　行政の発展

　本章の目的は行政の歴史的経緯を概観することにある。絶対君主制，立憲君主制，近代民主制，現代民主制において能率性と民主性との狭間で行政が発展してきた実態を説明する。官房，三権分立，法治行政，資格任用制などの後述の他章と関連づけながら歴史的形成を読み解いてほしい。

1．絶対君主制の君主と行政

＜絶対王政と官僚制＞

　富国強兵と殖産興業による支配地域の拡大によって，封建諸侯の中から絶対的な勢力が生まれた。封建勢力を打破し，時には領邦君主との対立・闘争・妥協によって国民国家を形成し，絶対王政の中央集権国家を確立したのである。その絶対君主の重商主義・重農主義の手段となり封建勢力の対抗勢力として養成されたのが絶対主義官僚制である。

　プロイセン絶対王政の財政基盤は，直轄領からの収入，コントリブチオーン（地租）の徴収，アクチーゼ（プロイセン各州都市へ課せられた酒税や飲食税など間接税を中心とした諸税）の徴収，レガーリエン（貨幣鋳造，関税，塩税，許認可に伴う手数料，郵便・鉱山・治金・海運・商業に関わる収入）などであった。このような恒常税の承認を領邦議会から権力闘争の後に獲得して，プロイセン絶対主義の官僚制も整備されていくことになる。

　各邦の直轄領を管轄する中央官庁として枢密直轄地庁が創設され，各領邦の直轄地庁を統括することになった。また常設軍の設立に伴い，軍隊の給養・行軍・宿営の業務を担当する軍事監察官が創設され，後に軍事総監察庁と改められた。軍事総監察庁はコントリブチオーン（地租）の徴収業務も担当した。こ

れら2つは総監理府に直属する軍事直轄地庁に再編され，中央官庁の官吏たちは直轄領，都市，農村に置かれ，領邦君主の下に置かれた都市参事会の自治を制約し，財政面や行政面での監督を強化していった。

＜絶対主義官僚制の構成＞

　プロイセンにおいて1723年に軍事総監察庁と財務総監理庁が統合されて総監理府が設立された。この時の官吏たちの権限は君主権に基づいていた。当時のヨーロッパの絶対君主を支える官僚制は，保有官吏と委任官吏によって構成されていた。前者は職を既得権として有しており国王が罷免したり転任させたりできないが，後者は国王により解任や移動が可能であった。30年戦争以降，プロイセンにおいて委任官僚制は常備軍の維持管理のために設置・拡大し，絶対君主の重商主義・重農主義を実現する道具として用いられた。

　30年戦争による神聖ローマ帝国の崩壊により，オーストリアを中心としたドイツ連邦が成立し，後にプロイセンを中心とした北ドイツ連邦が成立した。絶対君主たちは統治の近代化による人材登用を行った。官吏・将校を旧来の封建家臣団・等族勢力だけに求めるのではなく平民階級からも選出しようとしたのである。1794年のプロイセン一般領邦法，1873年の帝国官吏法の制定は，試験による任用，終身の身分保障，政治的中立の原則，恣意的免職の制限などを実現した近代官僚制を養成する契機となった。こうして官房学は富国強兵の基盤である殖産興業の方策を論じたものとして生まれ，後に財政学，警察学，行政法学の母胎として発展することになる。

　当時ポリツァイの業務を行っていた官吏の構成は平民と貴族であったが，貴族の勢力を抑制するために平民を官吏として養成する一方で，勢力の拡大が顕著となった委任官吏たちを抑制するために，国王は貴族たちを委任官吏の牙城であった総監理府へ迎え入れた。また直轄領の徴税管理を外国人の請負人に請け負わせ，総監理府を解体して親政を行った。国王が勢力バランスをとったのである。

＜統治の前近代的な側面＞

君主権（立法権・統帥権）と統治権（司法権・行政権）の分化により主権概念は確立したが，それは絶対君主に存在し，君主の補佐（代理）機構として官僚制が存在した。君主を輔弼し，官吏を統括する大臣や宰相は後の内閣の原型となり，君主制を協賛する機関としての等族会議や三部会は議会の原型となった。しかしながら絶対君主の超越した権力を抑制する政治機構は存在しなかった。

また前近代的な性質は官僚制も同じであった。中央の総監理府を中心として委任官吏が存在したが，各邦の官吏は保有官吏であり，地域社会から支持を受けて圧倒的な勢力を誇っていた。また中央官庁にしても，官職の独占，世襲化，売官が横行し，近代的な官僚制とは程遠かった。

絶対主義時代の委任官吏たちは絶対君主へ忠誠を誓うことを強く求められ，職務内容や勤務形態について厳格な規律を要請された。しかしながら，委任官吏たちは面従腹背の態度をとることも多く，事実隠蔽，報告の脚色，サボタージュ，詐欺など君主の命令を歪曲・骨抜きにすることも多かった。国王の側も官吏への監視を強め，貴族の登用を改善するなどの措置で対抗した。特に国王の貴族への優遇は顕著であり，絶対主義時代の君主権力は様々な勢力の均衡の上に成立していたのである。

2．立憲君主制下の法と行政

＜立憲君主制への発展＞

イギリスにおいて国王と議会の抗争の後，1688年に名誉革命が起きた。この市民革命の正統化となったのが1689年に出版されたジョン・ロックの『市民政府論』である。彼は「立法権 legislative power」「執行権 executive power」「連合権 federative power」の3つに権力を分立し，議会へ立法権を委ね，執行権と連合権（外交）を行政が担当することを唱えた。またモンテスキューは1748年に著された『法の精神』の中で「立法権」「萬民法に関する事項を執行する権限」「市民法に関する事項を執行する権限」に区分することを主張した。絶対君

主が有した権力から立法権を庶民の代表たる議会へ委ね，それ以外を執行権とし，その執行権を司法と行政とに区分しようとする構想が，17世紀後半から18世紀半ばにかけて生まれたのである。

17世紀の名誉革命以降，イギリスにおいて法律の制定，常備軍の維持，税金の徴収，裁判への関与の国権が国王から議会へ移管されるようになる。さらに19世紀になると，ヨーロッパ大陸における絶対君主制の国々でも社会の要請を受けて欽定憲法の制定が進んだ。君主が主権の絶対性に制約を課す立憲君主制がそれである。庶民の代表によって構成された議会が開設され，納税者の代表である議会へ立法権の委譲が行われた。

ただし，立憲君主制は二元主義の政治的特質を持つものであった。それは君主制原理と国民代表原理の2つの側面を併せ持ったものにすぎなかった。立法・司法・行政の区別は明確ではなく，ましてや政治（憲政）と行政の分化も未熟なものであった。

＜法治行政原理の意義＞

立法と行政の区分は単に法過程の抽象と具体の違いや決定と執行の機能区分というだけでなく，それは鵜飼信成によると，市民勢力が立法の段階に参加することで執行の作用を統制し従来の絶対主義権力からの解放を実現しようとした点に特徴がある。これが法の支配，つまり法治行政原理である。

法治行政の原理は議会の予算議決権と法律の制定権を基礎とするものであるが，それは「法律の優位」「法律の留保」「法律による裁判」によって構成されている。「法律の優位」とは，議会の制定する法律が勅令・枢密院令など他の立法形式より優先するというものである。「法律の留保」とは，国民に義務を課し権利を制限する行政行為は法律に根拠を持たなければならないとするものである。「法律による裁判」とは，法律に違反した行政行為は裁判によって無効とされるとするものである。

権力分立が権力抑制の政治装置として消極的であったのに対し，この法治行政は行政を国民の民意の下に置き，民主主義の統制の下に置こうとする点に，

より積極的な政治装置としての意義を見出せる。現代行政の基本となっている合規性（合法性）が行政活動の基準であり，行政に対する政治の優位がここに誕生したのである。国民の民意を代表する議会が法律を作成し，その法律に基づいて行政が執行するという近代民主主義の基本構図の原型がそれである。

＜継続する行政の優位＞

　このような権力分立と法治行政という2つの政治装置によって，国王を中心とした行政権力の抑制が構想され，具体的な権力の移行も一部みられた。立憲君主制の政治体制は近代国家の標準となったのである。

　しかし，行政権力を抑制することは容易なことではなかった。国によっては，立法権の委譲といっても議会が王権を牽制する程度の権力しか持たず，行政組織や公務員制度の法制度は官制大権に属し，勅令・枢密院令で制定され続けたのである。官僚制権力の基盤たる組織法制が議会の関与を受けずに自律的に作成されたことは，行政官僚制の行動に民意が十分及ばなかったことを意味した。官僚制の自律性は強固であり，委任立法に細目が規定され，内閣提出法案が多数であった。

　ただし19世紀になると各国で議会勢力が成長し，普通選挙制度の導入により選挙権が拡大するに伴って，政党も名望家政党から責任政党へと変貌した。近代政党制の確立により，憲法の趣旨に沿って国民の意思を法の作成によって実現しようとした近代民主主義が作動した。これらの政党や議会が行政官僚制に介入することで法に従属する行政の仕組みが誕生したのである。

3．近代民主制下の政治と行政

＜イギリスの情実主義＞

　情実主義とは官職，俸給，年金などが資格に対応して与えられるのではなく，人間的な結合関係，つまり情実に基づいて与えられることを意味する。国王の直接的な恩寵に基づき任用された官吏は，国家の官吏であるとともに国王の使

用人でもあった。資金制や手数料制が採用され手数料や献納金から官吏の俸給が支払われていた17世紀には，官吏は国王の官吏であると共に長官の従属者でもあった。貴族たちは国家の官職や年金に依存していたために，官職が既得権益化し，長期間官職が保持されて，下級官吏には世襲化するものもあった。

　議会は1688年の名誉革命で国王との抗争に勝利し，議会は国王の権力を削いで官吏制度に対する統制を加えようとした。議会は国王の課税権に介入し，使用目的を限定し，監督検査を強化した。現在でいう予算編成権と会計検査権の移管である。また，上級官吏は下院議員を兼務していたため，議会は兼職を禁止して国王より任命された官吏を議会から駆逐し，選挙権を剥奪することさえ行った。足立忠夫によると，議会の行政に対する統制が強まったのと同時に，政治任命職と終身行政官との区別も進んだ。

　18世紀の内閣は国王の補助機関であったが，19世紀に選挙権が拡大して政党が大衆政党となった。議院内閣制が定着し，下院の最大党派が責任政党として内閣を組閣するようになると，その党派を支持する人々を官吏に登用するようになった。これを情実任用（patronage system）という。18世紀以降も，情実主義は根強く存在した。代議士が選挙による支持・援助の代償として地方の官職を世話することが頻繁に起き，中央官庁の官職も政治支持の代償となっていった。名誉革命以降19世紀半ばまで，イギリスの情実主義は重層的な構造を持ち，個々の官吏の任用，俸給，昇進，年金などを決定していたのである。

＜アメリカの猟官制＞

　アメリカにおいても，政党は政府に政治任命職の人事に大きく関与し，政権が交代すると党派的な更迭人事が大幅に行われ，政治資金などで選挙へ貢献した人びとを公職につける猟官制（spoils system）という慣行が定着した。情実任用の究極形態である。

　1801年にアンチ・フェデラリストとして第3代の大統領に就任した共和党のジェファーソンは，国民から選出された大統領と政治信条を同じくする人物を公職につけることが民主主義の実現であると考えた。そのため，フェデラリス

トの職員を更迭し，アンチ・フェデラリストの人物を公職につけたのである。

　19世紀初頭のアメリカは参政権の拡大が図られ，成人男性へ普通選挙権が付与されていた時期であった。そのため，1829年に第7代のジャクソン大統領は政府の官職を国民に開放し，特定の勢力が割拠していた官僚制の官職に自分を政治的に支持した人びとをつけた。選挙活動への貢献が重視され，学歴や専門能力は軽視された。このような党派による更迭人事は大統領の交代のたびに繰り返され，しかも，この党派的な政治任用は連邦政府から州政府や地方政府にまで広く及んだのである。ここにアメリカの猟官制は確立した。

　戦争勝利者が戦利品を収奪するように，選挙の勝利者が官職を自由に配分する猟官制は，有権者の意向を任命職の人事にまで反映させるべきというアメリカ民主主義の思想の実現であり，官僚制の公職を広く国民に開放することが民主主義に貢献するという信念に基づく。しかし，これは政治腐敗の温存にもなった。給与の一部を党費として政党へ納入し，政党を支持する業者を選定し，政治資金を党へ納入することさえ行われたのである。この猟官制は行政の浪費，停滞，無為の原因となると認識され，学歴，専門能力が不十分であった官僚制は人事面での政党の介入を許し，組織としての自律性を失うことになった。

＜イギリスとアメリカの共通と差異＞

　イギリスの情実主義・情実任用と，情実任用の究極形態であるアメリカの猟官制について説明してきた。官僚制を人事の面で統率する民主統制の手法は過去から現在まで変わりはなく，民主主義による官僚制への人事介入は官僚制を掌握するための最善の方法である。しかし，その党派的な任用は専門性，永続性，中立性を失うことになる。

　イギリスとアメリカに共通している点は，普通選挙権の拡大，つまり大衆民主制に伴う官僚制掌握の必要性である。官僚制が大きな権力主体である以上，これを政治が優位に立って統制していくことは近代民主主義にとって必要不可欠なことであった。情実任用制度の採用とは，内閣・大統領を支持する人を行政幹部に登用・抜擢し，政治献金した人を登用することであった。情実任用と

は民主勢力を行政府に浸透させ行政官僚制を民主化する装置であり，政権党が官僚制に支持勢力を扶植する方策でもあった。当時の行政活動の範囲や活動量は大きくなく，専門性と自律性が犠牲にされても許容される範囲であった。

　ただし，普通選挙権の拡大による政権交代がイギリスとアメリカで実現したとはいえ，アメリカは大統領制を採用し，三権分立の中で議会は「助言と承認」権能を用いて人事介入し，イギリスのような議会と内閣の一体性はなかった。またイギリスの集権的な政党と異なり，アメリカは分権的な政党制を採用しており，地方に公選職も多かった。分権的な地方単位の政党が公選職を選出し議会と首長を媒介する機能を果たし，このような憲法構造と政党構造を背景に，情実任用の極限形態である猟官制が誕生し，現在でもアメリカでは政治任用職の多い政府構造を採用している。

4．現代民主制下の公務員制度改革

＜ノースコート・トレベリアン報告書の意義＞

　このような情実主義や情実任用は，官僚に対する政治統制という意義はあるが，財政の窮乏をもたらし，行政能率は低下した。そのため，イギリスにおいてはトレベリアンによって1846年に大蔵省の調査が実施され，能率の向上，兼職による腐敗の是正，成績による承認が提案されている。1853年にはノースコート・トレベリアン報告書が議会に提出され，同年には東インド会社職員に対する競争試験任用制を議会は承認した。

　報告書は第1に情実主義を廃止し，一定の年齢の者を公開競争試験によって採用することを提案した。第2に職務を「知能職務 intellectual work」と「反復的職務 mechanical work」の2つの階級に分類することを要求した。第3に試験は一般教養試験に重点を置き，専門試験は行うべきではないとした。第4に官庁のセクショナリズムを打破するため人事交流を実現すべきとした。第5に公務員の任用手続きの能率化・簡素化のため，人事を独立した中立的な委員会で実現すべきこと，試験は定期的に行い，特別・臨時の試験は行わないこと，合

格者には成績順に志願する省庁を選ばせること，合格者は試験的な勤務に服することを提案した。

　この報告書に対して世論や識者の反応は否定的な意見が多く，アバディーン連立内閣の内部でも反対者が多かった。大蔵大臣のグラッドストンは報告書の支持を得るよう内閣メンバーを説得し，報告書は内閣の承認を得て，ヴィクトリア女王の承諾も得て議会へ提出され，資格任用制の公務員制度を確立するための改革が実施された。

＜ペンドルトン法の制定＞

　アメリカにおいては選挙で勝利した党派が官職を独占し，支持者へ配分する猟官制が浸透していた。しかしながら，この人事面で官僚制を統制する方法は政治的腐敗を生み，行政の停滞も生じた。そのため，1867年の在職年限法は大統領の公務員解雇権を制限し，1871年の連邦公務員法は連邦人事委員会の設置による猟官制の制約を行った。さらに官職を求めて失敗した者により1881年にガーフィールド大統領が暗殺され，これを契機にアメリカにおいても，1883年にアメリカ連邦公務員法（ペンドルトン法）が制定された。資格任用制を採用し，州人口に比例した数の連邦公務員が採用され，政治信条，人種，宗教などによって左右されることなく公務員が選ばれ，公務員の政治献金も禁止された。

　1883年に連邦公務員法（ペンドルトン法）の内容は，①大統領指名による超党派の3人の委員により連邦人事委員会を設立する，②各省庁職員の10％は，公開競争試験による採用とし，試験期間の設定を行い，政治的圧力からの保護と資格任用制に基づき採用されなければならない，③連邦人事委員会に試験を監督し，各省庁に規則を遵守しているかどうかを調査する権限を付与する，④大統領は資格任用制の適用範囲を広げる大統領令を公布することができる，というものである。

　現代民主制での公務員制度は資格任用制度と政治的中立性の2つに特質をもち，学歴・試験による任用，政治的理由による罷免がされない身分保障が一般的に行われている。政治任用の多かったアメリカにおいても，このアメリカ連

邦公務員法（ペンドルトン法）の制定によって継続性，専門性，中立性を重視し，代表性，党派性，公開性，大衆性，指導性を弱める選択が行われた。この背景はイギリスと同様に，情実任用の弊害，行政機能の拡張の必要性にある。

19世紀半ばから後半にかけて，産業化，都市化の進展の帰結として各国で資本主義の矛盾や社会問題が噴出し，それを解決することが急務であった。夜警国家から職能国家へ，消極国家から積極国家へと移行し，社会政策を実施するにあたって，専門知識と経験を有した職業行政官の必要性が生まれたのである。政治の腐敗を解決し，政治の党派にかわる行政の技術を確立することが求められた。そこで行政に導入されたのが，科学的管理法であり，経営のマネジメント技術であった。人事管理の集権化・標準化，職階制度の導入などの改革が連邦政府や地方政府などで実施された。

＜民主性と能率性＞

ウッドロー・ウイルソンが1887年に「行政の研究」という論文を出し，グッドナウが1900年に『政治と行政』という本を出版した。アメリカ行政学の創設者たちはそれらの論考の中で政治の党派とは異なる行政の自律的領域を確立することを主張し，行政の基準として「技術」を強調した。19世紀末のアメリカを再生させるには，行政の領域から政治（党派）を切り離して技術の領域を自律的に確立することが必要であると主張したのである。彼らの主張が政治行政分断論，技術派行政学と言われる所以である。

このように民主性と能率性は行政官僚制を支える2つの重要な軸である。国民主権の下，国民の意思を信託された政治家・政治組織が行政官僚制を主導することは民主主義の必然である。国民から選出されたという点は政治的な正統性の根拠となる。政治が民意を政策に実現しようとすることは近代民主主義の理念として望ましいことである。しかしながらそれは能率性の低下という帰結を生むことになりかねない。政治は中立性に欠け，専門性に欠け，継続性に欠ける存在だからである。そのために能率性を高め他律性を低める公務員制度改革が19世紀半ばから末にかけて実施された。

　しかしながら行政官僚制の能率性を高める改革は，政治の統制が及ばない範囲を拡大し，技術を基盤とする行政官僚制の権力を拡大することになる。行政の自律性向上は恣意的な行政裁量を許容する政治リスクを生むことになりかねない。正統性の根拠をもたない行政官僚制が，国民に信託されていない意思を自己判断で決定することになる。これは民主主義の原理に反する行為であり，政治の主導の下に行政を統率することが求められる。そのために政治主導の下に行政改革が行われることになる。現代の行政は民主性と能率性の 2 つの社会要請に応える責任があり，両立しにくい 2 つの要求を連結させて行政官僚制を再構築することが行政学の課題である。

【確認問題】

　1．絶対主義官僚制は重商主義・重農主義の手段となり絶対君主が封建勢力に対抗する手段にもなった。

　2．ジョン・ロックは『市民政府論』の中で権力を分立し，行政は執行権と連合権（外交）を担当することを唱えた。

　3．法治行政とは行政に対する政治の優位を前提とし，権力分立よりも積極的な政治装置である。

　4．政府官職を国民に開放することがアメリカの民主主義であるという考えが猟官制の背景に存在する。

　5．資格任用の公務員制度を確立するため，イギリスではノースコート・トレベリアン報告が提出された。

【練習問題】

　近代民主制から現代民主制へ移行する中で，政治と行政の関係はどのように議論され具体的に設計されたか論じなさい。

【ステップアップ】

鵜飼信成（1952）『行政法の歴史的展開』有斐閣

　本書は行政法の歴史的展開を辿りながら日本における行政法の位置づけを探ろうとしたものである。行政法の歴史，思想，法体系の関係を紐解きながら，行政それ自体の発展を理解することにも本書は有益である。とくに法治行政と法の支配の違いに関する説明は明瞭であり，むしろ珍にして重というべき研究書である。

主な参考文献

足立忠夫（1952）『近代官僚制と職階制』学陽書房

足立忠夫（1957）『英国公務員制度の研究』弘文堂

今里滋（2000）『アメリカ行政の理論と実践』九州大学出版会

上山安敏（1964）『ドイツ官僚制成立論』有斐閣

手島孝（1967）『アメリカ行政学』勁草書房

仲内英三（1999）「十八世紀プロイセン絶対王政の中央・州官僚制」『早稲田大学政治経済学雑誌』第340号

仲内英三（2000）「十八世紀プロイセン絶対王政の王権と官僚制」『早稲田大学政治経済学雑誌』第341号

西尾勝（1990）『行政学の基礎概念』東京大学出版会

藤田宙靖（2016）『行政法入門　第7版』有斐閣

シャルル＝ルイ・ド・モンテスキュー（1989）『法の精神』（野田良之ほか訳）岩波書店

ジョン・ロック（1968）『市民政府論』（鵜飼信成訳）岩波書店

コラム①　省庁のアイデンティティ ･････････････････

　日本だけでなく他国においても農林水産省は伝統的な第 1 次産業の守護者である。しかしながら食料安全保障や食品安全の問題が大きな課題となってくると，農林水産省の顧客は第 1 次産業従事者だけに限定されなくなる。第 1 次産業従事者をコアの顧客としながら全国民を政策の対象としているのが，現在の農林水産省のアイデンティティである。第 1 次産業はどの国においても基盤産業であるので，農林水産省は各国比較を行うのに最適な省庁ともいわれている。

　「以前は社会保障を研究していたのに，最近農業政策を研究しているのはなぜか」と訊かれたことがある。農業政策は産業政策の一部であるが，第 1 次産業の従事者の社会保障を担っており，農業・林業・漁業を行っている地域の地域政策でもある。かつて柳田國男は東京帝国大学法科大学を卒業し農林省へ入省した。大学で専攻したのは経済政策である。当時の東京帝国大学の社会政策の授業担当者は農業経済学も担当しており，両者は密接不可分の関係にあった。農業は農業生産だけでなく，環境や地域振興にも貢献する。農村の所得維持政策という意味で，農業政策は社会政策の性格も有する。農業政策を産業政策と考える発想は 100 年前からすでに偏った考えなのである。

　また米は日本において食べ物というだけでなく，実質的に物価の基軸通貨であった。エンゲル係数の高かった時代には生活費の 70 ～ 80％が食費であり，米の生産を安定させ，適正な価格を維持することは重要な経済政策だったのである。米価の決定は農民の利得だけでなく，国民の利得を充足させるための重要な政策決定であった。

第3章　執　政　府

　本章の目的は執政府の構造を比較の視点から明らかにすることである。議院内閣制，大統領制，半（準）大統領制を概説したうえで，その執政府の多様な制度的文脈を検討する。そして最後に日本の内閣制度の構造を示す。

1．執政府の構造

＜議院内閣制：権力の融合＞

　政府の中から立法府（議会）と司法府（裁判所）を除いた行政府の決定や実施の中枢を執政府または執行部（Executive branch）という。日本は議院内閣制の統治形態を採用しているが，他には大統領制や半（準）大統領制の統治形態を採用している国も存在している。本章ではこの執政府の特質を説明し，行政官僚制を指導する政治構造を説明する。議院内閣制，大統領制，半（準）大統領制の概要を理解し，各国と日本を比較する。単なる統治制度の形式的理解ではなく，それを規定する他の政治制度にも配慮して執政府の構造を理解してほしい。

　議院内閣制の首相は議会（下院）によって間接的に選出され，その例はイギリスや日本の首相である。図表3-1のように，議院内閣制の首相は，議会の多数派に対して責任を有し，議会の不信任決議が解任を可決する。

　このように，議院内閣制は権力の融合の制度である。この執政府の統治制度は，内閣によって権力が融合され，その融合した権力を用いて政策を推進していくことを優先したものである。議院内閣制においては，執政長官である首相は議会の多数派により選任され，そして解任される。解任されない限り，議会の多数派の支持を得ていることになる。行政権と立法権は首相の手で融合され，大きな権力を用いて政策を決定することができる。権力に対する積極的な考え

に基づいてアクセルをかける制度の設計が特徴である。ただし，後述するように，小選挙区制度を基礎とするイギリスのウエストミンスターモデルと比例代表制・大選挙区制を基礎とするヨーロッパ大陸のコンセンサスモデルの違いはある。

　これらの例外としては混合型が存在する。たとえば，スイスのような自律内閣型では，間接選挙で議会から選出された首相が固定任期を務めることになる。またかつてのイスラエルのように，首相公選型では直接選挙で国民から選出された首相が議会運営を左右する形態をとる。

＜大統領制：権力の分立＞

　大統領制の大統領は議会選挙とは別に国民による選挙によって選出され，その例はアメリカ大統領が該当する。大統領制の大統領は，任期終了まで職務遂行し，弾劾等を除き原則としてその任期を妨げることはない。

　図表 3-1 のように，大統領制は権力の分立の制度である。執政長官である大統領が議会とは別に選出され，大統領は固定任期を与えられ，弾劾や閣僚などの議会承認などを例外として議会の人事的つながりは少ない。行政権と立法権は分立しており，大統領と議会多数派が異なる党派によって構成されることも少なくない。法律や予算の通過が困難な例も多く，これを「分裂政府，分裂統治 divided government」とよぶ。大統領制は権力の集中を回避させるために抑制均衡にすることが最適であると考える制度設計である。権力に対する消極的で否定的な考えを基本として，小さな政府を志向する権力観に基づいた政治制度の設計であり，権力に対するブレーキの政治制度といえよう。

＜半（準）大統領制：権力の分有＞

　選出のルールと解任のルールの２つの軸で議院内閣制と大統領制の統治構造を説明してきた。ただし，首相や大統領だけが執政府に存在するのではなく，各国では大統領と首相が執政府に共存する国も少なくない。

　ひとつのパターンは大統領が国家元首であり，首相が執政長官としての役割

を果たしているドイツやイタリアのような国であり，これらの国では大統領は象徴的な国家儀礼を司ることが多く，実質的な議院内閣制として特徴づけられる。これらの国で執政長官は首相である。

　もう一つのパターンが，首相は大統領により任命され，議会の承認を得ることが求められるフランスのタイプであり，これを半（準）大統領制という。大統領は国家元首であるため，大統領制の一形態として理解される。ここにおいて，大統領と首相が執政府に共存し，いずれも執政長官として行政権を分担す

図表 3-1　統治構造の比較

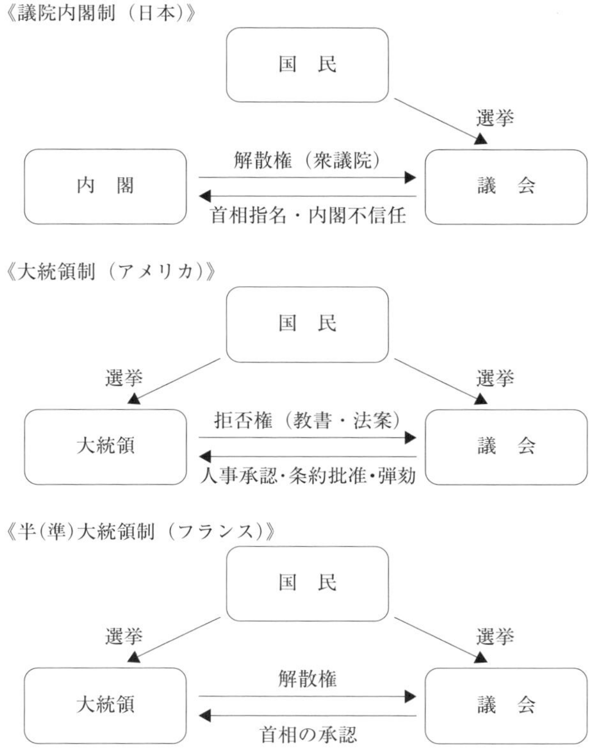

《議院内閣制（日本）》

| 国　民 |
| 選挙 |

内　閣　　解散権（衆議院）　　議　会
　　　　　首相指名・内閣不信任

《大統領制（アメリカ）》

| 国　民 |

選挙　　　　　　　　　　　選挙

大統領　　拒否権（教書・法案）　　議　会
　　　　　人事承認・条約批准・弾劾

《半（準）大統領制（フランス）》

| 国　民 |

選挙　　　　　　　　　　　選挙

大統領　　　解散権　　　議　会
　　　　　首相の承認

出典：筆者作成

る。例えば，大統領は外政，首相は内政という分担関係である。フランスの半
（準）大統領制においては，①国民の直接選挙で選ばれ固定任期を務める，②憲
法上一定の行政権力を有する，③大統領の指名に基づき議会の多数派により選
ばれ議会の信任に依存する，という特質を有している。

　図表 3-1 のように，半（準）大統領制は権力の分有の制度である。議会から
の自律性をもつ大統領と，議会多数派の信任に依拠した首相とが，行政権を分
有する統治構造がその特徴である。これは政策の調整を執政府の内部で行うこ
とを想定しており，議院内閣制と大統領制の特徴をそれぞれ有した政治制度と
いえる。大統領与党が議会の多数を占めている場合，議会と大統領とは協調関
係を形成するが，大統領に反対する政党が議会で多数派を占めた場合，議会で
信任される首相を大統領が任命しなければならない。執政府内部での調整は大
きなコストを生むことになり，執政府に緊張と対立を内包する制度ともなりか
ねない。

2．各国の執政府

＜イギリス＞

　イギリスは議院内閣制を採用している。1867 年改革法から政党は名望家政党
から大衆政党へ転換し，集権的な 2 つの政党による政党間競争によって政権が
担われてきた。与党はほぼ 100％政策を実現でき，野党は次の選挙に勝利して
政権を担う能力があることを国民に PR する。「イギリスの選挙は先の選挙が終
わったその日から始まっている」と言われる所以である。小選挙区制なので，
政治家を選出するというよりも政党を選び，政党の党首が首相にふさわしいか
を判断する選挙である。有権者は候補者を通じて支持する政党へ投票し，その
党首を首相にするための投票を小選挙区制度の下で行うことになる。「わが党の
候補者ならば，たとえ豚が立候補しても私は投票する。実際に豚のような候補
者も多いのだが……」。

　モンテスキューは『法の精神』の中で「イギリス人の自由の秘訣は執行権（国

王），司法権（貴族），立法権（人民）の三権が分立しているからである」と述べ，バジョットは『イギリス憲政論』の中で「イギリス憲法が機能する秘訣は，むしろ執行権と立法権とが結合し融合している点に存在する。両者を結合するハイフン，さらに両者を締め合わせるバックルは，内閣である」と論じている。

　議会（下院）の最大党派である政権与党の執行機関として内閣が構成されたが，次第に内閣の機能は強化されるようになってきた。さらに首相権限が強化され，議会⇒議会多数派（与党）⇒内閣⇒首相へと権限の中枢が移行したのである。候補者の選出，役職の任命で首相の影響力は絶大であり，内閣は，関係省庁の上級官僚から構成され，集団責任制の下で政策の内容について下院へ集団責任を負い，法案を準備することになる。

　形式的には議員によって法案が提出されるが，下院で通過する法案はほとんど政府提出法案であり，「議会はゴム印」ともいわれる。イギリスにおける議会制民主主義の機能は，議会で野党が政府を批判する機会を提供されることで保証され，利益集団は行政部の委員会や審議会を通じて影響力を行使する。

＜アメリカ＞

　アメリカは大統領制を採用している。上院と下院の議会，大統領の2つの政治的経路を通じて民意を代表するため，これを二元的代表制度という。権力に対する消極的な考え方に基づいて抑制均衡と相互監視を基本とし，法案提出は議員のみ認められ，議員立法の多さを特徴とする。一方において大統領は議会を召集解散する権限をもたず，他方において議会は不信任決議で大統領を辞職させることができない。ただし，大統領は議会の可決した法案に拒否権を行使することはできる。アメリカ独立が各州の連合体から誕生した経緯もあり，上院は各州から上院議員が2名選出されて任期6年，下院は人口比例で下院議員が選出されて任期2年となっている。

　選挙制度は小選挙区制度を採用し，分権的な政党制が特徴である。院内会派の力は弱く，党議拘束力は弱い。議員個人の集合体であり，各会派が票を集めるロビイング活動は恒常的であり，多数派工作・多数派形成が議会内で実施さ

れる。法案に関して多数派工作が常時行われ，民主党・共和党を交差して交差投票（クロス・ボーティング）が行われる。

　アメリカの大統領制は立法権と行政権との分立を基本とするが，大統領は大統領令によって行政命令を行使することができる。また議員や上院議長の副大統領を通じて実質的な法案を提案することも可能となる。また議会も議会予算局というスタッフ機能を有し，予算を審査し，各省の行政長官や幹部職員の人事を承認する権限を通じて大統領を人事面で牽制することも可能である。

＜フランス＞

　フランスの政治制度は極めて不安定な歴史を辿った。1789年のフランス革命以降，絶対君主制，立憲君主制，ボナパルチズム，共和制，ボナパルチズム，絶対君主制，立憲君主制，共和制，ボナパルチズム，共和制，ボナパルチズム，共和制という政治不安定の歴史と強固な官僚制の支配構造が特徴である。現在においてフランスは半（準）大統領制という政治制度を採用している。ドゴールは民主的で強い議会と専制的な強い行政府の両立を構想していた。

　現在におけるフランスの半（準）大統領制は，大統領制と議院内閣制の折衷的特質を有している。アメリカと同様に二元的代表制であり，大統領は議会に対して責任を負わず，議会は大統領を解任できない。大統領は国民の直接選挙で選出され，名実ともに行政府の長として存在している。しかし首相は大統領に任命されるが，議会からも信任されなければならない。大統領の党派と議会多数派の党派が異なる場合，大統領は議会に信任されるが自分と異なる党派の首相を任命するか，自分の党派の首相を信任してくれるよう議会工作（政治的支持の調達）をしなければならない。つまり，半（準）大統領制は執政府に保革共存（コアビタシオン）の可能性があり，実際に大統領は社会党のミッテラン，首相は保守のシラクという政治構図が生じていた。

　第五共和制の下で，議会の権能を弱め行政府の自律性を高める改革が行われた。例えば，法律事項の限定である。法律で定めることのできる事項が制限列挙され，その他は行政府の命令で可能とした。また閣僚と議員の兼職を禁止し，

議会会期の制限，委員会権限の縮小，政府による法案審議の促進が行われた。

3. 大統領制と議院内閣制の多様性

＜大統領制への批判＞

「議院内閣制の首相と大統領制の大統領とでは，どちらがリーダーシップを発揮しやすいか？」という問題を問いかけると，多くの学生は大統領制と答える。なぜか。

日本が議院内閣制なので，他国の制度の方がよく見えるのだろうか。それとも，ロシアや韓国のように，大統領の方が強権的な権力を発揮している事例から，大統領という制度が大きなパフォーマンスを示しやすい制度として理解されているのだろうか。実際に政治学での理解は逆であり，議院内閣制の首相の方が強いリーダーシップを発揮しやすいというものである。議院内閣制は執政府と議会の強い結びつきによる権力融合の制度であるために安定的であり，逆に大統領制は執政府と議会の対抗関係による権力分立の制度であるがゆえに安定的ではない，という批判が示されている。3つの議論を紹介しよう。

第1は，議会を類型化したポルスビーの研究である。ポルスビーによると，議会は2つに類型化できる。ひとつは変換型議会であり，アメリカの強い議会が典型である。議会は社会の要求を法律へ転換する機能を果たす。もうひとつはアリーナ型議会であり，イギリスの弱い議会が典型である。与野党が争点をめぐり議論を戦わせ，次の選挙に向かって有権者へ政策を訴えるアリーナ（闘技場）として機能している。

第2は，ステパンとスカッチの研究である。彼らは1973～89年，OECD加盟国を除いた53カ国の執政府の比較研究を行った。その結果，連続10年以上民主主義の形態を維持したのは，議院内閣制の国が61％，大統領制の国が20％という数字が明らかにされている。また軍事クーデタを経験したのは，議院内閣制の国が18％，大統領制の国が40％という数字となっている。その分析によると，議院内閣制は大臣の再任率が高く，任期が長く政権が安定的であり，大

統領制は少数与党をもたらしがちであり，政治的不安定をもたらし体制崩壊を
まねく可能性がある，と指摘されているのである。

　第3の研究成果は，プシェボウスキの研究である。その研究は1950 ～ 90 年
の 141 カ国を対象にして計量分析を行ったものであり，大統領制よりも議院内
閣制の方が安定的であり，大統領制は体制転換の危険性を有する，という結論
が提示されている。

＜大統領制の擁護＞

　しかしながら，これらの執政制度に関する研究には問題点がある。

　第1に，大統領は国民の直接選挙で選出するので，説明責任と政権構成の予
測可能性が明確であるというメリットが存在する。第2に，二元的代表システ
ムは大統領と議会が適度の抑制と均衡の関係を築く。権力が常に腐敗し，小さ
い政府を志向することを是と考えるならば，大統領制度の存在を否定的に考え
る必要はない。第3に，議院内閣制は首相の任期が不確定であり，内閣の不安
定性をもたらすことがある。第4に，ウエストミンスターモデルの議院内閣制
は，小選挙区制度を前提としているため，勝者総取りの特性をもつ。政策が大
きく変化するために合意形成の側面を欠き，社会対立を深化させる可能性もあ
る。

　またリンスらへの批判としては，ラテンアメリカ諸国に限定した研究であり，
時代区分も戦間期や1960 年代に限定したものである。これらの国や時代では軍
部の存在が統治構造へ大きな影響を有した。対象国，時代，関連する政治アク
ターが統治構造へ影響した研究であり，その点で偏向の大きい研究である。大
統領制に付随する条件によって統治構造の実態は大きく変化し，大統領制その
ものの特性を示したものではない。疑似的な相関を排除できていないのではな
いか，という疑問は拭えないのである。

＜執政府の多様性＞

　先に議院内閣制の首相の方が大統領より強いリーダーシップを発揮するとい

う考え方を述べたが，それは執政府を取り巻く政治制度の所産でもある。図表3-2は，レイプハルトによって示されたウエストミンスターモデル（イギリス）とコンセンサスモデル（ベルギー・スイス）の比較である。主な政治制度について簡単に検討しておく。

　第1は，選挙制度である。選挙制度は，小選挙区制か，比例代表制・大選挙区制か，によって執政府を取り巻く政治環境は大きく異なる。一方において，小選挙区制度を採用しているイギリスやアメリカにおいては小選挙区で2大政党間の競争が行われ，それは議会多数派を選ぶ選挙となる。政権選択で政策選択を大きく変化させるに最適な選挙制度であるが，死票が多く，合意形成は難しい。小選挙区制を基礎とするイギリスのウエストミンスターモデルがそれである。

　他方において，比例代表制・大選挙区制度を採用しているヨーロッパ大陸の諸国においては，民意を代表する制度として積極的に採用され，少数者の意見

図表3-2　ウエストミンスターモデルとコンセンサスモデル

	ウエストミンスターモデル （例）イギリス	コンセンサスモデル （例）ベルギーとスイス
執政権	単独過半数内閣への執政権の集中	幅広い連立内閣による執政権の共有
内閣と議会の関係	内閣の優越	執政府と議会の勢力均衡
政党	二大政党制	多党制
選挙制度	小選挙区制	比例代表制
決定制度	利益集団多元主義	コーポラティズム
国家形態	単一国家と中央集権	連邦制と地方分権
議会制度	一院制議会への立法権の集中	強い二院制
憲法制度	軟性憲法（不文憲法）	軟性憲法
司法統制	違憲審査権の不在	違憲審査権
中央銀行の位置づけ	政府に支配される中央銀行	独立した中央銀行

出典：アレンド・レイプハルト（2005）『民主主義対民主主義』（粕谷祐子・菊池啓一訳）勁草書房，pp.7-40

反映に寄与している。しかし少数派政党が多くなり，連立政権となりがちである。政府は拡大を志向し，政策は大きく変化しない。比例代表制や大選挙区制を基礎とするヨーロッパ大陸諸国のコンセンサスモデルがそれである。

　第2は，政党制度である。同じ小選挙区制度であっても，政権与党の政党集権度は大きく異なる。つまり，アメリカは個人の議員の連合体であり，議会での党議拘束も少ない。選挙資金は個人で集め，政党への依存度は低い。これに対してイギリスや日本は政党の党議拘束度は高く，選挙区での公認権，公職の人事，選挙資金の交付などで政党の影響力は大きい。このような政党の集権・分権の特質は執政府に大きな影響を持つ。

　このことは第3に，執政府と議会との関係を大きく左右する。議院内閣制であれ，大統領制であれ，議会の多数派をいかに調達するかが，政権の政策運営を左右するからである。議会多数派の構成が政権与党の圧倒的過半数なのか，連立与党による過半数なのかは，政策の質に影響する。首相に衆議院の解散権をフリーハンドで与えている日本，首相に議会（下院）の解散権があるが，下院の3分の2の承諾が必要なイギリス，大統領に議会解散権がないアメリカは，議会に対する執政府の優位性を大きく示している。議会会期の日程が固定的なイギリスと政権・与党主導で議会会期を決定する日本とでは，議会運営に政権与党・執政府が介入できる度合いが異なってくる。執政府への議会の人事介入がどれくらいかも，議会と執政府との関係を規定する政治要因である。

　多くの政治学者は政策の実現という面では議院内閣制の執政府を支持するが，サルトーリは，大統領制の分裂政府よりも，半（準）大統領制度の大統領と首相は政策実行力をもつと指摘している。どのような国であれ，執政府を取り巻く制度的条件によって，執行部の機能は大きく異なってくるので，その制度条件を精査する必要がある。

4．日 本

＜内閣の歴史＞

　第二次世界大戦前の内閣制度は国務大臣単独輔弼制を採用しており，内閣の閣僚は首相の指揮を受けず自らの管轄事項については直接天皇の裁可を得ることができた。これは権力の遠心化を促進し，政党勢力による行政権把握を防ぐ効果も有していた。軍・枢密院・元老などの権力集団の存在を許す結果ともなった。その結果，内閣，そして首相の強いリーダーシップを発揮する制度保障がされないままであった。

　第二次世界大戦後は国民主権と議院内閣制が統治構造の基軸となり，国会が首相を指名し内閣は国会に連帯して責任を負う憲法構造へと変化した。しかし割拠主義的な省庁の分立体制は温存されたままであった。短かい政権寿命は行政官僚制への強い統制を不可能とした要因でもあった。

　そのため，内閣機能の強化を実施するため，2001年に内閣府の設置，内閣官房の改組などが行われ，議院内閣制が採用された国の中でも内閣の権力が強く行使される制度保障がされた国へと変貌したのである。

＜内閣の構成原理＞

　イギリスにおいては，大臣，閣外相，政務次官，政務秘書官など130人，与党議員の3分の1近くが執政府の官職に就く。与党議員団長は閣僚の一員であり，閣議のメンバーとして与党総務会長も閣議に出席する。執政府と政権与党・議会多数派とは人事面で融合的で一体的である。

　日本ではイギリスを模倣した政治改革が実施され，政治主導を実現するために大臣，副大臣，政務官の制度が採用され，政権与党の政治家が行政官僚制を政治指導する，政治主導の執政府体制が確立した。

　現在の日本における内閣制度は，内閣は全員一致の合議制による「合議制の原則」，各省の所掌事務は各大臣が分担管理する「分担管理の原則」，首相が国

務大臣の任命権を有する「首相指導の原則」から構成されている。

＜内閣統治のパターン＞

　連立政権や自民党政権の下では政治改革，選挙改革，分権改革，行政組織改革が一体的に実施されてきた。内山融によると，それは政党の変化と内閣の変化との同時進行的現象であったという。

　政党の変化としては，小選挙区制の採用により，派閥の連合体から党首・幹事長の集権性（候補者選定や政党交付金の資金配分）が生じ，合意形成型・内閣与党の二元的政策決定型からトップダウン型への変化がみられる。政権与党の政務調査会・総務会の決定よりも官邸の決定の方が先に行われ，政権与党は内閣・官邸の決定に追従する構図が生まれた。

　もうひとつの内閣・首相官邸の変化としては，集権化・一元化への傾向がみられる。首相の発議権の明確化（内閣法改正：内閣の重要政策に関する基本的方針を発議）が制度化され，省庁官僚制主導から内閣官房・内閣府の調整強化へと政策構図は変化した。これは首相の人事権強化，つまり幹部職員（次官・審議官・局長・局次長）の官邸による人事承認，内閣人事局による各省庁幹部人事への実質的な関与が行われてきたからである。政治改革と行政改革の連動性は，「政官スクラム型リーダーシップの崩壊」（村松岐夫）を生み出し，新しい政治と行政との関係を作りだしたのである。ただし，それが指導補佐の政治行政関係ではなく，法の支配を超えた支配従属の関係になっていたとしたら，政治への権力集中を再び再検討すべきであろう。

【確認問題】

1．半（準）大統領制は権力分有の制度である。
2．バジョットは『イギリス憲政論』の中で執行権と立法権の結合・融合が内閣によって行われるとした。
3．ポルスビーは議会の類型化を行い，イギリスの弱い議会をアリーナ型議会，アメリカの強い議会を変換型議会とした。

4．第二次世界大戦前の日本の内閣制度は大臣単独輔弼制を採用し，首相の
　　リーダーシップを発揮する制度保障がなかった。

5．内閣の構成原理の一つとして，各省所管事務は各大臣が分担管理する「分
　　担管理の原則」がある。

【練 習 問 題】

　執政府をとりまく政治制度（議会，政党，選挙）を概説し，先進諸国で議院内
閣制度が多く採用されている理由を考察しなさい。

【ステップアップ】

H・J・ラスキ（1966）『議会・内閣・公務員制』（辻清明・渡辺保男訳）岩波書店

　第二次世界大戦後の大衆社会の到来により内閣と公務員制の機能強化が要請
される状況の中で，ラスキは議会がどのような対応をするべきかについて論じ
ている。ラスキがイギリス労働党のイデオローグである点や議会政治に楽観的
である点を差し引いても，本書は執政府を考える際の枠組みとして重要である。

主な参考文献

内山融（2007）『小泉政権』中央公論新社

大山礼子（2011）『日本の国会』岩波書店

大山礼子（2012）『比較議会政治論』岩波書店

片岡寛光（1982）『内閣の機能と補佐機構』成文堂

佐々木毅編（2019）『比較議院内閣制論』岩波書店

高安健将（2018）『議院内閣制』中央公論新社

建林正彦・曽我謙悟・待鳥聡史（2008）『比較政治制度論』有斐閣

西尾勝（1990）『行政学の基礎概念』東京大学出版会

ウォルター・バジョット（2011）『イギリス憲政論』（小松春雄訳）中央公論新社

待鳥聡史（2012）『首相政治の制度分析』千倉書房

待鳥聡史（2015）『代議制民主主義』中央公論新社

村松岐夫（2010）『政官スクラム型リーダーシップの崩壊』東洋経済新報社

山口二郎（2007）『内閣制度』東京大学出版会

蠟山政道（1950）『比較政治機構論』岩波書店

第4章　首長と議会

　本章の目的は，地方自治体の政治行政構造を明らかにすることである。自治体政府の構図を概説し，議会，首長，議会と首長の関係を明らかにする。国レベルの政治行政とは異なる構造を示す。

1．自治体機構の基本原理

＜二元代表制と機関対立主義＞

　世界的に地方レベルは議院内閣制を採用した国が多い中で，日本は大統領制を採用している点が第1の特徴である。国が議院内閣制で地方が大統領制という制度ねじれが第2の特徴である。しかも，二元的代表制にもかかわらず首長に優先した権限を付与したという点で第3の特徴を有している。日本の地方政治は強い首長（知事，市区町村長）と弱い議会に特徴づけられる。地方政治の制度はアメリカ同様に二元的代表制を採用したが，知事や市町村長の首長に強い権限を付与する構図となっている。本章は自治体レベルを対象として行政官僚制（公務員機構）を指導する執政府の首長と議会との関係を検討する。

　図表4-1をみてほしい。民主主義社会において，政治家は住民の直接選挙によって選出される。自分の存在が住民の民意を反映したものであるという点が民主的正統性であり，政治家が終身行政官と異なる点である。ただし，日本の地方政治の場合，2つの政治的経路を通じて住民の意思を反映させる道を形成している。第1が議会の議員を選出する議会選挙による政治経路であり，第2が首長（都道府県知事・市区町村長）を選出する首長選挙による政治経路である。議員も首長も共に任期は4年である。

　このような二元的代表制は，議会と首長の機関対立によって権力に対する抑

図表4-1　首長制度の概要

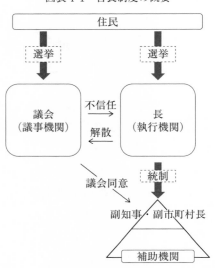

出典：総務省ホームページ　https://www.soumu.go.jp/main_content/000059438.pdf
（閲覧日：2020年12月7日）

制と均衡を想定した政治装置である。議会と首長は条例について共に提出権を
有し，予算や人事などの案件について相互監視を行う。予算や人事の案につい
て議会の承認を首長は調達しなければならない。たとえば，副市町村長の選任
には議会の同意が必要である。条例，予算，人事などの最善案を住民へ提案す
る制度設計が，自治体政治の機構に想定されているのである。

　このように，日本の地方自治は二元的代表制であり，大統領制に似た制度が
地方レベルに設計されている。これは他の多くの先進諸国が議院内閣制を採用
しているのと対照的である。

<首長主義>

　しかしながら，二元的代表制を採用しているといっても，首長に強い権限が
付与されている点が日本の特徴の一つである。つまり，二元的代表制度ではあ
るが，首長の比較優位の権限が認められている。

　第 1 に，議会に対する条例案の提出権限は首長と議員にあるが，条例案の大半は首長によって提出されているのが実態である。予算発案権については，首長のみに認められている。アメリカ大統領に予算発案は認められているが，公式に大統領は法案を提出できず，大統領令を出すことしかできない。日本の地方自治は執政府の権力を優先し，抑制均衡の政策制約を補完した形となっている。

　第 2 に，議会に対する首長の解散権が存在する。ただし，議会も首長に対する不信任決議や百条委員会の設置で首長に対抗する権限が付与されている。アメリカ大統領には議会を解散する権限はない点を考えれば，これは二元的代表制の修正とでもいうべき権限付与である。

＜諸外国の自治体機構＞

　日本が二元的代表制を採用し，首長主義でそれを補完・修正していることを述べてきた。しかしながら，他国の地方自治の制度設計は多様である。日本のように二元的代表制を採用し，画一的・統一的な地方自治で制度設計している国はむしろ稀であり，議院内閣制の方が一般的である。

　イギリスにおいては，大きく 3 つに類型化される。①リーダーと内閣制度型，②公選首長と内閣制度型，③公選首長とカウンシルマネージャー型，の 3 つである。①リーダーと内閣制度では，住民から議会議員（任期 4 年）が選出され，議員の中からリーダーが選出される。リーダーは議員から内閣の構成員を選出する。議会の下に政策評価委員会が設置され，政策決定執行の評価などを行う。事務局の事務総長や幹部職員は議会が任命する。②公選首長と内閣制度では，議会議員（任期 4 年）と首長（任期 4 年）がそれぞれ選挙で選出され，議会は重要事項に関する決定，自治体の枠組みや予算などの決定を行う。議会の下に政策評価委員会が設置される。首長は政策や予算の提案を行う権限を有し，議員の中から内閣を構成する。内閣は政策を実施する。事務局は議会が事務総長と幹部職員を任命する。③公選首長とカウンシルマネージャー制度では，議会議員と首長がそれぞれ選挙で選出される。首長は政策枠組みを提案する権限を有

する。議会の下には政策評価委員会が置かれる。議会はカウンシルマネージャーを任命し，カウンシルマネージャーは首長の政策を実施し，事務局の職員を任命する。

　アメリカの地方自治はきわめて多様であるが，ここでは①市長－議会型，②議会－支配人型，③評議会型，の3つを説明しておく。①市長－議会型では，議会議員（任期4年）と市長（任期4年）が選挙で選出される。議会は市のルール制定，調査・監査，予算議決などの権限を有する。市長は政策の立案や執行の権限，市ルールへの拒否権，予算案の作成権限，行財政運営の権限などを有し，複数いる副市長への任命権限を有する。住民は議員や市長の他に区長，会計管理者，市政監督官なども選挙で選出する。選挙での選出者が多い点がアメリカの特徴である。

　②議会－支配人型では，住民は議会議員（任期4年）を選出し，議会議長が市長（任期2年）を兼務する。議会は市長とは別に支配人（シティマネージャー）を任命し，議会の委任の下に議決事項の遂行，行政部局の指揮監督などを行う。支配人はさらに財務部長を任命し財政・予算の運営を監督させる。また，住民は議員の他に財務監督官（任期4年）も選挙で選出し，会計監査を司る権限を与える。

　③評議会型では，住民から評議会メンバーが選挙で選出される。評議会は条例制定，職員任命，税の徴収，支出の決定を行う。評議会議長が市長として行政部局の活動に責任を負う。

　フランスにおいては，住民からコミューン議会の議員が選挙によって選出される。議員の任期は6年である。議会は予算審議，財産，公共事業，訴訟，職員身分の規定など幅広い権限を有している。執行部である執行理事会はコミューン議会から首長（議会議長が兼務）と副首長が選出される。任期はともに6年である。執行理事会は議会の執行機関としての予算作成・支出命令・財産管理などの権限を行使し，議会は執行理事会に使用料決定や起債などの権限を委任できる。

2．議会と議員

＜議会の役割＞

　日本の地方議会は本会議（定例会と臨時会）と委員会によって構成される。常任委員会・特別委員会には制限列挙的に権限が付与され，一定の事項について審議・議決を行う。

　図表4-2をみてほしい。具体的には，第1に，条例の制定改廃の権限，議員提案条例の提出（議員定数12分の1以上の賛成）の権限，予算の議決等の権限である。第2に，議決に基づいて行政事務が執行されているかどうかを検査・調査する監視的権限が通常行使されている。

　その他に，検査権，監査請求権，意見書提出権，諮問答申権（議会への諮問を義務づけ），組織自律権がある。とくに，地方自治法第100条に基づく百条調査権は，国の国政調査権に該当する重要な権限であり，首長などに対する大きな牽制と権力源となっている。（首長が拒否した場合には罰則が適用される）。

　このような議決権の例外として首長の専決処分がある。これは議会による予算審議が滞っている場合に最低限の予算を首長が執行するように，議会の議決なしに首長が実施する権限行使である。これは例外的な措置を想定していたが，鹿児島県の阿久根市長が専決処分の乱用を頻繁に行ったため，2012年地方自治法改正で副知事・副市区町村長選任を対象外とした。

＜議員の役割＞

　議会での議員の公式な活動は本議会や（常任・特別）委員会での審議，調査である。ただし，地方議員は住民に対しては，陳情を受け付け，行政機関への働きかけを行い，住民にとってのサービス向上を高めるための活動も行っている。日本の地方議員の選挙は大選挙区制を採用しているため，少数の選挙民による政治的支持でも当選可能である。この選挙制度は多様な意見が反映される可能性がある一方で，議員たちが分断化された党派行動になることもしばしばであ

図表 4-2　議会制度の概要

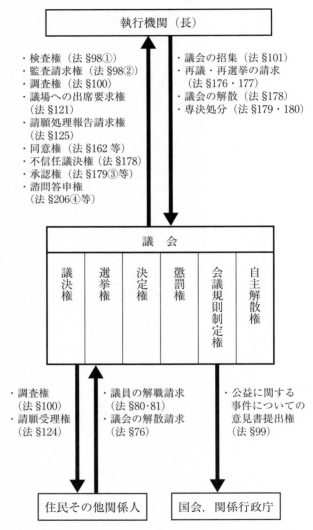

執行機関（長）

・検査権（法 §98①）
・監査請求権（法 §98②）
・調査権（法 §100）
・議場への出席要求権
　（法 §121）
・請願処理報告請求権
　（法 §125）
・同意権（法 §162 等）
・不信任議決権（法 §178）
・承認権（法 §179③等）
・諮問答申権
　（法 §206④等）

・議会の招集（法 §101）
・再議・再選挙の請求
　（法 §176・177）
・議会の解散（法 §178）
・専決処分（法 §179・180）

議　会

議決権　選挙権　決定権　懲罰権　会議規則制定権　自主解散権

・調査権
　（法 §100）
・請願受理権
　（法 §124）

・議員の解職請求
　（法 §80・81）
・議会の解散請求
　（法 §76）

・公益に関する
　事件についての
　意見書提出権
　（法 §99）

住民その他関係人　　　国会，関係行政庁

出典：総務省ホームページ　https://www.soumu.go.jp/main_content/000059438.pdf
　　　（閲覧日：2020 年 12 月 7 日）

る。図表4-3は議会運営の概況を示したものである。

　また，国政選挙などの選挙では，地方議員は重要な投票動員の運動員として実質的な政治活動を行うことになる。農業など自営業を行っている地方議員は多いが，一部を除き基本的に兼職は禁止され，自治体の公共事業を行っている会社役員などの一部兼業を禁止されている。他国に比較して専業的要素が強く，名誉職やボランティアの要素が強い国もある中で，この地方議員の専業特色は際立っている。

　しかしながら，地方議員の報酬は，都市部で比較的高額で政務活動費が確保されているのに対して，農村部では低額である。しかも政務活動費はない自治体が多く，活動負担は大きく，兼業でなければ実質的に生活の維持は難しい。地方議員は高齢化する傾向にあり，担い手不足の課題が生じている。

＜議会の改革＞

　条例，予算，人事の執政府提案を拒否することが主要な機能という意味で，日本の地方議会は拒否権プレイヤーであり，条例提出機能より行政監視機能が現実の役割となっている。そのため，一部の議員においては政策立案能力を高めて条例提案の志向を強める改革が行われている。また行政に対する監視機能を強化させ，会計監査，第三者評価などの行政評価の活用に地方議会の存在理由を見出そうとする動きもある。

　地方議会が住民から遠い存在になっているという批判を受けて，議会運営の見直しも始まっている。これまで平日の昼に本会議や委員会を開催することが多かったが，市民の傍聴が可能なように土日や夜間に本会議や委員会を開催し，議会への住民参加を促進しようとしている。これは住民参加によって議会の監視機能を補完する意味も持っている。議員報酬や政務活動費の見直しも同様に行われている。たとえば，福島県矢祭町の日当制では月単位の報酬ではなく1回出席につき日額3万円としている。政務活動費の厳格かつ適正な運用は自治体議会の重要な課題である。

　はたして，地方議会改革は「弱い議会」を変えることができるのであろうか。

図表 4-3　地方議会の

団体区分		町村	市区	
人口区分等	人口分布	166 人～52,081 人	5 万人未満	5 万人～
	団体数（市区内構成比）	927 団体	273 団体（33.5%）	255 団体（31.3%）
平均議員定数（人）		12.0	17.4	20.9
議員一人当たりの平均住民数（人）		992	1,939	3,343
定例会等平均開催数（回／年）※通年会期等採用団体を除く	定例会	4.0	4.0	4.0
	臨時会	2.7	1.4	1.1
年間平均会期日数（日／年）		42.8	80.9	90.0
通年会期等採用団体数	通年会期制（法 102 条の 2）	24 団体	4 団体	3 団体
	通年議会（法 102 条 2 項）	30 団体	4 団体	9 団体
年間平均議案件数（件／年）	全体件数	87.7	110.6	116.1
	［長提出］	［81.0］	［102.2］	［106.5］
	［議員・委員会提出］	［6.7］	［8.4］	［9.6］
委員会平均設置数※設置団体平均〈非設置団体数〉	常任委員会	2.4〈10 団体〉	2.9	3.2
	議運委員会	1〈19 団体〉	1	1
	特別委員会	2.9〈125 団体〉	3.5〈15 団体〉	3.4〈21 団体〉
議会事務局平均職員数（人）		2.5	4.5	5.9

(注)　【人口】住民基本台帳人口（市区については平成 30 年 12 月 31 日現在，都道府県及び町村については平成 30 年 1 月 1 日現在）
　　　【議員定数】第 13 回都道府県議会提要（H27.7.1 現在），市議会議員の定数に関する調査結果（H30.12.31 現在），第 64 回町村議会実態調査結果の概要（H30.7.1 現在）
　　　【委員会数】第 13 回都道府県議会提要（H27.7.1 現在），市議会議員の活動に関する実態調査結果（H30.12.31 現在），第 64 回町村議会実態調査結果の概要（H30.7.1 現在）
　　　【事務局職員数】第 13 回都道府県議会提要（H27.7.1 現在），市議会議員の属性に関する調（R1.7.1 現在），第 64 回町村議会実態調査結果の概要（H30.7.1 現在）
　　　【その他】第 13 回都道府県議会提要（H26.1.1 ～ 12.31），市議会の活動に関する実態調査結果（H30.1.1 ～ 12.31），第 64 回町村議会実態調査結果の概要（H29.1.1 ～ H29.12.31）
出典：総務省ホームページ https://www.soumu.go.jp/main_content/000675286.pdf
　　　（閲覧日：2020 年 12 月 7 日）

運営の概況

市区						都道府県
10万人〜	20万人〜	30万人〜	40万人〜	50万人以上	指定都市	570,824人〜13,637,346人
156団体(19.1%)	46団体(5.6%)	28団体(3.4%)	22団体(2.7%)	15団体(1.8%)	20団体(2.5%)	47団体
25.7	31.3	36.7	39.5	46.3	59.1	57.2
5,447	7.896	9.416	11,244	13.540	23.264	47,528
4.0	4.0	3.9	4.0	4.0	3.8	3.8
1.0	0.8	0.9	0.7	0.8	0.5	0.5
95.3	94.1	98.4	94.9	107.2	112.7	111.4
0団体	2団体	0団体	0団体	0団体	0団体	1団体
3団体	3団体	2団体	3団体	0団体	2団体	0団体
128.2 [116.2] [12.0]	148.0 [134.2] [13.8]	167.7 [150.8] [16.9]	164.8 [148.3] [16.5]	135.1 [122.8] [12.3]	241.4 [216.1] [25.3]	233.6 [199.3] [34.3]
3.8	4.0	4.5	4.5	5.2	5.7	5.8
1	1	1	1	1	1	1
3.5 〈7団体〉	4.3 〈3団体〉	4.0 〈4団体〉	3.6	5.0	6.0	3.7 〈6団体〉
8.5	13.0	16.2	18.2	20.1	34.2	40.3

改革のスピードは速いとは言えないかもしれないが，改革を志向し続けるならば，より多様な政治制度へと変化することも可能であろう。

3．首　長

＜執行機関＞

　知事や市区町村長と事務局の行政機構は執行機関多元主義として特徴づけられる。執行機関は，首長を最終決裁権者とした独任制組織と教育委員会や選挙管理委員会などの委員会・委員から構成される。

　かつて教育委員会や農業委員会など行政委員会制度が地方自治体へ積極的に導入されたのは，首長への権限集中を防止し，民主的な運営を期待したためである。しかしながら，権限の曖昧さや即応のなさが批判され，近年は大きな見直しがされている。たとえば，教育委員会制度は教育長の下に実質運営される制度に変化した。文化財保護法の改正で，文化財保護の所管は教育委員会だけではなく，観光部門や経済・産業部門でも所管できるように変わった。つまり首長部局へ権限を強化し，改革を志向することが近年の傾向なのである。

　また，近年その役割が重視されているのが監査委員である。監査委員は自治体財務その他一般の事務について首長から独立して自治体運営の監視・評価の役割を担う重要な役割を担っている。地方自治法第 199 条に基づき，自治体財務に関する財務監査，一般事務に関する行政監査，事務監査要求，議会監査要求，首長からの監査要求，住民からの監査要求など要求に基づき行う特別監査がある。監査委員は 2 人から 4 人で構成され，議会の同意を得て選任される。

　企画部門と財政部門を統合したり，経済産業部門と労働部門とを統合したり，保健部門と福祉部門を一元化したり，文化部門を独立させて自治体政策の目玉にしたりと，首長の政治判断に基づいて執行機関の組織再編が行われている。国に比べると，地方自治体は政治家である首長の判断で改革がしやすい特質を持っている。ただし，アメリカに比べると，自治体組織の画一性は依然として強固なものである。日本における地方自治法に基づく画一と統一は，自治体の

自主組織権の尊重に寄与しているとはいえないのである。

＜首長の権限＞

　首長は特定の政党に属して首長選挙を行うのではなく，多政党の相乗り候補や無党派候補として立候補することが多い。議会の制約から自由になり，複数の政党との協力関係が成立しやすいためである。逆にいえば，議会で多数の政治的支持を調達し，条例・予算・人事の執政府案を通すための多数派工作が議会に対して必要不可欠となる。

　日本の首長の権限は概括例示方式の包括権限である。イギリスやアメリカのように，国と地方，連邦と州が権限を分離させているような国では，国が年金を担当し地方が社会福祉を分担するとか，連邦が貨幣鋳造と航空規制を州から権限を委任され，州が刑事・民事法一般を所管するなどの分離的な政府間関係を構成している。これに対し日本では，国も地方も教育を所管して機能を重複させることが多い。そのため，自治体首長の権限は法令に違反しない限り包括的に権限を行使でき，概括的な例示によるものとなっている。

　議案の提出権として，条例は首長と議会がともに提出する権限を有するが，実際は多くの条例が首長から提出されている。予算議案の作成・提出・執行権は首長にあり，議会の大幅修正はできない。

　また規則制定権について，首長は法令に反しない限り規則を制定できる。また地方公務員の人事権について，首長はほとんどの首長部局職員の任免権を持ち，その権力は絶大である。この人事権の行使が，議院内閣制における分担管理を行っている国と比較して，首長のリーダーシップが大きく行使できる源泉となっている。組織編成権としては，組織の設置に関する条例や規則の制定が首長によって行使されている。

＜補 助 機 関＞

　首長の補助機関とは首長の職務遂行を補助する権限を与えられた内部機関である。都道府県には副知事，市区町村には副市区町村長が，条例に基づいて複

数設置されていることが多い。共に任期は4年であり，議会の同意を得て選任され，首長はこれらを解職することもできる。

　副知事や副市町村長はかつて首長の補佐役にとどまっていたが，現在では地方自治法第167条に基づいて政策・企画の立案権限や長に委任された事務の執行権が付与された。首長の補佐に留まらず，担当事務の監督，首長の職務代行まで務める積極的な役割へと変化している。

　その他に特別職地方公務員として，顧問，参与，特別秘書などが議会の同意を得て首長の補助機関として機能している。附属機関としての自治紛争処理委員，情報公開審査会などの委員も重要な機関として存在している。

4. 首長と議会の関係

＜再議制度＞

　再議制度とは長と議会の調整制度，つまり議会の議決に対して首長が再議（やり直し）を求めることを意味する。いわゆる拒否権である。一般的再議としては，条例の制定・改廃，予算に関する議決に限定され，首長の判断で再議権を行使し，条例と予算の対立について長を優位にして調整が行われる。特別的再議としては，首長による再議権行使が義務づけられているものである。従前と同様の議決の場合，総務大臣・都道府県知事への審査申し立てが行われ，総務大臣等による裁定が出される。

　議会は首長に対して不信任決議を出すことができると先に述べたが，首長の不信任の議決としては，議会は議員数の3分の2以上が出席しその4分の3以上の者の同意があれば議決ができる。また首長は，不信任の議決の通知を受けた日から10日以内に議会を解散できることとなっている。

　不信任決議であれ，議会解散であれ，それらは大きな政治のコストを住民や政治家に強いることになるため，これらを回避するための政治的な調整は首長と議会各党派との間で繰り返し行われることになる。

＜専決処分制度＞

　先に述べたように，専決処分とは，首長が議会の権限に属する事項につき，一定の場合に議会にかわって処分ができることをさす。この専決処分はかなり例外的な事項に限定され行使されることを想定していた。そうでないと，首長と議会との権力均衡が大きく崩れ，議会はチェック機能さえ果たすことができず，首長の圧倒的な優位を保証することになりかねない。

　地方自治法第179条1項に基づく法定の専決処分（法定代理的専決処分）としては，議会が成立しない場合，開催できない場合，緊急を要する場合に行われる。地方自治法第180条1項に基づく議会の委任による専決処分（任意代理的専決処分）としては，議会の権限のうち軽易なものについて行使される。

　2010年，鹿児島県阿久根市長が議会定例会を招集せず，専決処分を19回繰り返した。鹿児島県知事の2回にわたる是正勧告を受け，総務省も懸念を表明した。しかし，当時の地方自治法では知事の勧告に従う義務はなかったため，阿久根市長は勧告には従わなかった。この専決処分をめぐる問題は，2012年地方自治法改正の契機となり，専決処分の対象として副知事と副市長村長の選任を除外した。

＜分裂統治の議会運営＞

　アメリカで分裂統治とは，議会と大統領とが異なる党派に属し，統治運営が困難になることをさす。日本において地方自治体レベルが二元的代表制を採用している限り，アメリカと同様な分裂統治状況が生じ，首長と議会が異なる党派である政府形態が構成されることになりかねない。

　首長と議会の対立構図は名古屋市，阿久根市，大阪府，大阪市，東久留米市などでしばしば生じている。その対立構図は二元的代表制の帰結であるが，それを回避するために，首長がいかに議会党派を掌握するか，自分の支持勢力を育成し，協力党派を政治的に支持調達するかが首長の政治能力である。

　地方議会では自民党系の党派が2つに割れていることもあり，公明党がキャスティングボードを握っていることが多い。政権運営を行う首長にとって，そ

れらの党派との関係が重要な鍵となることがある。首長にとってはそれらの党派といかに調整するか，いかに事前に政策を取り込めるか，などの議会運営の政治手腕が問われているところである。

【確認問題】

1．日本の地方政治は強い首長と弱い議会に特徴づけられる。
2．首長には，条例案提出権限と予算発案権限の両方が認められている。
3．議会の百条調査権は首長に対する強い牽制となる権限である。
4．再議制度とは，議会の議決に対して首長が再議を求める拒否権行使である。
5．専決処分制度とは，議会に代わり首長が処分できるものである。

【練習問題】

首長と議会の関係について説明し，地方議会の機能強化の具体的な方法を提案しなさい。

【ステップアップ】

曽我謙悟（2019）『日本の地方政府』中央公論新社

本書は地方政府の見取り図を描こうとするものである。首長と議会の関係だけでなく，行政と住民，地域社会と経済，地方政府間の関係，中央政府との関係についても論じられている。簡潔ながらも水準の高い議論が展開されており，地方自治や地方政治に関心を持つ学生が必読すべき本である。

主な参考文献

江藤俊昭（2012）『自治体議会学』ぎょうせい
片山善博（2020）『知事の真贋』文藝春秋
北村亘（2013）『政令指定都市』中央公論新社
柴田直子・松井望編（2012）『地方自治論入門』ミネルヴァ書房
曽我謙悟・待鳥聡史（2007）『日本の地方政治』名古屋大学出版会

辻陽（2019）『日本の地方議会』中央公論新社
西尾勝（1999）『未完の分権改革』岩波書店
西尾勝（2007）『地方分権改革』東京大学出版会
山下茂（2012）『体系比較地方自治』ぎょうせい

コラム②　地方議員の役割

　筆者の実家の前の道路に小さな穴があいていて，デコボコの状態だったため，自動車の騒音がひどく，事故の危険性さえあった。父親が市役所の担当課に連絡したが，市役所の担当課は何も対応はしない。そのため，知り合いの市議会議員へ連絡し，実情を話した。市議会議員は市役所へ連絡して状況を説明し，すぐに道路工事が始まった。議員は常に住民から陳情を受け付けており，住民の意見を吸い上げる重要な政治経路を果たしているのである。

第5章　国　と　地　方

　本章の目的は国と地方の関係について理解を深めることである。地方自治の価値について説明したうえで，国・地方関係の構造的変容について検討する。日本の分権改革の方向性について説明する。

1．地方自治の価値

＜地方自治の必要性＞

　三権分立は権力を抑制する政治装置であるが，国と地方にも権力は分立している。国は国民全体に責務を持ち，地方は固有の住民へ責務を持つという分担関係が成立している。なぜ国と地方は分立しているのであろうか。どのような役割分担を行っているのであろうか。本章では，国と地方の政府間関係に焦点を当て，統治機能の分業構造について検討する。国民を対象とした全国政府が，直接国民へ全ての公共サービスを提供することも理論上可能である。しかし，多くの国では地方自治が存在し，住民に最も近い地方政府が公共サービスを提供している。なぜ地方自治は存在しているのか。西尾勝は5つの理由を挙げて説明している。

　第1が，地方自治が政治権力の分立を促進し，政治過程を多元的にすることである。第2が，地方自治により民主政治の裾野を広げることが可能となることである。第3に，地方自治により地域に特有な需要に適切なサービスを提供できることである。第4に，地方自治により自治体が創意工夫を凝らして政策の促進をすることができる点がある。第5に，地方自治により総合調整が容易に可能な点がある。

　国が標準のサービスを提供してナショナル・ミニマムを維持しようとするの

に対し，地方は個別のサービスを提供して自治体の個性を実現する。図表5-1は地方自治体の行う事務を示したものである。一般的に市区町村を都道府県は補完し，都道府県を国は補完する。いわゆる補完性の原理といわれるものである。

　地方自治体は自治という個性を追求し，国は全国政府の責務として水準を底上げして平等や標準という価値を実現する。この点について，標準と個別，平等と自治，能率と自由という二律背反に地方自治の課題があることを長浜政壽は『地方自治』の中で指摘した。さらに蠟山政道は『英国地方行政の研究』の中で国と地方の二律背反は行政的統制によって解決され，構造的認識と技術的把握が地方自治の研究に必要であると説いた。

＜地方自治の存在理由＞

　では全国政府とは異なる地方政府の存在理由とは何か。地方政府の固有条件を西尾勝は5つにまとめている。

　第1が，中央政府は国民国家全体の管轄，自治体政府は特定地域社会の政府という違いである。第2が，国は議院内閣制，地方は大統領制という政治制度の差異である。第3が，公務員制度の違いである。国は各省各局での採用となり，出向を別として，他の省や局での配属となることはない。心理職・医療職など専門職の職務区分も，地方自治体よりも中央政府の方が幅広く設定している。地方は一括採用であり，10～20年は様々なポストを経験しながら自分の主たる専門分野を確定していく。よりジェネラリストの度合いが強いのである。

　第4は，労働組合の果たしている役割である。地方自治体の方が労働組合の政策や職務への影響力はより大きく，組合員の組織率もより高い。第5が，市民と接触する第一線機関の多寡である。霞が関の官僚たちは「国民との距離が遠い」としばしば言うが，自治体職員は対人的なサービスの比率がより高く，しかも窓口業務がより多い，という特徴を有している。

図表5-1　地方自治体が担う主な事務

都道府県

- 指定区間の1級河川，2級河川の管理
- 小中学校に係る学級編制基準，教職員定数の決定
- 私立学校，市町村（指定都市を除く）立学校の設置許可
- 高等学校の設置・管理
- 警察（犯罪捜査，運転免許等）
- 都市計画区域の指定

等

指定都市

- 児童相談所の設置
- 市街地開発事業の認可
- 市内の指定区間外の国道や県道の管理
- 県費負担教職員の任免，給与の決定　　　　　　等

中核市

- 特別養護老人ホームの設置認可・監督
- 身体障害者手帳の交付
- 保健所設置市が行う事務
  [地域住民の健康保持・増進のための事業]
  [飲食店営業等の許可，温泉の利用許可]
- 屋外広告物の条例による設置制限
- 一般廃棄物処理施設，産業廃棄物処理施設設置の許可
- 市街化区域又は市街化調整区域内の開発行為の許可
- 市街地開発事業の区域内における建築の許可
- 騒音を規制する地域の指定，規制基準の設定　　　　　　等

市町村

- 生活保護（市及び福祉事務所設置町村が処理）
- 特別養護老人ホームの設置・運営
- 介護保険事業
- 国民健康保険事業
- 都市計画決定
- 市町村道，橋梁の建設・管理
- 上下水道の整備・管理運営
- 小中学校の設置・管理
- 一般廃棄物の収集や処理
- 消防・救急活動
- 住民票や戸籍の事務

等

出典：総務省ホームページ　https://www.soumu.go.jp/main_content/0000451013.pdf
（閲覧日：2020年12月7日）

＜３つの統制方式＞

　アメリカは連邦制を採用しているので，各州の統治に対して連邦政府は公定力を行使することはできず，内政の基本活動は原則的に各州の統治に委ねられている。各州で民法や刑法が制定され，同じ違法行為でも処分が異なる。州と州の間をまたがる犯罪については連邦司法省の連邦捜査局（FBI）が，州間にまたがる通信に関しては連邦通信委員会が，業務を所管する。

　自動車の速度規制は各州の権限である。もし各州をまたがる高速道路の速度制限が各州で異なると，大きな事故につながりかねない。同じ速度制限の方が望ましい。しかし連邦政府は規制を自動車通行者へ直接行使することは不可能である。ではどうするか。

　第１は，立法統制を通じた方法であり，連邦法を制定し，それに準じた州法を高速道路が通過するすべての州でも制定することである。しかし，全ての州が連邦法に準じて州法を制定することは難しく，時間もかかる。立法統制は実行性には欠ける。

　第２は，司法統制であり，連邦裁判所の判例を根拠に統制する方法である。連邦裁判所の判例が連邦と州の紛争や対立に対して有効となる。しかし，判例が各州に対して効力がなかったり，判決が存在しなかったりすれば，その司法統制も有効とはいえない。

　そこで行われるのが第３の行政統制であり，高速道路の建設で同じ速度制限を各州に順守させることを条件に道路建設費用を高額負担とする。速度制限が合理的なものであり，補助金を各州が望むならば，各州は連邦政府の提示する条件を受け入れるだろう。立法統制や司法統制を連邦と州の間の関係を構成する基本要素としながら，連邦と州の距離が大きいアメリカでさえ，連邦補助金という行政統制の手法が政策実施手段として用いられているのである。

2. 国・地方関係の類型化

<各国の地方自治>

イギリスの地方自治はバラー, カウンティ, パリッシュ, タウンの多様な地方共同社会から形成されていた。都市団体法の制定により, カウンシルが設置され, 伝統的な地方共同社会を基盤に漸次発展してきたという特徴を持っている。現在のイングランドでは 1972 年地方自治法に基づき 2 層制 (ディスクリクトとカウンティ) と単層制・大都市圏域の地方自治を基軸としている。ロンドンは例外的であり, シティが存在している。

アメリカの地方自治は, 英国国王・植民地総督から憲章を賦与されていたシティ, 自生的なタウンシップから構成されていた。憲章は国王と都市の契約から州法へ変化し, 市政改革, 公選制度の導入によって多様な政治形態 (委員会制度, シティマネージャー) がアメリカ地方自治に形成された。選挙が多く, 住民投票が恒常的に政治的に設計された直接立法制度を特徴とし, 自治権をめぐる裁判が司法権へ委ねられるという司法統制の特徴も他国に比べて顕著である。

フランスの地方自治は集権化の歴史であるともいってよい。コミューン (市町村) は統括機関を合議制組織から独任制組織へと変え, 県の二重の役割, つまり国の出先機関と地域の代表機関の役割を担ってきた。集権化の歴史は日本と同様である。県レベルは国の出先機関であったが, ミッテラン政権下で県知事は公選制へと変化し, 分権化の傾向が近年みられる。

<単一制国家と連邦制国家>

単一制 (単一主権) 国家とは, 国内の中央政府と地方政府に対して自国領域を排他的に支配する主権を認めた国のことをさす。イギリス, フランス, イタリア, 日本の国がそれに該当する。これに対して連邦国家とは, 複数の国または州・邦が外交・安全保障・金融政策など一定の主権を連邦政府へ委ねた国をさす。アメリカ, カナダ, ドイツ, スイス, オランダが連邦制を採用した国であ

る。

　地域政府とは，2つの地域政府を意味している。第1はEUのような国家間の地域統合の機能を果たすものであり，それは労働力移動，環境規制，金融政策という1つの国では制御できない問題について解決を図るものである。第2は国内で一定の自治的機能を有する政府のことであり，イギリスのスコットランド，スペインのカタルーニア州などがそれに該当する。そこでは他とは異なる独自の福祉政策や経済政策を採用することもある。

　近年用いられることの多くなってきた政府間関係という言葉には，縦の関係と横の関係の2つがある。縦の関係では，中央政府と地方政府，連邦政府と州政府・地方政府という垂直的な関係をさし，横の関係では地方政府と地方政府，州政府と州政府という水平的な関係をさす。政府間関係という言葉を用いる理由の一つが，縦と横の2つの政府間関係を説明するからであるが，もう一つの理由が規範的なバイアスを排し，中立的な立場から検討できるためである。

＜アングロ・サクソン系と大陸系＞

　前述したように，行政機関の活動を統制する方法は3つ存在する。第1は，立法統制であり，法令で行政活動を統制する。ルールという基準による統制といってよい。第2は，司法統制であり，裁判所の判決により行政の裁量を統制する。裁判所の判決による行政処分の取消や行政過程の審査により裁判所が統制を加えることである。第3は，行政統制である。行政の監督・監査・検査・命令などで統制し，補助金などの附帯要件によって行政活動を統率していく。

　先に連邦制国家と単一制国家との違いについて述べたが，各国の地方自治を理解する際の類型化として用いられるのは，アングロ・サクソン系か大陸系かの違いである。

　アングロ・サクソン糸諸国は，イギリスを母国として英連邦諸国・アメリカに普及した地方自治のタイプで，そこでは立法統制・司法統制が中心的な手法として用いられてきた。それは分権・分離型の地方自治として特徴づけられる。

　もうひとつは，フランスを発祥国とし，イタリア，スペイン，ポルトガル，

ラテンアメリカ諸国へ普及したもの（ラテン系），ドイツ，オーストリア，オランダ，北欧諸国へ普及したもの（ゲルマン系）がそれである。国の統制方式としては行政統制が中心であり，これを集権・融合型の地方自治として特徴づけることができる。

3．福祉国家の国・地方関係

＜分権型と集権型＞

　分権型の地方自治は，国または州の下位政府が簡素であり，早くから広域的な自治体へ転換していた。イギリスのように自然発生的に地域社会で教会などを単位にして自治的区域が成立した単一国家もあれば，アメリカのように東部の邦が独立戦争で連合して連邦政府へ外交や貨幣鋳造などの権限を委任した連邦国家も存在する。このような地方自治の国においては警察が市町村管轄であり，その典型的な国はイギリスとアメリカである。

　集権型の地方自治は，封建制時代の地域区分が意図的に解体され，国民国家の形成の中で国へ一定の権限が集中した国である。ここでは警察が国家警察として整備され，その下部組織が地方に配置された。国と市町村の中間に介在する県が自治体ではなく国の下部機構である。ミッテラン政権以前のフランスや戦前の日本では国から派遣された官僚が県の知事を務め，県は国の下部機関として存在したのである。

＜分離型と融合型＞

　分離型の地方自治とは，第1に，「制限列挙方式」を採用した国である。制限列挙とは実施することができる権限が限定されていることを意味する。たとえば，国は年金業務を所管し，地方は社会福祉を所管するという分担である。初等・中等教育は地方自治体で所管し，高等教育は国が所管するという権限の区分である。第2は，国の出先機関によるサービスが提供されていることである。たとえば，貧困者に対する現金給付は国の出先機関で給付業務が行われ，ナシ

ョナル・ミニマムの実施は国の責任とされる。住民への公共サービスは国の出
先機関からのサービスと地方自治体のサービスの二本立てとなる。第3に，各
省の出先機関が多元的に分立することである。国の各省庁が地方に対して出先
機関を設けてサービスを提供するので，地方では一元的にサービスが提供され
ることはなく，各省が独自にサービスを提供することになる。

　融合型の地方自治とは，第1に，「概括授権（概括例示）方式」を採用した国
である。地方自治体は法令に違反しない限り，何でもできる権限を有している
ので，分離型と異なり権限が列挙されていない。自治体の独自の判断で自治の
可能性は大きく広がる。第2に，地方自治体は地域の総合サービスの拠点であ
り，そこでサービスの調整が一元的に行われる可能性がある。第3に，各省は
自分の所管事務に関して地方自治体を統制するが，それとは異なり総括的に地
方自治体を支援・統制する内政の総括官庁が存在するという特徴がある。日本
では戦前の内務省や戦後の総務省がそれに該当する。

＜自治体活動の膨張と相互依存関係＞

　このような地方自治に対して，イギリスを地方自治の母国として称賛し，フ
ランスを集権的な国として批判することがある。ただしこの評価は価値中立的
ではない。イギリスは制限列挙という特質をもつ点で地方自治の幅は狭く，可
能性は広がらない。逆に包括授権の国の地方自治は可能性が広いともいえるの
である。また，イギリスよりも大陸系諸国の方が行政統制を採用して国の関与
が強いとされてきたが，大陸系諸国の地方自治体の方が国との政治的経路が大
きいために地方自治体の政治力が高く，アングロ・サクソン系の地方自治体よ
りも地方自治体の獲得する資源量が大きい可能性もある。自治の量と質の評価
は一概にはいえず，その評価は難しい。

　このような多様な地方自治のあり方を理解するため，天川晃は「分権－集権」
「分離－融合」の2つの軸で地方自治を類型化しようとした。この類型は各国
の地方自治の特徴を捉えるのに有益であり，特に近年の傾向をあらわすのに優
れている。近年の傾向は類型の接近である。

　第 1 に，集権型の分権化がみられる。ドイツにおいて連邦制が採用され，フランスのミッテラン政権によって道と県が国の下部機関から脱皮し，知事の公選制導入により完全自治体化したことがそれである。第 2 に，分離型の融合化がみられる。従来大陸系諸国に見られた国の業務を自治体に委任する方式がアングロ・サクソン系の諸国にも採用され，そこでは行政統制の強化が図られたのである。

　第二次世界大戦後，先進諸国は各国共に福祉国家への途を歩むことになるが，それに伴って自治体活動が拡大した。対人サービスが拡大し，国から地方自治体への委任事務が拡大し，補助金・交付金などの国から地方への移転支出も増大したからである。福祉国家に伴う集権化と地方活動の膨張は同時進行的な現象として現れ，国と地方の相互依存関係が形成されるようになった。つまり，地方は国に財源を求め，国は地方に政策実施の機関と人員を求めることになったのである。そのため，各国の地方自治はそれぞれ特徴を有しながらも，どの国も程度の差はあれ国と地方が相互依存関係を形成している。2 つの類型の収斂とまではいかないが，その機能が重複していることは確かであろう。

　また日本において，1993 年地方自治法が改正され，地方自治法第 263 条の 3 第 2 項に地方六団体の意見具申権行使が規定された。この規定を根拠に地方自治体は内閣へ意見を申し出，国会へ意見書を提出できることになった。都道府県の知事や政令市の市長は多くの住民に責任を負っている政治家であり，実施権限を有している。知事の行う具体的な政策提言のメッセージは大きな影響があり，政策形成における地方自治体の存在感を高めている。

4．分　権　改　革

＜分権改革の背景と過程＞

　日本の地方自治は集権と画一とに特徴づけられてきた。しかしながら少子高齢化や国際化の地域課題に応答するためには，全国一律の対応より地域実情に応じて対応すべきであると認識されるようになり，東京一極集中に対する地方

の強い不満も存在していた。このような経済社会の変化を背景にして，細川護煕内閣以降の地方分権改革は政治改革とセットとなって実施されてきた。分権改革が政党の選挙公約とされ，政治的アジェンダとして浮上したのである。その一つの帰結が2000年4月地方分権一括法の施行である。第1次地方分権改革の成果をここでは4点にまとめておく。

第1は，機関委任事務の廃止である。機関委任事務は地方の知事や市長を国の機関として代行させ，国の実施機関として用いた統制手法である。国の事務は法定受託事務，自治事務，国の直接執行事務，事務廃止に区分された。図表5-2は法定受託事務と自治事務の違いを示したものである。これら事務区分の明確化は，国と地方の対等・協力の関係を構築し，自治体の自己決定領域を拡大させることが目的である。

第2が，関与のルール化である。従来省令・通達・通知などに基づいて運営されてきた行政統制の仕組みに法定主義の原則を徹底させた。一般法主義の原則を採用し，公正・透明の原則に従ってルール化した。国が自治体を統制する根拠は法律と政令に限定したのである。

第3が，必置規制の廃止・緩和である。必置規制とは，水準や専門職の配置で一定のレベルを維持し，自治体の人事権や組織編成権を制約する規制である。公立博物館学芸員の定数規制，図書館司書の配置基準の見直しなどが実施されたのである。

第4は，国に国地方係争処理委員会を設置し，都道府県に自治紛争処理委員を置いたことである。ルールにもとづく紛争処理の仕組みとして，第三者による紛争処理の機構を構築したのである。裁判所による法的な紛争処置とは別の解決法を構築した。

さらに第2次地方分権改革では規制緩和として義務付けや枠付の見直しを行い，国から都道府県への権限移譲，都道府県から市町村への権限移譲を実現した。

地方自治に影響を及ぼす国の政策の企画及び立案並びに実施について，国と地方が協議を行う「国と地方の協議の場」について定める「国と地方の協議の

図表5-2　自治事務と法定受託事務の違い

自治事務

○　地方公共団体の処理する事務のうち，法定受託事務を除いたもの

・法律・政令により事務処理が義務付けられるもの

> ＜主な例＞　介護保険サービス，国民健康保険の給付，児童福祉・老人福祉・障害者福祉サービス

・法律・政令に基づかずに任意で行うもの

> ＜主な例＞　各種助成金等（乳幼児医療費補助等）の交付，公共施設（文化ホール，生涯学習センター，スポーツセンター等）の管理

○　原則として，国の関与は是正の要求まで

> ┌ 関与の基本類型 ─────
> ・助言・勧告（法§245-4）
> 　（是正の勧告（法§245-6））
> ・資料の提出の要求（法§245-4）
> ・協議
> ・是正の要求（法§245-5）
>
> ※その他個別法に基づく関与
> ・協議，同意，許可・認可・承認，指示
> 　　　一定の場合に限定
> ・代執行，その他の関与
> 　　　できる限り設けない

法定受託事務

○　国（都道府県）が本来果たすべき役割に係る事務であって，国（都道府県）においてその適正な処理を特に確保する必要があるもの

○　必ず法律・政令により事務処理が義務付けられる

> ＜主な例＞　国政選挙，旅券の交付，国の指定統計，国道の管理，戸籍事務，生活保護

○　是正の指示，代執行等，国の強い関与が認められている

> ┌ 関与の基本類型 ─────
> ・助言・勧告（法§245-4）
> ・資料の提出の要求（法§245-4）
> ・協議・同意，許可・認可・承認
> ・指示（是正の指示（法§245-7））
> ・代執行（法§245-8）
>
> ※その他個別法に基づく関与
> ・協議
> 　　　一定の場合に限定
> ・その他の関与
> 　　　できる限り設けない

出典：総務省ホームページ　https://www.soumu.go.jp/main_content/0000451012.pdf
　　　（閲覧日：2020年12月7日）

場に関する法律」が，2011年4月28日に成立し，「国と地方の協議の場」が開催されている。実質的な協議の場として2009年11月16日に国と地方の協議が開催されている。また，前述したように，地方自治法第263条の3第2項の規定に基づき，地方六団体は意見具申権を行使できるようになっており，この国と地方の協議にあわせて意見具申が行われることもある。

＜平成の大合併＞

地方分権が進行するにつれて，地方自治体の能力は十分なのか，という主張がされるようになってきた。自治体合併による地方分権の「受け皿」論がそれである。

市町村合併論の背景には第1に，社会要因がある。市町村の圏域を超えた広域的需要への対応として，たとえば公的介護保険で介護認定を共同で行ったり，施設運営を複数自治体で共同運営したりする事例が出てきた。廃棄物処理や消防では一部事務組合や広域連合による運営が行われてきた。背景の第2は，財政要因である。地方財政の悪化により，合併による規模の経済を発揮しようとした。地方自治体の合併による交付金の付与も，自治体にとっては合併のインセンティブとなったのである。

2000年12月に「行政改革大綱」が閣議決定され，合併後の市町村の総数を3分の1の1,000へ変えることが目標とされた。2004年5月には合併三法（改正市町村合併特例法・市町村の合併の特例等に関する法律・改正地方自治法）が施行され，図表5-3のように自治体数は大きく減少したのである。先進諸国で自治体数が短期間に大きく減少した国は日本とスウェーデンなど数が少なく，合併への大きな中央の力が指摘された。この強制合併への批判の議論として，合併自治体の中で周辺地域が生じるのではないか，合併後に自治体の恒常的な財政運営は難しいのではないか，という指摘もされたところである。

＜地方の自立＞

地方分権の推進にもかかわらず，地方の衰退の勢いは止まらない。少子高齢

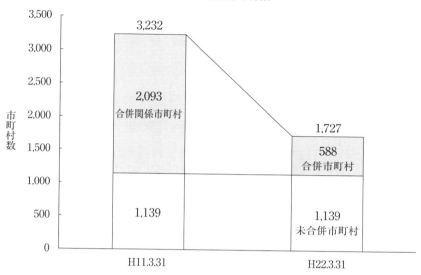

図表 5-3　合併市町村数

出典：総務省ホームページ　https://www.soumu.go.jp/main_content/0000178772.pdf
（閲覧日：2020 年 12 月 7 日）

化による人口の減少と経済の低迷は地方において顕著であり，大都市と地方都市・農村地域の格差は拡大している。地方においては，工場の生産拠点の海外シフト，小売業の縮小，商店街の停滞・衰退が続いているが，これらを改善するために農村地域においては 6 次産業化（農商工連携）も進められている。「六次産業化・地産池消法」と地域団体商標がそれである。

　日本創成会議人口減少問題検討分科会「ストップ少子化・地方元気戦略」では消滅可能性都市を示し，人口減少の認識を共有化し，人口減少要因の改善を地方都市へ促している。事実認識や評価の是非についての議論はともかく，若者の大都市流出，地方と大都市の経済雇用格差，若年女性の減少による消滅可能性都市についての報告は大きな反響を呼んだ。

　日本においても，スコットランドやスペインのカタルーニャと同様に，国・地方関係というよりも主権をめぐる国と地方の対立という現象もみられた。北

海道と沖縄がそれである。2つの地域は国の省庁に北海道開発庁や沖縄開発庁
が設置されていたように，他の地方とは異なる歴史的背景を有し，経済・防衛
の点から見ても重要な地域である。これら地方の経済的自立が分権化と同時に
認識されるべき事項であろう。

【確 認 問 題】

1．日本の公務員制度は，国が各省各局採用，地方が一括採用という違いが
　　ある。
2．連邦制国家とは複数の国または州・邦が外交・安全保障・金融政策など
　　一定の主権を連邦政府へ委ねた国をさす。
3．地方分権一括法の制定によって機関委任事務が廃止された。
4．日本は包括授権（概括例示）型の地方自治である。
5．平成の大合併の後，1999年3月31日に3,232あった地方自治体が2010
　　年3月31日には1,727へ減少した。

【練 習 問 題】

「中央統制の方が全国統一された効率的な行政運営ができる」という中央省庁
職員の主張に対して，都道府県の立場から根拠と論拠を提示して反論しなさい。

【ステップアップ】

蝋山政道（1949）『英國地方行政の研究』国土社

本書はイギリス留学の成果であり，著者の代表作である。近年は講読される
ことが少なくなったが，中央統制，特に行政的統制の把握を努めた水準の高い
研究書は現在においても類を見ない。中央統制の構造的認識と技術的把握とい
う視点や，個別と全体，自由と能率，個性と標準という二律背反の解決に行政
的統制の目的が有するという発想は，現在においても継承すべきものである。

主な参考文献

天川晃（2017）『戦後自治制度の形成』左右社

大森彌・西尾勝編（1986）『自治行政要論』第一法規出版

長濱政壽（1952）『地方自治』岩波書店

西尾勝（1990）『行政学の基礎概念』東京大学出版会

西尾勝（2018）『国会の立法権と地方自治』公人の友社

村松岐夫（1988）『地方自治』東京大学出版会

山下茂（2011）『体系比較地方自治』ぎょうせい

弓家七郎（1948）『アメリカの地方自治制度』政治教育協会

コラム③　プラットフォームの構築

　福島県は県内の多くの酒蔵が全国新酒鑑評会に参加し，8 回連続（2021 年 5 月現在）で金賞受賞銘柄数日本一となっている。しかしながら，これは 1990 年代以降のことであり，それまで福島県における日本酒の品質評価は他県に比べて相対的に高くなかった。それを大きく変えるきっかけとなったのが，福島県における福島ハイテクプラザ会津若松技術支援センターの取り組みである。それはプラットフォーム（共通・連結の場）の構築により，協調と競争の相反する原理を連結させる試みであった。

　福島ハイテクプラザ会津若松技術支援センターの鈴木賢二さんは，県と民間の酒蔵が一体となって品質向上に取り組む「福島方式」を構築した。酵母や酒米を開発するだけでなく，1992 年に 3 年制の県清酒アカデミー職業能力開発校を開設し，地元杜氏を育成した。1995 年には蔵元が集まる「高品質清酒研究会」（金とり会）を発足させた。そこでは各蔵元が門外不出としていた醸造技術を共有し，意見交換しながら技術交流を重ねて酒質の向上に取り組んだのである。

　このようなプラットフォームの構築は他県でも進められており，地域認証制度や地域表示保護制度の推進など農業とその関連産業における都道府県の果たす役割は大きい。

第6章　広域化と広域連携

　本章の目的は広域化の課題について明らかにすることである。自治体間の横のコミュニケーションの制度設計として，双務的，片務的，補完的な構造を説明する。統制・調整・契約の多次元ガバナンスの構図を明らかにする。

1．広域化の制度選択

＜広域行政としての都道府県＞

　現在の日本の地方自治は，国・都道府県・市区町村の3層構造を基本とする。ここで広域的な役割を果たしてきたのは都道府県である。過疎地域において，都道府県は人口や財政の規模の小さな自治体を支援するための重要な役割を果たしている。都道府県は医療の計画や実施に関する諸権限を有するため，市町村では十分に提供できない専門的判断を行い，小規模自治体ではリスク分散で対応できない大規模かつ専門的なサービスを提供することができる。災害の対応として県知事の役割は大きく，災害指定から経済支援まで市町村ではできない広域行政を展開することができる。また農業についても，県の試験場を通じた新種改良の農産物を提供したり，農業の知的財産権を保護したりする都道府県しかできない重要な役割がある。

　さらに国と基礎自治体の中間的な位置に存在するため，国の補助金や交付金を基礎自治体に媒介する役割，基礎自治体のニーズを取りまとめて国に要望する集約的機能も存在する。ただし，同じ都道府県といっても，2020年の段階で人口1,400万人の東京都と人口55万人の鳥取県とでは，圏域内の市町村の人口規模や市町村数が大きく異なり，基礎自治体に対する都道府県の役割は大きく

異なる。小選挙区制度の導入によって国会議員の政治基盤は狭くなり，都道府県知事はより大きな政治的基盤を有する政治家であるため，都道府県知事の存在感は大きくなっている。

＜道州制の選択＞

　道州制とは，複数の都道府県を大括りとし，国から道州へ権限・財源を移譲し，都道府県から市町村へ権限を委譲するものである。道州制が主として経済界から主張されたことからもわかるように，規模の経済性を強調する主張である。その議論によると，現行の都道府県・市区町村の二層制地方自治では経済活動の広域化に十分対応しておらず，道路，港湾，空港，鉄道，河川などの社会資本の整備，中小企業支援や農業振興などの産業振興，環境保全対策などにおいて，より大きな経済圏が形成される点が，道州制に大きなメリットが存在すると主張する。

　国は外交，通貨の発行，国防，裁判所などの古典的役割に限定され，市町村は社会福祉，まちづくり，初等教育など住民にとって身近な行政活動を分担することになる。権限や財源の移管で自治体の自立性が向上し，国と県の二重行政が解消されると主張する。都道府県の規模を上回ることで，企画立案能力の向上，情報量の拡大，人材や技術力の蓄積の向上などが期待される。

　2006年2月に地方制度調査会は「道州制のあり方に関する答申」を出し，社会経済的，地理的，歴史的，文化的条件を勘案して，9道州，11道州，13道州の区域例を示している。図表6-1は道州が担う事務である。ただし，道州制は市町村にとって国に代わる新たな存在としてしか理解できないし，住民にとってはより距離の遠い広域自治体となってしまう。道州の長の絶大な権力をいかに抑制するかという課題も残っており，実現のハードルは高い。

＜定住自立圏構想＞

　政令市とは政令で指定する人口50万以上の都市で県に準じた権限を持つ。都道府県が行っている児童福祉・生活保護・母子保健・食品衛生などの事務につ

図表6-1　道州が担う事務

行政分野	道洲が担う事務
社会資本整備	• **国道の管理** • **地方道の管理（広域）** • **一級河川の管理** • **二級河川の管理（広域）** • 特定重要港湾の管理 • **第二種空港の管理** • 第三種空港の管理 • **砂防設備の管理** • **保安林の指定**
環　　境	• **有害化学物質対策** • **大気汚染防止対策** • **水質汚濁防止対策** • 産業廃棄物処理対策 • 国定公園の管理 • 野生生物の保護，狩猟監視（希少，広域）
産業・経済	• **中小企業対策** • **地域産業政策** • **観光振興政策** • **農業振興政策** • **農地転用の許可** • 指定漁業の許可，漁業権免許
交通・通信	• **自動車運送，内航海運業等の許可** • **自動車登録検査** • **旅行業，ホテル・旅館の登録**
雇用・労働	• **職業紹介** • **職業訓練** • **労働相談**
安全・防災	• **危険物規制** • 大規模災害対策 • 広域防災計画の作成 • 武力攻撃事態等における避難指示等
福祉・健康	• 介護事業者の指定 • 重度障害者福祉施設の設置 • 高度医療 • 医療法人の設立認可 • 感染症対策
教育・文化	• 学校法人の認可 • 高校の設置認可 • 文化財の保護
市町村間の調整	• 市町村間の調整

（注）ゴシックは，原則として道州が担うこととなる事務で，国から権限移譲があるもの。
出典：地方制度調査会「道州制のあり方に関する答申について」25頁　https://www.soumu.go.jp/
main_sosiki/singi/chihou_seido/singi/pdf/No28_tousin_060228.pdf（閲覧日：2020年12月7日）

いて，総合的かつ迅速なサービスの提供が可能となり，都市計画について地域の実情に応じたまちづくりを進めたりすることができる。中核市・施行時特例市とは人口20万人以上の自治体で都道府県から一定の権限を委譲された自治体であり，産業廃棄物業者に対する措置命令権限，特別養護老人ホームの認可設置・監督の権限，飲食店営業の許可権限，屋外広告物の条例による設置制限などの権限を県から移譲される。

ただし，人口や財政の小規模な自治体が機能を維持するためには，財源不足，人員不足，専門知識不足を改善し，不適正な需要規模の是正を行わなければならない。自治の尊重と効率化の要請の両立は難しく，基礎自治体の能力では限界がある。

そこで近年総務省が提唱している「定住自立圏構想」とは，三大都市圏や地方中核拠点都市へ機能を集約化し，周辺市町村とのネットワーク化を図るものである。中心となるのは政令市・中核市・特例市などの地方中核都市である。集約とネットワークで集落を維持・活性化し，人口流出を食い止めるダム機能を地方中核都市に期待している。それは，(1)市町村のイニシアティブによる定住自立圏の形成，(2)独自の広域行政機構を設けない，(3)機関の共同設置や事務委託の積極活用，を内容とする。

ここで想定されているのは自治体間の連携協約であり，それは新しい役割分担を意味している。三大都市圏や地方中核都市における水平的・相互補完的な連携が期待されているのである。これは従来の都道府県制や道州制ではない，新しい水平的な広域化の試みともいえる。

地方自治は規模や範囲の経済性からいえば本来的に非効率であるが，それでも効率性を達成するためには，様々な次元が存在する。公共交通の例でいえば，企業体の合併だけでなく，共通切符（ICカード）の販売，域内運賃の共通化，路線網と運行の連携，まで様々な次元が存在する。行政でも自治体合併や集権化だけでなく，分権化と広域化を両立させながら効率性と有効性を達成する方法は存在する。長浜政壽がいう「区域と機能の調整」がそれである。次に，広域化の制度設計について，負担の特質に着目して双務的制度，片務的制度，補完

的制度の3つを説明する。

2．広域化の共同処理制度

＜一部事務組合と広域連合：双務的制度＞

　図表6-2のように，「一部事務組合」とは地方自治体がその事務の一部を共同して処理するために設ける特別地方公共団体であり，ごみ処理，し尿処理，消防，救急，人事が事務の例としてあげられる。たとえば東京には，東京23区（特別区）が共同で処理する事務を行う特別地方公共団体として，特別区人事・厚生事務組合が存在する。23区職員の共同研修・採用・給与勧告，生活保護法に定める更生施設・宿所提供施設の運営，社会福祉法に定める宿泊所の管理・運営，幼稚園教員の採用選考を行う。この一部事務組合という方式は法人格をもつ公式組織という安定性があるが，各自治体間の利害調整にコストがかかり，迅速な意思決定が困難であり，住民の意向が反映しにくい側面は残る。

　図表6-2のように，「広域連合」とは地方自治体が広域にわたり処理することが適当であると認められる事務を処理するために設ける特別地方公共団体であり，後期高齢者医療，介護区分認定審査，障害区分認定審査で実施されている。国民健康保険は各基礎自治体から県単位の広域連合へと移管された。各自治体で保険料の格差が大きく，保険財政の安定性が規模の小さな自治体では確保されないためである。これも法人格をもつ公式組織であるため組織の安定性があるが，迅速な意思決定が困難であり，住民の意向が反映しにくい。責任の所在が不明確というデメリットはぬぐい切れない。

　この2つは当事者双方が互いにコストを負担するという意味で双務的である。ただしその便益が自治体によって異なるため，その利害調整が必要となる。

＜被災市区町村応援職員の確保制度：片務的制度＞

　災害時には被害を受けた地方自治体の住民を救済するために，地方自治体間の連携が積極的に実施されている。もちろん緊急対応として，県知事の要請に

図表 6-2　一部組合と

区分	一部事務組合
団 体 の 性 格	・特別地方公共団体
構 成 団 体	・都道府県，市町村及び特別区 ・複合的一部事務組合は，市町村及び特別区のみ
設 置 の 目 的 等	・構成団体又はその執行機関の事務の一部の共同処理
処 理 す る 事 務	・構成団体に共通する事務 ・複合的一部事務組合の場合は，全市町村に共通する事務である必要はない。
国 等 か ら の 事 務 移 譲 等	－
構 成 団 体 と の 関 係 等	－
設 置 の 手 続	・関係地方公共団体が，その議会の議決を経た協議により規約を定め，都道府県の加入するものは総務大臣，その他のものは都道府県知事の許可を得て設ける。
直 接 請 求	・法律に特段の規定はない。
組 織	・議会－管理者（執行機関） ・複合的一部事務組合にあっては，管理者に代えて理事会の設置が可能 ・公平委員会，監査委員は必置
議 員 等 の 選 挙 方 法 等	・議会の議員及び管理者は，規約の定めるところにより，選挙され又は選任される。

出典：総務省ホームページ　https://www.soumu.go.jp/main_content/000196080.pdf
　　　（閲覧日：2020 年 12 月 7 日）

　基づいて自衛隊が出動し，DMAT（災害派遣医療チーム）が被害住民の医療ケア
を行い，隣接の自治体から各県警の警察官や基礎自治体の消防隊員が救出作業
に携わる。

　短期には，災害マネジメントの支援として避難所の運営や罹災証明の交付な
どの災害対応業務が急務であり，総括支援チームの担当を派遣された都道府県
や市区町村の職員が担う。中長期としては，用地関係事務と土木・建築の業務
が多く，保健，教育，文化財，化学，電気，機械の担当職員の派遣が求められ

広域連合の主な相違点

広域連合
・同左
・都道府県，市町村及び特別区
・地方公共団体が広域にわたり処理することが適当な事務に関し，広域計画を作成し，広域計画実施のために必要な連絡調整を図り，事務の一部を広域にわたり総合的かつ計画的に処理するために設置。
・広域にわたり処理することが適当である事務 ・構成団体間で同一の事務でなくてもかまわない。
・国又は都道府県は，その行政機関の長（都道府県についてはその執行機関）の権限に属する事務のうち広域連合の事務に関連するものを，当該広域連合が処理することとすることができる。 ・都道府県の加入する広域連合は国の行政機関の長に（その他の広域連合は都道府県に），当該広域連合の事務に密接に関連する国の行政機関の長の権限に属する事務の一部（その他の広域連合の場合は都道府県の事務の一部）を当該広域連合が処理することとするよう要請することができる。
・構成団体に規約を変更するよう要請することができる。 ・広域計画を策定し，その実施について構成団体に対して勧告が可能。 ・広域連合は，国の地方行政機関，都道府県知事，地域の公共的団体等の代表から構成される協議会を設置できる。
・同左（ただし，総務大臣は，広域連合の許可を行おうとするときは，国の関係行政機関の長に協議）
・普通地方公共団体に認められている直接請求と同様の制度を設けるほか，広域連合の区域内に住所を有する者は，広域連合に対し規約の変更について構成団体に要請するよう求めることができる。
・議会－長又は理事会（執行機関） ・公平委員会，監査委員，選挙管理委員会は必置
・議会の議員及び長は，直接公選又は間接選挙による。

る。

　被災市区町村は応援職員の必要性について把握した後に被災都道府県へ職員の派遣を要請し，第1段階の支援の被災都道府県内の地方自治体による応援だけでは対応できない場合は，被災地域ブロックの幹事都道府県と総務省に連絡し，第2段階の支援として他の都道府県自治体の職員の派遣を要請する。総務省が事務局として情報の収集・共有，総合的な調整・意思決定が行われる。

　地震や水害などの災害時には，このような水平的な政府間関係の連携がいか

んなく発揮され，被災自治体を緊急かつ総合的に支援するシステムが構築されているのである。この被災市区町村応援職員の確保制度は，当事者の一方が負担する意味で片務的である。被災に合った市区町村や都道府県と国（総務省・警察庁・国土交通省など）との調整が求められている。

＜簡便な共同処理制度：補完的制度＞

　簡便な共同処理制度としては，「連携協約」がある。これは自治体が連携して事務を処理する制度であり，後述する福祉・医療・観光・地域振興などの例がある。2つの自治体が議会の議決を経て締結する連携とされる。

　「協議会」は自治体が共同で管理執行，連絡調整，計画作成を行う制度であり，消防，広域行政計画，救急などの政策事例がある。「事務委託」とは事務の管理執行を他の自治体へ委ねる制度であり，防災，福祉，医療，図書館，地域振興，交通などがある。「事務の代替執行」とは当該自治体の名において自治体へ行わせる制度であり，上水道や公害防止で実施されてきた。

　これらの制度は一部事務組合や広域連合に比べて簡便に設置できるメリットがあるが，調整役である幹事となる市町村の負担が大きいというデメリットが残る。広域自治体の代替となる中核自治体の責任は重くなる。

　このような自治体合併，一部事務組合，広域連合という制度設計にコストのかかる方法と異なり，注目されているのは広域連携の制度である。それは簡便に設計できるというメリットだけでなく，行政の多次元化に貢献している。EUのような多次元ガバナンスとまではいかないが，画一的かつ単一的な日本の地方自治の構図を変える要素となりつつある。先述した共同処理制度に加え，施設の共同利用は簡便に設計できる点が大きなメリットである。たとえば「機関等の共同設置」は複数自治体による組織の共同設置制度であり，その例としては，介護区分認定審査，公平委員会，障害区分認定審査がある。施設の共同整備・利用としては，高知県と高知市の図書館利用，長崎県振興局と離島市町の執務室共同化がある。

　この制度は特定の自治体が他の自治体を補完し，特に偏った負担をすること

が多いため，負担が偏在的となりがちである。この中核となる，中核市・特例市・政令市という自治体の負担をいかに軽減するかが課題である。以下，施設の共同利用についてさらに詳しく説明しておこう。

3．広域連携の可能性

＜大都市の共同整備・利用＞

　大都市においても共同設置などによる連結型の事例がある。大阪府から権限移譲された事務の共同設置としては，池田市・箕面市・豊能町・能勢町の共同処理センター，富田林市・河内長野市・大阪狭山市・太子町・河南町・千早赤坂村の広域まちづくり課・広域福祉課，岸和田市・泉大津市・貝塚市・和泉市・高石市・忠岡町の広域事業者指導課（福祉分野），大阪府豊能地区教職員人事協議会の設置（事務処理特例制度の活用）があげられる。

　東京都の特別区は 23 の区から構成されており，その水平的な調整は困難を極める。たとえば，東京都が所管していた日雇労働者や路上生活者を支援していた城北福祉センターを東京都は特別区へ移管しようとし，特別区はこれに反対し，移管問題を議論していた東京都福祉局山谷対策室山谷対策検討会審議会でも紛糾した。

　東京都は身近な自治体である特別区の所管であるべきと主張し，特別区は日雇労働者から路上生活者になる経緯から国や東京都の所管であるべきと主張した。23 区の中でも日雇労働者や路上生活者の多い区とそうでない区との間の利害関係は一致しない。都と区の役割分担についても，不明確な事例であった。結局，最終的な解決策は東京都と特別区が共同で財団法人を設置し，それぞれから職員を派遣し，共同で運営していくという制度選択をしたのである。

＜地方中核都市での広域連携＞

　第 2 に，地方中核都市での広域連携である。倉敷市・高梁川流域圏の広域連携としては，倉敷市・高梁川流域の都市景観の維持のため，古民家イノベーシ

ョン，ソーシャルビジネス，創業サポートセンターが取り組まれ，農産物の圏域ブランドとしては，白桃・マスカット・ピオーネの栽培が行われている。広島市と圏域市町村の広域連携としては，自動車関連産業・IT系企業・福祉関連分野への参入促進，平和都市をいかした観光戦略，医療・保育の広域利用が行われている。熊本市と圏域市町村の広域連携としては，都市圏農産物のブランド開発，ICTを利用した「もっと歩く観光」，九州医療拠点都市，広域連携地下水保全事業がある。このような広域連携で近年盛んに用いられているのが，観光での広域連携である。これには周遊型と近接型がある。

　周遊型として，福岡市と九州離島の広域連携事業として，福岡市，対馬市，壱岐市，新上五島町，屋久島町が地方創生推進交付金を用い，福岡空港を発着し各地域へ周遊するインバウンド需要に対応しようとした広域連携事業がある。また九州・山口の近代化産業遺産群はユネスコ世界遺産に登録されたが，経済産業省九州経済産業局と世界遺産登録推進協議会（事務局鹿児島県企画部企画課）所属の6県12市を中心として，この分散した地域を周遊する広域連携も模索されている。国土交通省国土政策局国土広域地方政策課でも産業遺産を通じた広域連携による地域づくりを提案している。これらは周遊型の観光による広域連携のネットワーク化である。

　都道府県レベルであるが，広島県，鳥取県，島根県，愛媛県は「山陰ルート」「やまなみ街道ルート」「しまなみ海道サイクリングロード」「今治・道後はまかぜ街道」の4ルートでサイクリング観光区域連携事業を推進している。瀬戸内しまなみ海運振興協議会がおこなっているサイクリングを通じた観光振興事業も，近接型の典型である。この近接型はブランドの共有による価値向上をめざした広域連携である。佐世保・小値賀観光圏は近接した2つの自治体が互いに補完しながら観光地域づくりを行っている近接型の事例である。これは近接型の広域連携でも相互補完のタイプである。観光地でもあり港の拠点都市である佐世保市と「おもてなし」の島として有名な五島列島の観光地である小値賀町とが連携した例である。

＜条件不利地域の補完＞

　第3に，条件不利地域の補完としては，鳥取県と6町1村による災害復旧時の人的支援と電算システムの連携，大分県と1町1村による水産業振興とスポーツツーリズムがある。都道府県代行制度としては，市町村が管理する道路・下水道を都道府県が代行管理することが行われており，市町村から都道府県への事務委託としては，公平委員会・公務災害・下水道・消防救急・職員研修・介護認定の領域で実施されている。

　過疎地は人口減少地帯であるため，医師や保健師など医療資源は慢性的に不足がちであり，移動のコストの大きさが在宅福祉を困難にしている。土地の確保が比較的容易であるメリットもあり，大都市部に比べて施設福祉に比重を置いて介護サービスが提供されることが多い。しかしながら医師や保健師など医療資源を確保することは困難である場合は人口規模や財政規模の小さな自治体が介護認定を自治体独自で行うことが難しく，介護認定が複数の自治体による共同設置で運営されることもある。ましてや単一の自治体独自に福祉施設を運営することは難しい。

　そこで複数の自治体が介護公社を共同で設置した事例がある。高知県の財団法人西仁淀川介護公社の例がそれである。これは高知県が3億円を出資し，池川町，吾川村，仁淀村の各自治体が各1億円を出資して財団法人を設置した。池川町は福祉主導型，吾川村や仁淀村は保健主導型という違いがあり，調整は困難であったが，高知県が主導して共同設置が実現した。財団法人西仁淀川介護公社は平成17年に池川町，吾川村，仁淀村の合併により仁淀川町介護公社へ移行している。

4．多次元ガバナンス——日本とEU

＜法定契約としての広域連携＞

　これらの広域連携は私的契約ではなく法定契約として位置づけられている。地方自治法252条の14第3項に基づき，総務大臣や都道府県知事は基礎自治体

に連携協約の締結を勧告することができる。

　もし連携協約に関して紛争が生じた場合は，地方自治法第252条の2第7項に基づき，総務大臣ないし都道府県知事に対して自治紛争処理委員会による紛争処理の方策の提示を求める旨の申請をすることができる。

　総務省が地方交付税の措置を講じ，総務大臣が勧告の権限を有していることからも明らかなように，広域化をめざした連携協約は純粋な契約というよりも，階統制による統制の構図を残しつつも契約と調整の構造を加味したと解すべきであろう。連携協約は「締結した自治体の主体性を制限する仕組み」と評されることもあるが，今後，統制，調整，契約のどの要素が強まるのかは注視していかなければならない。

　また広域連携の中核となる政令市や中核市の地方自治体は，都道府県の「代替」にはならず，「補完」にすぎない。災害や医療の事例が典型的であるが，資源動員の大規模さ，専門力，緊急性，そして国と対応する政治力を見ても，都道府県の役割は大きく，基礎自治体には住民へサービスを提供する本来的な役割が存在する。

＜多様な経済性の達成手段＞

　地方自治の経済性達成は第1に，統制（組織化）・集権化による経済性の制度化によるものである。これは国民健康保険の事例で実施されたように，市町村から都道府県レベルの広域連合へと集権化された。バラバラな保険料設定が標準化し，広域化することでリスク分散がより可能になった。年金は国，医療は県，社会福祉は市町村へと権限の分担がされることが世界標準である。これらの対応は水準の維持のために必要なことであるが，過度に集権化されると，地方自治体の団体自治を侵害することにつながりかねない。

　第2の効率性達成の制度化は，自治体合併・一部事務組合・広域連合の経済性である。規模や範囲の経済性と言ってよい。消防・介護・清掃の事例が自治体で実施されている。一定の規模や機能の維持することで効率性を達成しようとしてきたのである。しかしながら，住民自治の侵害，政治的調整のコストの

大きさを考えると，必ずしも使い勝手の良い制度設計とはいえない。

　第3の効率性達成の制度化は，連携・共同の経済性によるものである。広域連携・連携協約の例でいえば，機能の共通化は行政的調整のコストが低くすみ，単一の事務ごとに制度設計が可能であるというメリットはある。ただし，先述したようにこれが統制なき調整・契約の効率性なのかは精査する必要がある。

＜多次元化する政府レベル＞

　日本の地方自治で生じている現象は，他国ほどではないにせよ，地方レベルでの行政サービスの提供が画一的なサービスから多次元化・多層化してきていることである。この多次元化・多層化の現象は，分権化の受け皿の必要性でもあった。

　EUにおいては，EU政府，各国の主権国家，州・県の地域政府，地方政府という多次元の政府レベルで構成されている。とくに金融，環境規制，労働力の移動の政策領域は外部性の強い特性を持つため，主権国家を超えた政府レベルで対応されてきた。

　ここで多次元的ガバナンスとは，縦の政府間関係のことだけを意味するのではない。多次元ガバナンスの構成としては，(1)垂直的政府間での相互作用，(2)水平的政府間関係と官民パートナーシップ，(3)公共サービスの提供関係，の3つの次元から構成される。また多次元ガバナンスの意義としては，行政システムのイメージが変更され，階統制による垂直的権限・権威のシステムから調整・交渉・契約・合意のシステムへ変化することである。

　レーンによると，EUにおける二重の地域化とは，第1に領域的分権であり，(1)下位政府は多目的であり，(2)下位政府の構成員は重複せず，(3)下位政府の数は固定的である，という点に特徴づけられる。第2の機能的分権とは，(1)業務が特定化され，(2)構成員が重複し，(3)管轄レベル数が限定されない，という特質をもつ。領域的分権は下位政府への包括授権を促進し，機能的分権は下位政府への制限列挙的な授権を進めることにもなる。日本における領域と機能の分権化はEUほどの多次元構造とはいえないが，従来の画一化や標準化の地

方自治からは脱した構成へと変わりつつある。

【確認問題】

1．地方制度調査会で道州制の提言が行われたが，日本では道州制が実現するハードルは高い。
2．一部事務組合は公式の制度という安定性はあるが，利害調整の難しさやコストの大きさが課題である。
3．定住自立圏構想の中で連携協約の制度がすすめられている。
4．広域連携の制度は法定契約の性格を有している。
5．広域連合は広域処理のために設ける特別地方公共団体である。

【練習問題】

　広域化の制度について概説し，どのような課題に対して，どのような広域化の方法をとることが望ましいかについて説明しなさい。

【ステップアップ】

長浜政壽（1952）『地方自治』岩波書店

　本書は半世紀前に書かれ，コンパクトな著作であるにもかかわらず，その骨子は現在においても有益である。「地方自治で1冊ならこの本」という言い方が，まさしく言い得て妙の表現である。地方自治は情報や制度に左右され，規範的要素の多い研究領域である。しかし，本書で書かれた区域と機能との調整などのスタンダードな認識は現在の行政学にとっても不可欠なものであり，これからも講読されるべき本のひとつである。

　　主な参考文献
　稲継裕昭編（2018）『東日本大震災大規模調査から読み解く災害対応』第一法規
　大西裕編著（2016）『災害に立ち向かう自治体連携』ミネルヴァ書房
　小原隆治・稲継裕昭編（2015）『大震災に学ぶ社会科学　第2巻　震災後の自治体ガ

　バナンス』東洋経済新報社

木村俊介（2015）『広域連携の仕組み』第一法規

木村俊介（2017）『グローバル化時代の広域連携』第一法規

武智秀之（2001）『福祉行政学』中央大学出版部

西出順郎編（2021）『自治体「応援職員」派遣ハンドブック』公人の友社

増田寛也（2014）『地方消滅』中央公論新社

ヤン−エリック・レーン（2017）『テキストブック政府経営論』（稲継裕昭訳）勁草書房

小林大祐（2017）『ドイツ都市交通行政の構造』晃洋書房

コラム④　検査か？評価か？

　会計検査院は重要な国の組織である。国の予算が無駄に使われていないか検査をするために行政から独立した機関であり，合規性，正確性，効率性，経済性，有効性の基準に基づいて活動が行われている。帳簿を調べるデスクワークと思われがちであるが，検査業務のうち月の半分近くは出張であり，現場に出かけて業務が行われる。私立大学も国庫補助金を受け取っているため，授業のシラバスまで検査対象とされる。検査結果は次の予算作成に影響を与え，衆議院決算監視委員会や参議院決算委員会と連動させ，議会事務局と人事交流も行われている。

　会計検査院の基本スタンスは評価機関というよりも検査機関としてのそれを保持している。政策の評価では一般の人からすれば政権に対する成績をつけることと受け止められるかもしれず，検査機関か評価機関かの対応はデリケートである。会計検査院自身も第三者の中立的な立場を維持しなければならない。

第7章　財　政　改　革

　本章の目的は行政活動の基礎資源である財政の構造について説明することである。まず日本の財政状況を概観し，その赤字財政の要因を検討する。予算編成の政治構造を説明し，予算制度を改革する視点を提示する。

1．日本の財政状況

＜財政の役割＞

　政府の財政は国民（個人・企業）に対して，必要なサービスを提供し，そのサービスのための財源として税金や社会保険料を徴収している。第1章で説明したように，政府は資源配分，所得再分配，経済安定化，将来世代への配慮という役割を担っている。

　具体的にいえば，政府は家計や企業から所得税，法人税，消費税，固定資産税，贈与税などの税金を政府の歳入として徴収し，年金・医療・福祉・公共事業・防衛などの政府の歳出に用いている。図表7-1を見てほしい。日本の場合，2020年度の歳出総額102.7兆円のうち，社会保障費が34.9％，国債費（国債の償還）が22.7％，地方交付税交付金等が15.4％となっている。また，2020年度の歳入総額102.7兆円のうち，公債費収入（特例公債，建設国債）が31.7％，所得税が19.0％，法人税が12.1％，消費税が21.2％である。

　歳入から公債金を除けば，歳出が歳入を上回る状況が継続している。毎月10万円の生活費から2万3千円を借金の返却に使い，さらに3万2千円を借金するという火だるまの借金生活をしているのである。現在の日本の財政収支を国際比較すると，財政収支の悪化，債務残高の拡大という特徴が顕著である。財政均衡主義の立場からすれば，このような財政状況は健全な財政運営とはいえ

図表 7-1　2020 年度当初予算

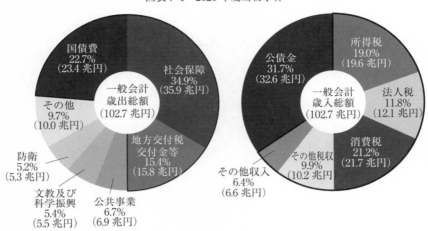

(注) 1　当初予算ベース。
　　 2　計数は,「臨時・特別の措置」に係る計数を含んだもの。
出典：財務省ホームページ　https://www.mof.go.jp/budget/fiscal_condition/related_data/202007_kanryaku.
　　　pdf（閲覧日：2020 年 12 月 7 日）

ない。

　ただし，病院，学校，インフラなど社会的資本の整備などのストック蓄積を優先し，公債発行に寛容な経済学の考え方もある。恐慌などの社会的ストレスの解決を最優先するために短期的には公債の発行はやむを得ず，早く経済回復を実現する方が重要であるという考え方も存在する。

＜財政赤字の課題＞

　公債発行の増加は財政赤字を拡大させ，国債費の増加は債務残高の増大を招いている。これは 3 つの点で大きな課題を生じている。

　第 1 は，政策自由度の減少である。国債の償還をする必要がなければ，32％の歳出費用は他の政策費用に使用できる。しかし国債の償還が歳出の 3 分の 1 を占める異常な状態であるため，国債費の割合拡大が他の政策的支出を圧迫することになっている。

第2は，世代間の不公平が拡大していることである。若い世代の受益が相対的に少ないのに対して，高齢の世代の受益は相対的に大きい。また現役の勤労世帯は負担超過の状態にあり，貯蓄率も低下傾向にある。これは世代間の対立を拡大し，世代間の合意形成を困難にする。

第3は，政府部門の資金調達が増大している点である。政府金融の負債が増加し，非金融法人企業の負債が減少している。金融市場の中で国債が他の債権を押し出し（クラウディングアウト），貯蓄率低下は投資の抑制を招く可能性もある。

財政への信頼が低下すれば金利が上昇し，国債価格は下落する。国債の購入者が急減し，欧州債務問題の例のように国の財政が破綻することもありえるのである。

＜財政硬直化＞

このような財政赤字が継続することは，2つの意味で財政硬直化をもたらす。

第1に，政策的に使われる予算総額が抑制される。本来なら保育政策だけでなく，児童手当政策も強化する方が適切であるが，財政制約のために優先順位を決めなければならない。第2に，個々の政策的な経費の中身が硬直化する。児童手当で言えば，1人の子ども家庭より3人の子ども家庭を優先して給付したり，給付額を5万円から3万円に減額したりという，対象・水準・方法などの制約性である。

ただし，公債発行額の拡大時でも政策的経費の見直しは重要である。優先順位の設定は政治の役割だからである。しかし義務的経費，とくに社会保障費の拡大を抑制することは難しい。なぜなら，それは少子高齢化という社会経済要因に基づいており，少子高齢化にともなう社会的コストを負担することは政府の責務だからである。

また，それは法的権利（エンタイトルメント）であり，ルールの改正をせずに裁量的に制約を課すことはできない。また国民の人生設計を大きく変更させることになるので，国民的合意の下で改革することが望ましい。

それでは，財政赤字はどのような要因に基づくのであろうか。本章では社会

保障費，公債発行，地方交付税交付金の３つに区分して説明することにしたい。

２．財政赤字の具体的な要因

＜社会保障給付費＞

　社会保障給付費とは，社会保障制度を通じて国民に給付される金銭・サービスの合計値のことである。少子高齢化により社会保障給付費は拡大傾向になる。年金受給者は増加し，国民医療費は拡大し，保育や児童手当のサービス・給付は拡大し，要介護者やその家族のための介護サービスは充実させなければならない。人口の少子高齢化は福祉国家の重要な決定要因なのである。日本は医療・介護・年金共に社会保険方式を採用しているが，財源は約半分が税金（公費負担）である。そのため，社会保障給付費と社会保険料収入の差額が拡大すると，国・地方自治体の税負担で補塡しなければならない。

　国民負担率とは租税負担率と社会保障負担率との合計で示す。日本は 39.9（2012），アメリカは 24.3（2009），イギリスは 36.1（2009），ドイツは 39.8（2009），フランスは 44.2（2009），スウェーデンは 44.1（2009）である。日本はヨーロッパ大陸の高福祉高負担の福祉国家とは異なり，中福祉中負担の福祉国家である。日本が社会保障に大きく社会的な投資をしてこなかったことが理解できる。

　新型コロナウィルスの例が示しているように，社会保障は経済成長の制約条件というよりも，経済の発展・安定の制度基盤として理解すべきであろう。社会保障に社会投資しているからこそ，安心して消費や投資の経済活動が可能になるのである。短期的には相反関係のようにみえる業績主義（経済）と連帯主義（社会保障）は，長期的には補完関係として成立している。市場社会と福祉国家の相反関係を補完関係に変えることこそ，政治社会の責務である。

＜公債発行額の拡大＞

　公債残高の累積は年々増加し，将来世代へ大きな負担となっている。国債は

現在債券を発行して政策経費に用い，その償還は将来を担う世代に委ねる。そのため国債発行は現役世代にとってあまり痛みを感じない選択肢である。

逆に将来世代には大きな負担を伴う選択肢となる。短期的な快楽（効果）と長期的な苦痛（負担）とがセットになった麻薬的な性質をもつ。国債の発行も建設国債の発行を例外的に許容し，原則として赤字国債は発行を認めていない。

図表7-2を見てほしい。日本においては，歳入と歳出の構造的ギャップを国債発行で埋めてきた。行財政改革によって一時期公債発行額は減少したが，不況時には再び増加し，景気悪化時の公債発行は恒常的となっている。日本における国債残高増加の要因として，1990年代は景気対策としての公共事業費の拡大があげられる。近年は社会保障費の増加や地方交付税交付金などの財源不足の補填が要因としてあげられる。歳入面では，景気の悪化や減税による税収の落ち込みが歳入欠陥の要因となっている。

＜地方交付税交付金＞

地方交付税交付金とは，人口や経済状況に応じて，国から都道府県や市町村へ交付される移転支出であり，補助金と異なり目的や条件の制約が存在しない。この地方交付税交付金の対象自治体がかつては多く，東京では東京都と武蔵野市以外のすべての自治体が交付対象だった時期も存在した。現在では対象自治体も限定され，交付条件に高齢化率など社会条件を加味されてかなり複雑な算定となっている。

地方交付税交付金の決定過程は，①総額の決定，②基準財政需要の算定，③基準財政収入の算定に総務省の裁量や地方自治体への箇所づけなどが加えられる。この制度の問題点としては，財源と交付金額との乖離が指摘されており，これは特別会計による処理の限界を示している。財政規律の向上のためには，モラルハザードの助長を改善する必要がある。需要算定の客観性と透明性を図り，歳入確保努力に対する中立性を高め，財政的公平性および歳入調節を図るべきであると，地方交付税交付金制度に批判的な論者から指摘されている。

制度を擁護する立場からは，地方交付税廃止は過剰反応であり，基準財政需

図表 7-2 一般会計における歳出・歳入の状況

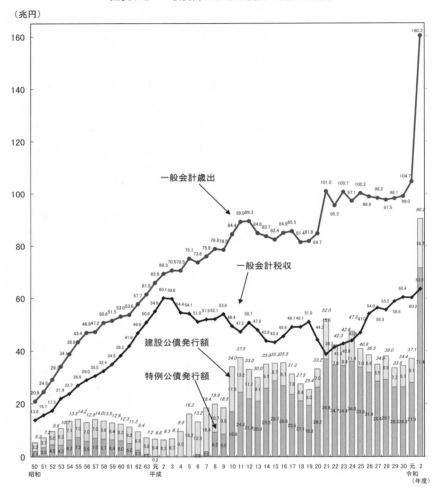

（注）1 平成 30 年度までは決算，令和元年度は補正後予算，令和 2 年度は第 2 次補正後予算による。
　　　2 公債発行額は，平成 2 年度は湾岸地域における平和回復活動を支援する財源を調達するための臨時特別公債，平成 6 ～ 8 年度は消費税率 3% から 5% への引上げに先行して行った減税による租税収入の減少を補うための減税特例公債，平成 23 年度は東日本大震災からの復興のために実施する施策の財源を調達するための復興債，平成 24 年度及び 25 年度は基礎年金国庫負担 2 分の 1 を実現する財源を調達するための年金特例公債を除いている。
　　　3 令和元年度・2 年度の計数は，臨時・特別の措置に係る計数を含んだもの。
出典：財務省ホームページ　https://www.mof.go.jp/budget/fiscal_condition/related_data/202007_00.pdf
　　　（閲覧日：2020 年 12 月 7 日）

要を削減すべきという指摘もある。地方に財政需要拡大の要因を求めるのは間違いであり，地方自治体に過疎債を積極的に発行させて地方交付税交付金でその多くを補填した例や景気対策として自治体へ公共事業を積極的に推進させた例のように，中央政府にも財政膨張の責任がある，という主張である。

　需要（地方）の誘発か供給（国）の誘導かは議論の分かれるところであるが，日本の場合，公平さの達成手段として地方交付税交付金を重視し，税や年金による所得再分配の可能性だけでなく，自治体間の水平的公平さを追求する手段として活用してきた。生産効率性（所定のアウトプットを最小限の費用で実現すること）と配分効率性（地域間の外部性がない限りにおいて地方のニーズや選好に即した公共サービスを提供すること）という2つの効率性を区分して地方財政を考えることも重要である。

3．財政民主主義と予算編成

＜予算編成過程＞

　財政民主主義の観点からは，予算編成過程をいかに民主的に統制するかが重要である。国の予算は，以下のような編成過程を経て決まる。

　4～8月下旬にかけて，各府省庁での要求者である原課と査定者である会計課（予算課）の間で予算の要求と査定を繰り返して，各府省庁の予算原案が確定する。次に各府省庁が財務省に概算請求を提出し，各府省庁の原課にヒアリングが行われ，財務省主計局の査定が実施される。6月には内閣府経済財政諮問会議から「経済財政運営と改革の基本方針」（骨太の方針）が提示され，予算の全体像が示される。

　レビューシートの中間公開（6月）や最終公開（8月）を経て各府省の税金の使われ方を検証する行政事業レビュー，いわゆる秋のレビューが10月から11月にかけて政府の行政改革推進会議によって行われる。これらは財政当局の予算編成に反映される。9～12月中旬にかけて財務省主計局が予算編成作業を行い，財務省原案としての概算要求基準，いわゆるシーリングが策定される。

　12月中旬に予算編成の基本方針が経済財政諮問会議から内閣へ示され，予算の編成に関する建議が財務省財政審議会で出される。税制改正大綱が政府税制調査会・財務省・自由民主党税制調査会で調整され，自民党の政務調査会と総務会でこれが了承される。

　12月下旬に政府内で最終調整，いわゆる復活折衝が実施され，その後，内閣が政府案として予算案を閣議決定する。1〜3月にかけて，衆議院と参議院での審議・採決を経て予算が成立する。

＜予算編成の政治＞

　予算編成権について，形式上，大枠方針の決定は内閣が行い，実質上，細目は財務省が行ってきた。ただし，官邸の中の補佐官には財務省や経産省の出身者が存在し，予算の細目についても官邸が事前統制するようになってきている。

　予算編成の過程において，予算要求者（スペンダー）と予算査定者（ガーディアン）の情報非対称性は常に存在する。一般的に，要求側の方に情報が多く，査定側に情報が少ない。そのために査定者が要求者を統制できないという例である。

　ただし，各府省庁の会計課（予算課）の査定担当者は府省庁の業務に精通していることが通常であり，原課の要求には厳しく査定を行う。また各府省省庁の概算請求に対して，査定側の財務省の主計官は，各府省庁の担当者以上に各府省庁の政策に精通している。長期間在職している政治家は官僚以上の政策通である場合もある。情報の非対称性は，査定側や要求側の経験など様々な条件次第で大きく変化し得る。

　田中秀明によると，日本の予算過程は分散化された意思決定における多くのプレイヤーによる予算獲得の競争として特徴づけられている。財務省，各省庁，官邸，大臣，与党が介入し，連立政権での予算の拡大や利益集団の要求の拡大も生じている。

　議院内閣制の場合，野党は法案形成と同様に予算編成にも影響力を行使することはほとんどない。また，政治的リーダーシップや政策拡大を志向する各府

省庁と財政規律の対立，つまり選挙民への人気獲得のためバラマキを志向する政治家や拡大志向の各府省庁と均衡財政を志向する財務省との対立は，予算編成の基本基軸である。

＜官僚制の志向変更？＞

官僚制における志向性は，様々な論者によって指摘されてきた。よく知られたところでは，パーキンソンの法則において行政職員の数は業務量とかかわりなく一定比率で増加するとされている。ここでは代表的な３人の議論に焦点を当てて，予算編成における官僚制の態様を考えてみたい。

第１は，ライベンシュタインが主張したＸ非効率モデルである。組織内部の労働者が個々の効用を最大化させようと行動した時，組織それ自体の非効率性が生じることをライベンシュタインは指摘している。市場の資源配分上の効率とは異なり，組織の緊張感のなさ，管理の稚拙さ，低い勤労意欲などの組織内部の要因が効率を左右することがある。ライベンシュタインが指摘したのは独占企業や規制で保護された企業であるが，行政組織や公共企業体にも適用可能である。

第２は，ニスカネンによる獲得予算最大化行動（モデル）である。官僚制組織は常に所属組織の予算を最大化しようと志向し，それは権限などでも同様な傾向がみられる。官僚の視野は自分の所属する組織の利益を最大化することしか考えておらず，大局的な視野は保有していないとニスカネンは指摘している。

第３は，ダンレヴィーの部局形成（組織形整）モデルである。改革が進む中で行政官僚の志向性は大きく変化した。行政官僚は中枢での改革を志向するようになり，大局の視点から組織の改革に関与するよう志向するようになったのである。

第１と第２の志向性は，経済成長期の予算が拡大する中で十分説明力のある指摘である。ただし，官僚の帰属意識が組織だけなのかは疑問なしとしない。内面的な宗教観，居住する地域の特性，家族の構成などにも左右されるはずである。ダンレヴィーの指摘するような部局形成（組織形整）モデルは，低成長期

の予算編成で説得的である。ただし，変革を志向する方が自分の上昇志向に一致しているためと解することもでき，個人の利益を最大化している点では他と変わりない。

4．予算制度の改革

＜財政再建の視点＞

このような赤字財政を改善するためには財政再建が必要である。政策の中身の洗い直し，歳出の抑制，歳入の増加，公債発行の抑制をそれぞれ行うことが求められる。

フローの視点としては，基礎的財政収支（PB：プライマリー・バランス），つまり一定時点で必要とされる政策的経費を税収などでどれだけ賄えるか，が重要である。また，財政収支，つまり債務償還費を除く歳出と税収などとの収支を考慮する必要がある。

ストックの視点としては，債務残高対 GDP 比，つまり国と地方が抱えている借金の残高を GDP と比較したものを用いて検討する必要がある。

財政均衡主義の立場からすれば，最適な財政再建の目標設定を行い，財政再建を行うことが望ましい。しかし日本の場合はタイミングが悪く，オイルショック，平成不況，リーマンショック，新型コロナショックという外生要因により，この財政再建の努力が阻害されてきた。

＜予算制度の透明性＞

予算とは，1 年における歳入と歳出の見積もりに関する計画を意味し，日本の場合，予算の編成で過去の政策を査定するために実質的に政策評価の機能も有している。この予算制度の透明性を高めるために，様々な予算制度を改善していく必要がある。

シーリングとは，各省概算要求に前年度予算額を基準として一定の係数をかけて要求額に上限を設けるものであり，財政状況が悪い時期には総額抑制の効

果を持っていた。しかし，このシーリングという概算要求基準の例外・抜け道
として，本当の予算の中身とは異なる項目として申請し，財政赤字を隠す傾向
がある。

　たとえば，複数の会計で処理したり，地方自治体・社会保障基金に対する会
計上の恣意的操作をおこなったりする場合がある。補正予算での過大支出や特
別会計への付け替えを行い，財政投融資という隠れ借金を活用し，見えない形
での債務処理を経常化させることなどが財政統制の抜け穴とされている。

＜予算改革の必要性＞

　予算では財政民主主義を確保する必要がある。財政均衡主義を維持するため
には，制度の高い透明性と決定者への権限集中がそれを可能にする。政治指導
者のリーダーシップと既得権益追求の抑制は，低成長期における予算改革の前
提である。

　たとえば，中期財政フレーム（複数年度予算）での予算編成を行い，予算編成
の単年度主義を排する工夫も必要である。また大きなコストがかかるが，北九
州市が実施しているように予算の査定根拠を白紙からやり直すゼロベース予算
を導入することも考慮すべきであろう。アメリカのように，予算の一定割合を
政策評価に費やし，政策評価費用以上の政策効果便益を得ることも一つの方法
であろう。PPBS（計画事業予算制度）とは1960年代のアメリカ連邦政府のジョ
ンソン政権において，将来の成果を予測する手法として導入された費用便益分
析である。このような評価方式を採るかどうかは別として，予算はどのような
形式であれ前年度予算への評価を伴う査定によって成立している。予算編成で
の内閣主導，議会決算（行政監視）委員会での予算統制も予算制度の論点であ
る。

　最後に指摘しておきたいのが，推計の問題点である。予算では予算を組む際
の前提として経済見通しの推計データを利用しなければならない。しかし，将
来の経済見通しを故意に過大に推計することで，将来の税収見直しを故意に過
大に推計して，将来の財政赤字の大きさを隠すことがある。財政支出拡大の根

拠とするため景気や税収の見通しを楽観的に推計する経済産業省，財政均衡主義を維持するために予算請求を退けて財政再建の厳しさを強調する財務省，その真ん中に位置する内閣府，という経済官庁の「癖」があることも了解しておかなければならない。

【確 認 問 題】

　1．財政赤字は予算総額を抑制し，政策的経費の中身が硬直化する点が問題である。

　2．日本の財政赤字の主要要因は，社会保障給付費，公債発行，地方交付税交付金の3つである。

　3．ニスカネンは獲得予算最大化の行動を官僚が取ることを示した。

　4．シーリング（概算要求基準）は予算の要求を抑制する効果を持っていた。

　5．予算改革には制度の透明性と決定者への権限集中が必要である。

【練 習 問 題】

　財政赤字と予算制度の課題を説明し，予算編成過程の改善を提案しなさい。

【ステップアップ】

田中秀明（2013）『日本の財政』中央公論新社

　本書は財政問題，特に予算制度に焦点をあてた著作である。そこではマクロ的な財政赤字の状況，各国の比較，財政規律，予算政治を論じている。加藤一明や加藤芳太郎の財政研究の後の研究空白を埋めてくれる重要な役割を果たしている。同じ著者の『財政規律と予算制度改革』日本評論社，と併せて講読してほしい。

主な参考文献

　ジョン・C・キャンベル（2014）『自民党政権の予算編成』（真渕勝訳）勁草書房

　田中秀明（2012）『財政規律と予算制度改革』日本評論社

佐藤主光（2009）『地方財政論入門』新世社

赤井伸郎・山下耕治・佐藤主光（2003）『地方交付税の経済学』有斐閣

加藤一明（1980）『日本の行財政構造』東京大学出版会

加藤芳太郎（2007）『予算論研究の歩み』敬文堂

コラム⑤　過ぎたるは猶及ばざるがごとし

　復興庁の復興交付金は災害の被害にあった地域にとって重要な財源である。この交付金を用いて，災害公営住宅の整備，道路の整備，防災集団移転の推進，土地区画整理事業，液状化対策などが進められている。しかしながら，これらの事業はいずれも国家補助率が高く，地方の負担比率は低い。災害被害にあった地方自治体の財政状況や緊急対応の必要性を鑑みれば，短期的には必要不可欠な対応であろう。

　しかしながら高額かつ高率の交付金に慣れた自治体が，長期的な自治の視点に立って自立的な活動へ向かうことは至難の業である。中央政府への依存体質にならないように，技術蓄積や専門能力の向上のための人的支援も必要であろう。これらの財源は復興特別所得税と復興特別法人税である。私自身も毎年確定申告の際に復興特別税を自分が支払って税金額を確認するが，国民の支援が有効に用いられるような長期的な視点に立った取り組みを考える必要がある。

第8章　市場主義と民営化

　本章の目的は，民営化の世界傾向を明らかにし，日本における具体的な取り組みを検討する。そして民営化の課題として，権力行使，経済効果，技能の蓄積の3つを指摘して行政活動の本質を探る。

1．民営化とは何か

＜民営化の意味＞

　民営化とは行政の経営と所有を民間化することであり，民間委託とは行政事業を民間に一定条件で委ねることをさす。なお，本章では狭義の民営化と民間委託を含めて広義の民営化として理解している。

　民営化・民間委託は公共施設の管理から水道メーター検針・し尿処理・電話交換まで行政活動の全般で推進されている。ただし，総務・窓口業務の民間委託は多くの自治体で進展しておらず，学校事務，学校給食の民間委託の実施率は他ほど高くない。民営化すべき領域，民営化のできない領域，民営化してはいけない領域とはどのような領域であろうか。またその際の制度条件とは何か。

　自治体の行政改革は多様な形態で実施されている。たとえば，複数自治体の共同指定管理として，広島における県緑化センターによる県立緑化植物公園と市立森林公園の共同管理がある。施設運営の一部指定管理としては，岩手県立図書館における県職員と指定管理者の分担があげられる。刑事施設として社会復帰センター運営業務の民間委託や横浜市における直営保育所の民間移管事業の実施など様々なレベルで改革が実施されている。

<民営化のメリット・デメリット>

　このような民営化のメリットとして，公務員の人員と費用におけるコストの低減，柔軟な組織運営が可能になること，新しいアイデア提供の可能性があること，競争による潜在需要の拡大が見込めること，民間の技術開発の進歩があげられる。

　公立図書館が民営化されたことによって，開館時間が夜間まで延長されたり，付加的サービスが向上したりすることもある。公務員の硬直した勤務形態を柔軟に設計し，公務員だけでは十分に対応できなかった領域へ活動を広げた例もある。国鉄の JR への移行，駐車監視員による駐車車両の確認，民間企業へ運営権を与えるコンセッション方式による空港や上下水道の運営がそれである。

　逆にデメリットとしては，経済弱者へのしわ寄せ，地元への経済効果が薄いこと，行政への蓄積低下（技術力），情報の分散による政策立案能力の低下，自治体職員の非正規職員化（市区町村では 30％近く）による官製ワーキングプアがあげられる。政府の活動には人件費率が高く公益性の高い労働集約型の業務もあるが，そのような業務でも常勤の非常勤化，賃金の低下などによって一定の収益を確保しなければならない。

　民営化は短期的な効率性（能率性・採算性）や有効性には貢献するが，公平性，公共性，継続性，安定性，自立性，独立性，蓄積性という価値も考慮しなければならない。公平性とは特定の集団や人へ偏りがない状態をさし，公共性とは広く社会一般の利益に資することである。継続性とは事業の同じ方法を続けて変更しないことであり，安定性とは均衡のとれた状態である。自立性や独立性とは特定勢力から距離を置き自主的な判断ができる状態であり，蓄積性とは専門知識や技能が組織に蓄積できるかどうかという問題である。

<行政の価値>

　かつてシュバートは有権者，連邦議会議員，大統領，行政官，司法府裁判官の公益観念を取りあげ，行政官に対する見解を合理主義者，理想主義者，現実主義者の３つに分類した。シュバートは行政官が三番目の現実主義者であるこ

とを重視したが，ここでは民営化に即して合理主義，理想主義，現実主義の 3 つの価値について触れておこう。

第 1 は合理主義である。行政官は価値の配分に関わる仕事であるが，同僚，上司，予算査定者，議員，国民などの相手を説得することが求められるため，そのための論理構成や証拠としてのエビデンスの提示は重要である。その意味で合理的であることは行政官の重要な資質であり，行政の果たすべき価値のひとつであろう。比較衡量しながら人びとの理性に訴え了解を得るためには，根拠と論拠のある主張が必要である。民営化を遂行する場合，基本設計は行政，実施は民間という責任分担がいかに住民の厚生を引き上げるかを説得する必要がある。

第 2 は理想主義である。行政が特定の目的を達成する手段である限り，国民や住民の必要性に応じてその目的の理想を追求することは当然の帰結である。理想なき行政は空虚でしかない。理想を語り，未来を語り，有効性の高い行政を追い求める精神は貴重である。現実の姿を変えて，よりよい社会へといかに導くかが政治行政の重要な課題である。地域医療の拠点となる公立病院の存在や民間バス路線の停留所とならない福祉施設を廻るコミュニティバスの経営という理想がなぜ住民にとって必要かを説得する必要がある。

第 3 は現実主義である。この考えが尊重される理由は，行政活動は 100 点を取ることが難しく，及第点をめざして優先順位を決めて価値選択をすることが求められるためである。行政が実現すべき価値は多様であり，多くの人びとへ価値を配分し納得を得る必要がある。しかし資源は限られ，とくに低成長時代は不利益の配分を行わなければならない。そのために利益と不利益の均衡をはかることが行政の重要な責務となる。行政の判断や活動についてすべての人びとの満足を得ることは不可能であり，能率性・効率性・経済性を求めて特定の分野を民間部門へ委ねるような次善の策を講じることも行政に求められる。

民営化や民間委託では，民間の価値を最大化させながら，同時に行政の存在理由も問われ，民間と行政の役割分担が明示化されることが求められる。

2. 各国の民営化

＜新公共管理改革＞

新公共管理（NPM）改革とは，伊藤・出雲・手塚によると，競争原理（市場原理）の重視，組織の権限移譲（機能別の組織化），成果による管理（手続きより成果を重視）を主たる内容とする改革である。

イギリスの行政学者フッドたちによると，新公共管理（NPM）改革は「多くのOECD諸国における1970年代末からの官僚制改革アジェンダを特徴づけてきた，広範囲に類似している行政原理の傾向を表す簡略な名称」「ビジネス・メソッドに近い経営・報告・会計のアプローチをもたらす公共部門の再組織化の手法」といわれている。

その具体的な内容は，①専門家による行政組織の実践的な経営，②業績の明示的な基準と指標，③結果統制をより一層重視，④公共部門における組織単位分解への転換，⑤公共部門における競争を強化する方向への転換，⑥民間部門の経営実践スタイルの強調，⑦公共部門資源の利用に際しての規律・倹約の一層の強調，から構成されている。

このような新公共管理（NPM）改革は，イギリスにおけるサッチャー政権・メイジャー政権での管理改革に始まり，ニュージーランド，オーストラリア，OECD諸国，日本の地方自治体へと拡大した。各省庁・各部門への予算裁量拡大，課への権限委譲と責任明確化，公務員賃金決定の分権化・柔軟化，業績評価の徹底，立案部門と実施・執行部門の分離，公会計への発生主義会計の導入が改革の内容である。

ただし，成果を強調するがゆえに合法性，公平性，正当性などと抵触することもある。効率や能率は行政の価値として万能薬ではなく，結果重視は手続き軽視の行政活動となりかねない。行政活動と民間活動の等値化にも課題がある。

＜ PFI と PPP ＞

　たとえば，「PFI（Private Finance Initiative）」は公共施設等の建設，維持管理，運営等を民間の資金，経営能力及び技術的能力を活用して行うイギリス発の新しい手法であり，民間の資金，経営能力，技術的能力を活用することで，公務員直営による事業実施よりも効率的かつ効果的にサービスを提供し，国や地方自治体の事業コストの削減，より質の高い公共サービスの提供をめざしたものである。

　PFI は「民間資金等の活用による公共施設等の整備等の促進に関する法律」（PFI 法）（1999 年 7 月）によって日本においても導入され，橋，鉄道，病院，学校，上下水道，刑事施設，空港などの公共施設等の整備や再開発で実施されている。図表 8-1 は刑事施設における PFI 事業を示したものである。刑事施設ではすでに警備，施設保守，教育，職業訓練，配食などの業務を民間が担っている。

　近年は PFI から PPP（公民連携）へと形態が変化し，行政と民間のパートナーシップの形成がめざされている。民間のアイデア，参加，積極的なイニシアティブが期待され，「新しい公共」の名の下に公共空間の再構築が制度化され，自治体・町内会などの地域組織，NPO や財団法人などの非営利組織に公共の外延を求めている。しかし行政の下請け化ではないか，住民へのエンパワメント（権利付与）の拡大になるのか，という疑問は残る。

＜義務的競争入札と市場化テスト＞

　義務的競争入札（CCT）とは，イギリスの・サッチャー政権で導入され，社会サービスなどを除く自治体事業で強制された。そこでは自治体の事務事業について，福祉などの一部の政策を除き自治体部門と民間業者が同じ基準で入札を義務づけられる。このような競争のメカニズムを自治体行政へ義務づけることで行政の内部組織に競争原理を導入し，その競争で優位に立てない行政機関の廃止を促進しようとしたのである。行政と民間の競争を促すため市場化テストはメイジャー政権で国レベルへ拡大された。ただし，入札強制自体はブレア

美祢社会復帰促進センター
（山口県美祢市，収容定員1,300人（男子：500人，女子：800人））

事業者
美祢セコムグループ

セコム，清水建設，竹中工務店，新日鉄エンジ
ニアリング，日立製作所，小学館集英社プロダ
クション，ニチイ学館，三菱東京ＵＦＪ銀行
ほか

収容対象
犯罪傾向の進んでいない男子及び女子受刑者

事業概要
施設整備，維持管理，運営を実施

事業期間：２０年間

スケジュール
平成１７年６月　事業契約締結
平成１９年４月　運営開始

経費節減効果
国債限度額
約565億円

契約金額
約517億円
（※H22.8 約639億円）
約8.5%節減

※ 収容棟増設に伴う契約変更によるもの

喜連川社会復帰促進センター
（栃木県さくら市，収容定員2,000人）

事業者
喜連川セコムグループ

セコム，三井物産，東京美装興業，
小学館集英社プロダクション　ほか

収容対象
犯罪傾向の進んでいない男子受刑者

事業概要
維持管理・運営に特化（施設整備は国実施）

事業期間：１５年間

スケジュール
平成１９年　６月　事業契約締結
平成１９年１０月　運営開始

経費節減効果
国債限度額
約401億円

契約金額
約387億円

約3.4%節減

PFI 事業の概要

島根あさひ社会復帰促進センター
（島根県浜田市，収容定員2,000人）

事業者
島根あさひ大林組・ALSOKグループ

大林組，綜合警備保障，日本電気，丸紅，
グリーンハウス，ピーエイチピー研究所，
みずほコーポレート銀行　ほか

収容対象
犯罪傾向の進んでいない男子受刑者

事業概要
施設整備，維持管理，運営を実施
事業期間：２０年間

スケジュール
平成１８年１０月　事業契約締結
平成２０年１０月　運営開始

経費節減効果
国債限度額
約1,026億円

契約金額
約922億円

約10.1%節減

播磨社会復帰促進センター
（兵庫県加古川市，収容定員1,000人）

事業者
播磨大林・ALSOKグループ

大林ファシリティーズ，綜合警備保障，東レ，
マンパワージャパン，ピーエイチピー研究所，
コクヨ近畿販売　ほか

収容対象
犯罪傾向の進んでいない男子受刑者

事業概要
維持管理・運営に特化（施設整備は国実施）
事業期間：１５年間

スケジュール
平成１９年　５月　事業契約締結
平成１９年１０月　運営開始

経費節減効果
国債限度額
約253億円

契約金額
約247億円

約2.3%節減

政権で廃止された。

　日本においては「公共サービス改革法」（2006年）で国・地方を対象として市場化テストが導入された。市場化テストの「官民競争入札」とは，公共サービスについて，「官」と「民」が対等な立場で競争入札に参加し，質・価格の観点から総合的に最も優れた組織が，そのサービスの提供を担う仕組みである。官民競争入札・民間競争入札を活用し，公共サービスの実施について，民間事業者の創意工夫を活用することにより，国民のため，より良質かつ低廉な公共サービスを実現することを目的としている。しかしながら長野県南牧村，東京都，大阪府などの一部自治体以外は不完全実施となっており，必ずしも徹底したものではない。

3．日本の民営化

＜民営化の系譜＞

　1980年代イギリスのサッチャー政権，アメリカのレーガン政権など各国は新保守主義・新自由主義に基づく改革が行われ，日本においては中曽根康弘内閣（1982-1987年）において，日本電信電話公社がNTTグループへ，日本専売公社が日本たばこ産業株式会社（JT）へ，日本国有鉄道（国鉄）がJRグループと日本国有鉄道清算団へ民営化され，日本航空は政府が株を放出した。

　小泉純一郎内閣（2001-2006年）では，聖域なき構造改革が実施され，日本郵政公社は日本郵政グループへ，道路関係四公団は高速道路株式会社へ，帝都高速交通営団は東京地下鉄株式会社（東京メトロ），新東京国際空港公団は成田国際空港株式会社へ民営化された。

　よりミクロなレベルへ視点を移してみよう。日本の第三セクターとは，行政と民間の中間領域，商法法人（株式会社）と民法法人（財団法人，社団法人）をさす。英語の「the third sector」は政府でも企業でもない非営利の部門を意味するので，日本の「サードセクター」は日本特有の名称である。民活法やリゾート法の制定で第三セクターは1980年代に急増し，地域開発，福祉，教育，文化施

設の領域でこの方式が採用されてきた。

　しかしながら，責任の不明確さと経営の非効率とは依然として組織特性として残っている。第三セクターへの自治体職員派遣は責任構造を曖昧にし，公務員の定数の削減を形式的に担保するための手段として用いられてきた。

＜指定管理者制度＞

　さらに「公の施設に関する地方自治法の一部改正」（2003年）によって，地方自治法に基づく公の施設の管理に関して，従来の公共的団体等への「管理委託制度」に代わり，議会の議決を経て指定される「指定管理者」に管理を委任する制度が導入された。

　これは自治体出資法人に限定されず，民間企業やNPO法人へ公共サービス事業者を拡大することを想定し，指定管理者の指定手続，指定基準，業務の具体的範囲，管理基準は条例で制定することになっている。この結果，体育館，文化ホール，図書館，公園，福祉施設，地域施設の運営が指定管理者に委ねられ，企業やNPO法人などへ供給主体が拡大した。

　ただし，図表8-2が示しているように，指定管理者制度における公募方式は小規模自治体や文化施設において民間企業は多く参入しておらず，適正な市場規模が成立していないことが明らかである。この指定管理者への指定の条件としては，「リスク分担の事項が選定・協定時に提示されているか」「労働法令順守や雇用・労働条件への配慮があるか」「個人情報保護の配慮規定があるか」があげられている。これは民営化の配慮事項ともいってよい重要な条件である。

＜コンセッション方式＞

　コンセッション方式とは公共施設の所有権を行政が保有しつつ運営権を民間事業者へ設定する方式である。2011年6月にPFI法改正で「公共施設運営権」が法制度上設定された。コンセッション方式には3つの種類がある。

　第1が，独立採算型であり，それは利用料金の徴収により公共施設建設の資金を回収する。第2は，サービス購入型であり，それは発注者である行政がサ

図表 8-2　指定管理者制度における

1　都道府県

区　分	1 公募により候補者を募集，職員以外を中心とした合議体により選定	2 公募により候補者を募集，職員を中心とした合議体により選定	3 公募により候補者を募集（1・2 以外）
1 レクリエーション・スポーツ施設	345	8	74
2 産業振興施設	96	3	9
3 基盤施設	2,790	207	322
4 文教施設	328	11	41
5 社会福祉施設	146	7	19
合　計	3,705	236	465

2　指定都市

区　分	1 公募により候補者を募集，職員以外を中心とした合議体により選定	2 公募により候補者を募集，職員を中心とした合議体により選定	3 公募により候補者を募集（1・2 以外）
1 レクリエーション・スポーツ施設	516	74	252
2 産業振興施設	59	13	11
3 基盤施設	2,088	490	160
4 文教施設	507	41	34
5 社会福祉施設	973	73	190
合　計	4,143	691	647

3　市区町村

区　分	1 公募により候補者を募集，職員以外を中心とした合議体により選定	2 公募により候補者を募集，職員を中心とした合議体により選定	3 公募により候補者を募集（1・2 以外）
1 レクリエーション・スポーツ施設	3,549	3,450	592
2 産業振興施設	700	950	241
3 基盤施設	4,713	4,902	1,615
4 文教施設	1,364	1,199	285
5 社会福祉施設	1,985	1,623	407
合　計	12,311	12,124	3,140

4　全体

区　分	1 公募により候補者を募集，職員以外を中心とした合議体により選定	2 公募により候補者を募集，職員を中心とした合議体により選定	3 公募により候補者を募集（1・2 以外）
1 レクリエーション・スポーツ施設	4,410	3,532	918
2 産業振興施設	855	966	261
3 基盤施設	9,591	5,599	2,097
4 文教施設	2,199	1,251	360
5 社会福祉施設	3,104	1,703	616
合　計	20,159	13,051	4,252

出典：総務省ホームページ，総務省自治行政局形成支援室「公の施設の指定管理者制度の導入状況等に関する調査結果」令和元年 5 月，
https://www.soumu.go.jp/main_content/000619284.pdf（閲覧日：2020 年 12 月 8 日）

公募の導入状況

(単位：施設，％)

(小計) 公募により 候補者を募集	4 従前の管理受託者・ 指定管理者を公募の方 法によることなく選定	5 1〜4以外の方法に より選定	合　　計
427（79.2％）	106（19.7％）	6（1.1％）	539（100.0％）
108（75.5％）	33（23.1％）	2（1.4％）	143（100.0％）
3,319（61.8％）	2,008（37.4％）	40（0.7％）	5,367（100.0％）
380（73.5％）	126（24.4％）	11（2.1％）	517（100.0％）
172（61.2％）	100（35.6％）	9（3.2％）	281（100.0％）
4,406（64.3％）	2,373（34.7％）	68（1.0％）	6,847（100.0％）

(単位：施設，％)

(小計) 公募により 候補者を募集	4 従前の管理受託者・ 指定管理者を公募の方 法によることなく選定	5 1〜4以外の方法に より選定	合　　計
842（91.8％）	60（6.5％）	15（1.6％）	917（100.0％）
83（62.4％）	48（36.1％）	2（1.5％）	133（100.0％）
2,738（77.2％）	641（18.1％）	169（4.8％）	3,548（100.0％）
582（44.0％）	703（53.1％）	39（2.9％）	1,324（100.0％）
1,236（57.9％）	873（40.9％）	26（1.2％）	2,135（100.0％）
5,481（68.0％）	2,325（28.9％）	251（3.1％）	8,057（100.0％）

(単位：施設，％)

(小計) 公募により 候補者を募集	4 従前の管理受託者・ 指定管理者を公募の方 法によることなく選定	5 1〜4以外の方法に より選定	合　　計
7,591（56.2％）	5,418（40.1％）	498（3.7％）	13,507（100.0％）
1,891（30.5％）	3,953（63.8％）	354（5.7％）	6,198（100.0％）
11,230（64.9％）	5,705（33.0％）	362（2.1％）	17,297（100.0％）
2,848（21.0％）	9,820（72.3％）	919（6.8％）	13,587（100.0％）
4,015（37.3％）	6,239（57.9％）	521（4.8％）	10,775（100.0％）
27,575（44.9％）	31,135（50.7％）	2,654（4.3％）	61,364（100.0％）

(単位：施設，％)

(小計) 公募により 候補者を募集	4 従前の管理受託者・ 指定管理者を公募の方 法によることなく選定	5 1〜4以外の方法に より選定	合　　計
8,860（59.2％）	5,584（37.3％）	519（3.5％）	14,963（100.0％）
2,082（32.2％）	4,034（62.3％）	358（5.5％）	6,474（100.0％）
17,287（66.0％）	8,354（31.9％）	571（2.2％）	26,212（100.0％）
3,810（24.7％）	10,649（69.0％）	969（6.3％）	15,428（100.0％）
5,423（41.1％）	7,212（54.7％）	556（4.2％）	13,191（100.0％）
37,462（49.1％）	35,833（47.0％）	2,973（3.9％）	76,268（100.0％）

ービスに見合う対価を支払う方式である。対価には施設の設計・建設・維持管
理・運営の費用が含まれる。第3が，第1と第2の混合型である。これらのコ
ンセッション方式の目的は，行政側が公共施設の建設や維持管理に関する財源
を民間から調達し，安定的で自由度の高い運営を民間に委ねることで利用者の
ニーズに応じた高い品質のサービスを提供することにある。コンセッション方
式は，有料道路，下水道，都市ガスなどに導入された。特に空港では2015年の
但馬空港を皮切りに，関西・伊丹空港，仙台空港，神戸空港，高松空港，鳥取
空港，福岡空港，南紀白浜空港，新千歳空港，旭川空港，稚内空港，釧路空港，
函館空港，帯広空港，女満別空港，熊本空港，広島空港で空港の建設・維持管
理に積極的な導入が行われている。

　空港の運営は安全保障上の問題があり，従来は日本企業に限定されていた。
しかしながら運営を行う会社の対象を拡大し，現在では外国企業も運営に参加
している。コンセッション方式の採用で，日本企業と合同で運営に参加するこ
とが可能となった。図表8-3は空港の民営化の手続きを示したものである。

　また水道事業の民営化も水道法の改正で実施された。従来水道事業は水の安
全確保の重要性から，水道事業の運営は地方自治体に限定されていた。現在で
は海外の水メジャーが運営に参画している自治体も存在している。行政の直営
では事業の拡大を図るために限界があり，そのために民営化が進行しているの
である。水道運営の民営化では批判的見解が相次いだため，浜松市では上水道
事業の民営化を延期した。どのようなリスクを事前に想定し，想定したリスク
を算定し，行政と民間の間で対応方法を合意するかは難しい。どのような価値
を重視するか，通常のリスク管理や災害時のリスク対応は十分か，を熟議して
民営化の推進を図る必要がある。

4．民営化の課題

＜権力行使としての行政＞

　民営化の実態について説明してきたわけであるが，最後に民営化の課題を3

点指摘しておく。逆説的にいえば，民営化すればするほど民営化の制度条件を整備するために行政の制度設計の能力が問われることになる。

　第1が，行政処分・公権力の行使の範囲をどこに設定するかである。行政と民間の差異のひとつは権力行使の有無にある。それゆえ「公権力の行使」「行政処分」の範囲はどこかを確定することは，民営化の制度設計では最も重要なことといってよい。

　たとえば，刑事施設である社会復帰センターで配食，職業訓練，健康診断，施設の保安検査を民間企業や民間団体に委ねることはできても，違反者への懲罰の実施，手紙や面会の許可，受刑者への指導監督という受刑者への処遇を企業へ委託することは難しい。それらは優れて権力的な行為だからである。また体育施設や水道事業の運営を企業に委ねたとしても，その施設利用の料金設定を企業が決めることは適切ではない。また，施設利用の対象を決める権限は，民間には与えられていない。それらは，極めて重要な権力行為としての行政処分だからである。

　そのため契約条件を細目にわたって検討し，リスク分担，法令順守，雇用労働条件の配慮規定，個人情報保護を明示化することは，民営化に際して行政の行うべき制度条件である。このような制度条件を確認しながら，行政と民間の役割分担をいかに設計するかが課題である。

＜経済効果＞

　第2が，地元への経済効果である。競争入札は談合を排除し，競争によるコスト削減に短期的な効果がある。契約業者を随意に行政側が決める随意契約や技術力経験年数などの条件で企業を選抜する一部競争入札よりも，これらの条件を一切課さない完全競争入札の方が短期的に効率性の効果は大きくなる。

　しかしながら完全競争入札や指定競争入札の実施で入札に参加する能力のある地元企業は減少し，大都市に本社のある大手企業が入札で指名を獲得することが多い。下請けや孫請けで地元企業への経済効果や雇用誘発効果が限定されることになりかねない。

国管理空港等

　民活空港運営法に基づき民間による創意工夫を活かした一体経営を実現し、着陸料等の柔軟な設定等を通じた航空ネットワークの充実、内外の交流人口拡大等による地域活性化を図る。

民間委託手法

　国が土地等の所有権を留保しつつ、民間に運営権を設定し、航空系事業と非航空系事業を一体経営

・運営権者は、国から公共施設等運営権の設定を受けることにより滑走路等の運営を実施、三セク等の株式を取得することによりターミナルビル等の運営を実施
・運営権者は、着陸料その他の収入を設定・収受し、これらの収入により事業実施に要する費用を負担する

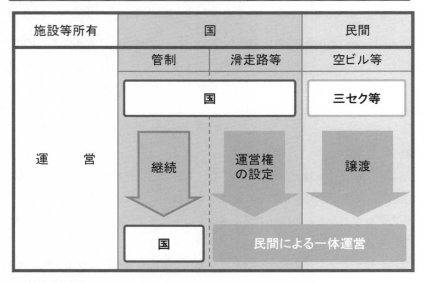

出典：国土交通省ホームページ　https://www.mlit.go.jp/common/001201758.pdf
　　　（閲覧日：2020 年 12 月 8 日）

経営改革の概要

関西国際空港・伊丹空港

　経営統合法に基づきコンセッションを実施することで、関空債務の早期・確実な返済を行い、関空の国際拠点空港としての再生・強化、関西全体の航空輸送需要の拡大を図る。

民間委託手法

　新関西国際空港株式会社が土地等の所有権を留保しつつ、民間に運営権を設定し、航空系事業と非航空系事業を一体経営

（※）H24.7、新関西国際空港株式会社は、国管理空港であった伊丹空港についても経営統合し、
　　　関空との一体運用を開始
（※）関空の土地については、新関西国際空港株式会社の子会社が保有

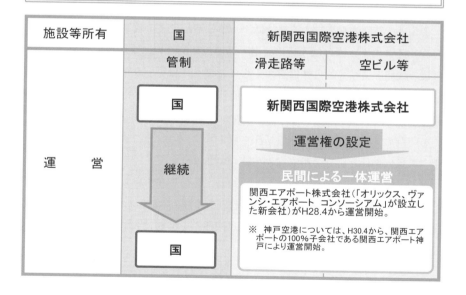

　競争入札対象を限定すれば談合の温存となり，対象を拡大すれば入札業者の限定・縮小となるディレンマを抱えることになる。競争入札は長期的に見て地元企業を育成することにつながらないこともある。大都市や中核都市以外は事業主体が多くないのが実態である。

　また，指定管理者制度においても，株式会社が指定管理者へ指定されるのは2割程度に過ぎず，公益法人，地縁団体（町内会など），公共団体も重要な主体なのである。公募が原則なのにその実施率は市区町村では半数に満たない。多様な供給主体の確保が全ての自治体で可能ではなく，地方で公共施設の事業運営が可能な組織は限定される。「笛吹けど踊らず」というのが地方の実態なのである。競争市場が形成されにくい地方において，このようなコスト削減をしながら地元への経済効果をいかに確保するかというディレンマ解決が課題である。

＜技能の蓄積＞

　第3は，蓄積のなさによる技能低下や情報不足による政策決定能力の低下である。民営化することは人員や費用の面で短期的なコスト削減に貢献するが，行政の技能を蓄積する可能性をなくしてしまう。課題を設定し，データを収集し，問題解決の枠組みを構築し，解決方法の中から最適なものを選択する政策能力を失ってしまうことになりかねない。問題に直面している現場を保有していないため，政策決定に必要な情報も収集しにくい。どこに課題があり，改善すべき点は何かという分析志向が欠落してしまう。

　かつて建築確認は公務員が行っていたが，この業務を民営化したため震災時の対応では人員不足に陥った。行政における技能の蓄積としても十分ではない。民営化をしながら，このような技能と専門能力をいかにして行政へ調達するかが課題である。

　かつてG・アリソンは「公私のマネジメントは重要でない点で類似点が多く，原理原則のような重要な点で差異がある」と指摘した。民営化で私たちが問われていることは，行政が実現すべき価値とは何であり，行政活動の本質とは何か，ということである。

【確 認 問 題】

  1．新公共管理改革とは，競争原理の重視，組織の権限移譲，成果による管
    理を内容とする改革である。
  2．イギリスの義務的競争入札は社会サービスなどを除くすべての自治体事
    業へ強制された。
  3．指定管理者制度とは従来の管理委託制度に代わる制度として制度化され，
    自治体出資法人に指定管理者が限定される。
  4．コンセッション方式にはリスクの想定や算定が事前に必要である。
  5．民営化には行政処分の範囲を確定し，行政の技能低下を防ぐ工夫が求め
    られる。

【練 習 問 題】

  民営化の意味について説明し，教育，福祉，医療，交通，犯罪など特定の政
策分野を複数選択し，それらの分野で民営化を推進するにあたって，課題と配
慮すべき点を説明しなさい。

【ステップアップ】

ハーバート・A・サイモン（1989）『経営行動』（松田武彦・高柳暁・二村敏子訳）
  ダイヤモンド社

  何を民営化し，何を行政の活動として残すかは，科学の問題というよりも政
治的な価値判断の問題である。サイモンのいう事実前提と価値前提の区分を考
えれば，決定前提への影響は財政要因だけではない。合理性，能率，権威など
様々な基準や要因が決定に影響する。天才にありがちな論理の飛躍も見られる
が，行政のメカニズムを理解するうえで講読すべき本のひとつである。

主な参考文献

飯尾潤（1993）『民営化の政治過程』東京大学出版会

伊藤正次・出雲明子・手塚洋輔（2016）『はじめての行政学』有斐閣

稲沢克祐（2006）『自治体の市場化テスト』学陽書房

今村都南雄編（1993）『「第三セクター」の研究』中央法規

今村都南雄編（1997）『民営化の効果と現実　NTT と JR』中央法規

草野厚（1989）『国鉄改革』中公新書

内閣府公共サービス改革推進室編（2006）『詳細公共サービス改革法』ぎょうせい

南京兌（2009）『民営化の取引費用経済学』慈学社

森田朗編（2003）『分権と自治のデザイン』有斐閣

柳至（2018）『不利益分配の政治学』有斐閣

第9章　規制改革

　本章の目的は政府規制とその緩和の実態と論理について説明することである。規制改革の取り組みと具体的な規制をめぐる行政事例を示す。そして規制の政治行政の力学を検討する。

1．規制とは何か

＜政府の規制＞

　規制とは民間経済活動に政府が介入することである。つまり，自然独占，外部性，情報の不完全性などによって生じる「市場の失敗」を補整するために政府が国民や企業の経済活動に加える制約をさし，通信，放送，運輸，金融，保険，危険物，防災，医療，資格制度などで実施されている。規制の枠組みとしては直接規制と間接規制，社会的規制と経済的規制とに分類できる。

　直接規制とは，価格統制，産業への新規参入・退出に関する政策であり，間接規制とは，健康や安全の維持，エネルギー使用の削減，環境保護に関する規制を意味する。

　経済的規制とは，市場の自由な働きに委ねておいたのでは，財・サービスの適切な供給や望ましい価格水準が確保されないおそれがある場合，政府が市場への参入者の資格や数，設備投資の種類や量，生産数量や価格を規制することである。社会的規制とは，環境保全，消費者・労働者の安全・健康の確保，災害の防止などを目的として，財・サービスの質や提供に伴う各種の活動に一定の基準を設定したり制限を加えたりすることをさす。

＜規制の手段＞

　このような規制の手段には，特定行為の禁止や制限を行う許認可制度がある。薬局には薬剤師の配置が義務づけられ，一定範囲には酒店の開店が認められないなどの手法である。この許認可には，許可，認可，免許，承認，指定，承諾，認定，確認，証明，認証，試験，検査，検定，登録，審査，届出，提出，報告，交付，申告などの種類が存在する。

　そのほかに資格制度の活用方法もある。医師，弁護士などの業務独占資格，宅地建物取引主任者，保育士などの業務必置資格，介護福祉士，栄養士，調理師などの名称独占資格も存在する。

　このような規制手段と異なり，対象者へインセンティブを付与する方法もある。利益を供与し，利得へ誘導する方法である。狭義の法的規制手段が人や費用のコストが大きくかかることと異なり，この経済的な誘導の手法はコストがかからないメリットがある。対象者の自主的な判断や取り組みに依存しているからである。

　しかし法的規制が局所へ即応的な対応が可能なのに対して，この経済的手段は対象が不特定多数で対象者の自主的判断に委ねられているため，対応や効果に時間がかかるデメリットが存在する。経済的インセンティブの比重が拡大する現代において，この経済的手段は広い意味での規制手段として盛んに利用されてきている。ただし，規制は法的規制を原則とする点は重要である。

＜規制見直しの背景＞

　近年はこのような規制をめぐる議論が盛んに行われているが，この背景には規制改革に取り組んだ欧米諸国における新自由主義的思想の影響がある。

　スティグラーなどシカゴ学派の経済理論においては，規制は既得権を享受する企業がその地位を引き続き獲得するための制度であり，規制の撤廃で社会的余剰が増大すると考える。また，規制緩和による市場開放を求める外圧の高まりや経済活動のグローバル化にともなう日本企業の国際競争力強化の必要性も規制改革の背景に存在する。

　このような規制緩和の議論の前提は，規制緩和の結果，技術革新により経済が活性化し，自然独占の希薄化による新規参入が容易になり，労働力などの産業間移動が容易であることである。

2．規制改革の取り組み

＜平岩レポートと行政改革委員会＞

　日本においては20世紀末になって本格的な議論が開始された。1993年11月，経済改革研究会の中間報告（平岩レポート）において，経済的規制については「原則自由・例外規制」を基本とし，社会的規制については本来の政策目的に沿った「必要最低限」にとどめるとした。また，1993年第3次行革審答申において，需給調整規制については10年以内に原則廃止とされ，具体的には電気通信，航空，道路運送，鉄道などの分野で需給調整規制が廃止とすることが提案された。

　1994年2月には細川護煕内閣において閣議決定「今後における行政改革の推進方策について」が行われ，これまでの提言の推進が確認された。1995年3月にも閣議決定「規制緩和推進計画」が行われた。総理府に行政改革委員会が設置され，情報通信，エネルギー，流通，金融など11分野の1,000あまりの事項についての具体的措置が提案された。1998年には計画が改定されて「規制緩和推進3か年計画」が提案され，事前規制型から事後チェック型への変更，横断的見直し手法やサンセット方式の制度設計が示された。

＜総合規制改革会議と規制改革推進会議＞

　2001年3月には「規制改革推進3か年計画」が示され，総合規制改革会議が設置されることになった。医療，福祉，教育，保安，資格付与，雇用などの社会規制も改革の対象とされ，医療，環境，人材，福祉・保育，都市再生の重点6分野の規制改革の基本方針が決定した。2004年8月には規制改革・民間開放推進会議で「官製市場の民間開放」が方針として掲げられ，具体的には市場化

テストの導入が提言されている。

　内閣府設置法第37条2項に基づいて，規制の有り方について総合的に調査・審議する審議会として規制改革会議が2007年1月に設置された。健康・医療，雇用，農業，投資促進，地域活性化をテーマにワーキング・グループが形成され，2007年1月～2010年3月，2013年1月～2016年7月まで審議・提言が行われた。2020年現在では規制改革推進会議と名称を変えて構造改革を進めるべく規制のあり方について検討が行われている。

＜特区制度の導入＞

　特区制度とは，特定の地域において既存の規制を排除して特定目的の遂行のために特例の措置や支援を行うことである。2002年に小泉純一郎内閣で構造改革の一環として規制改革特区制度が創設され，2017年には構造改革特区，国家戦略特区，復興特区へと拡大している。図表9-1は構造改革特区の認定状況について示したものである。現在はさらに総合特区制度として，国際戦略総合特区制度と地域活性化総合特区制度の2つが存在する。国際戦略総合特区とは，日本の経済成長のエンジンとなる産業・機能の集積拠点の形成をめざすものであり，地域活性化総合特区とは地域資源を最大限活用した地域活性化の取り組みによる地域力の向上である。

　この特区に認定された場合，第1に，規制の特例措置を取ることが認められ，各自治体において政令で定められている事項を条例で定めることが可能となっている。つまり分権化を規制緩和で推進しようとしているのである。第2には，税制上の支援措置として，法人税軽減や所得控除などが認められる。第3に，財政上の支援措置として，予算の重点配分が認められる。第4に，金融上の支援措置として利子補給制度の創設が行われる。

　このように特区制度は規制をとりまく民間や行政の既存の既得権を打破することに目的が存在するが，特区制度の範囲が急増するにつれて調整官庁である内閣府そのものが事業官庁化し，政治家と事業者が新たな既得権を有することにもなりかねない。このような規制緩和の措置が，既存の規制に与える積極的

な影響と保護対象に与える否定的な影響の両方が検証されなければならない。

3．規制改革の事例

＜運送・交通・電力——規制緩和と再規制＞

　運送・交通の領域は，規制緩和と規制強化とが大きく揺れ動いた領域である。航空機に関して，1995年に割引運賃設定が弾力化し，1996年には幅運賃制度が導入された。2000年には国内航空運賃が許可制から事前届出制へと変更し，割引運賃が新設された。また2000年に道路運送法が改正され，運賃制度の見直しが行われた。2002年より遠距離割引や定額運賃など弾力的なタクシー運賃の設定が可能となった。

　しかしながら，タクシーの事故率が高まり，トラックや長距離バスの事故が相次ぐと，タクシー・トラック・長距離バスの運送安全を確保する社会規制が強化された。運転時間の規制や乗務員の2人制の義務づけが規制の内容である。

　電力は自然独占による参入規制という公共事業規制が行われている政策領域である。これについても自由化が一部限定的に進展している。1995年に卸電力入札制度が導入され，発電分野に競争が導入された。一般電気事業者に100％の供給義務を課した上で発電分野における競争による効率が目指されたのである。2000年には特定規模電気事業制度が導入され，価格交渉力を有し全需要の約3割を占める特別高圧需要家向けについて，最終保障義務を課した上で供給義務を廃して小売を自由化することになった。2016年には電力会社の区域を超えた小売販売の自由化が開始された。

＜薬——規制緩和の政治過程＞

　薬は病気を治すものであるが，必ず副作用を伴う毒物である。そのため，その利用方法には専門家の判断に基づかなければならず，その販売にも大きな規制が課せられてきた。酒はかつて販売の免許を持っていた店にしか販売が認められていなかったが，現在では規制緩和でコンビニやスーパーでも販売されて

都道府県別 特区計画の認定状況（第 8 回認定まで）

都道府県名	数	都道府県名	数	都道府県名	数	都道府県名	数
北海道	34	東京都	24	滋賀県	5	香川県	6
青森県	8	神奈川県	21	京都府	9	愛媛県	5
岩手県	9	新潟県	13	大阪府	17	高知県	5
宮城県	16	富山県	5	兵庫県	23	福岡県	13
秋田県	6	石川県	10	奈良県	13	佐賀県	5
山形県	12	福井県	6	和歌山県	9	長崎県	12
福島県	12	山梨県	11	鳥取県	6	熊本県	14
茨城県	11	長野県	39	島根県	11	大分県	6
栃木県	9	岐阜県	18	岡山県	15	宮崎県	5
群馬県	10	静岡県	9	広島県	8	鹿児島県	9
埼玉県	17	愛知県	12	山口県	6	沖縄県	3
千葉県	12	三重県	13	徳島県	3	その他	3

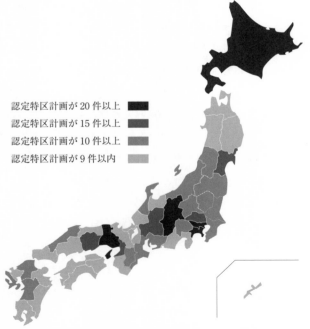

認定特区計画が 20 件以上　■

認定特区計画が 15 件以上　■

認定特区計画が 10 件以上　■

認定特区計画が 9 件以内　■

出典：内閣官房構造改革特区推進室・内閣府構造改革特区担当室「構造改革　改革特区のつくり方」
https://www4.city.kanazawa.lg.jp/data/open/cnt/3/4646/6/panfu_tukuri.pdf?20131123093228
（閲覧日：2020 年 12 月 8 日）

特区の認定状況

主な分野別 特区計画の認定状況（第8回認定まで）

教育分野	（例） ●株式会社による学校設置を認める特区 •••• 28件 ●学習指導要領によらない授業を行える特区 ••••••••••••••••••••••••••••••••••• 60件
農林水産業分野	（例） ●「どぶろく」の製造免許の要件緩和を認める特区 ••••••••••••••••••••••••••••••••••• 45件
幼保・医療・福祉分野	（例） ●幼稚園の入園年齢を満3歳に達する年度の 当初とする特区 ••••••••••••••• 32件 ●公立保育所において給食を外部から搬入で きる特区 ••••••••••••••••••••••• 15件
福祉分野（施設関係）	（例） ●高齢者のための介護施設で 障害者等のデイサービスを認める特区 ••••••••••••••••••••••••••••••••••• 22件
環境分野	（例） ●レンタカー型カーシェアリングについて 無人の貸渡しシステムを実施できる特区 ••••••••••••••••••••••••••••••••••• 5件
産業振興・ まちづくり分野	（例） ●工場再配置促進法における 移転促進地域指定の適用を除外できる特区 ••••••••••••••••••••••••••• 3件 ●地域通貨を発行するNPO法人の資本要件を 課さない特区 ••••••••••••••••••••• 2件

いる。酒は人体に対する悪影響をもつため，例えばスウェーデンでは国営酒店でしかアルコール分3.5％以上の酒を購入できない。アルコール依存症者を抑制するために強い規制がかかっているのである。

　従来から強い規制のかかっていた薬の販売をインターネットで認めることの是非が，厚生労働省と首相官邸をめぐって議論された。規制を維持したい厚生労働省と自由民主党の厚労族の議員は，規制によって薬害が抑制されていること，医薬品の安全性を確保するためにはドラッグストアなどで対面販売をする必要があることを主張した。それに対して，インターネットでの販売を行う会社は，離島などに住む人の利便性が向上すること，店で対面したくない人の販売が可能であること，その他の人の利便性も向上することなどを理由にしてインターネット販売の規制緩和を主張した。

　結論として，医療用医薬品の処方薬は対面販売とし，第1類医薬品のスイッチ直後品目や劇薬は対面販売とし，その他の第1類医薬品，第2類医薬品，第3類医薬品をインターネット販売が可能な薬としたのである。この政策過程は，一部の薬の規制を譲れない厚労省とインターネット販売を規制緩和の起爆剤としたい官邸との妥協の産物であった。

＜消費者保護──漸進的規制＞

　特定商取引法とは，訪問販売，通信販売，電話勧誘販売，ねずみ講のような連鎖販売取引，エステや語学学校などの特定継続的役務提供，仕事の提供による業務提供誘引販売取引，訪問購入を対象として消費者トラブルを生じやすい特定の取引形態を対象として，消費者保護と健全な市場形成の観点から，取引の適正化を図るものである。

　規制の方法として，取引行為の範囲を絞り規制の程度を強化すること，罰則の強化をすること，事前の参入規制を行うこと，が消費者保護のために行われる。また，消費者の代わりに団体が差止請求や訴訟を代替する制度も創設されている。図表9-2が差止請求の制度である。

　訪問購入について原則すべての物品を対象として禁止し，「押し買い」規制の

対象外として，①自動車（二輪を除く），②大型家電，③家具，④有価証券，⑤本・CD・DVD・ゲームソフト類をあげた。不当な勧誘行為の規制として，事業者名・勧誘目的の明示義務を課し，不実告知・重要事項不告知を伴う勧誘を禁止した。買取りにおける消費者保護と営業の自由との相克である。

　高齢者トラブル，「買え買え詐欺」「押し買い」の消費者トラブルが増加し，訪問購入に関する消費者相談の増加は，規制を強化する重要な根拠となる。健全な市場を形成することが訪問販売などの経済活動を実施するためにも必要であるとする規制理由は重要である。

　2021年6月に特定商取引法が改正され，定期購入商法で定期購入であることを明示しない場合，行政処分に加え刑事罰の対象となり，販売預託商法（オーナー商法）は原則禁止となった。

4．規制改革の影響

＜規制緩和の効果と問題点＞

　規制緩和は，効率化を通じた生産性の向上，価格の低下，サービス多様化による需要増加の効果を見込むことができる。

　1997年の経済企画庁による試算によると，金融，情報通信など8分野で構造改革計画を実施した場合，生産性の上昇や新規需要の拡大を通じてGDPを5.8％増やし消費者物価上昇率を1.2ポイント押し下げるとされている。通産省研究会報告書によると，物流，金融，流通の5分野について規制緩和が実現された場合，実質GDPの6％上昇，延べ39兆円の設備投資増加，消費者物価3.4％の下落が予想されている。内閣府の試算によると，1990年代以降2002年まで消費者余剰は累計額GDP2.3％，14兆3,000億円であったと推計されている。

　規制緩和は，規制によって固定化した既得権益を打破し，自由な発想を促進し，社会に技術革新を多くもたらすことを議論の前提としている。政府規制が自由市場の阻害要因となっているという認識が議論の前提条件となっている。もしこれが実現しないならば，それを阻害している要因を分析し，取り除いて

「差止請求」って?

適格消費者団体が、「不当な勧誘」、「不当な
やめるように求めることができる制度です。

適格消費者団体とは・・・

以下の要件を満たし、差止請求を行うのに必要な適格性を有するとして、内閣総
理大臣が認定した消費者団体です。

- 特定非営利活動法人、一般社団法人、一般財団法人であること
- 不特定多数の消費者の利益の擁護を図るための活動を主たる目的として、現にその活動を相当
  期間にわたり継続して適正に行っていること
- 差止請求のための組織体制や業務規程を適切に整備していること
- 消費生活及び法律の専門家を確保していること
- 経理的基礎を有すること　など

差止請求の対象は・・・

事業者が不特定かつ多数の消費者に対して消費者契約法等に違反する不当な
行為を行っている、又は、行うおそれがあるときが対象です。
（※消費者契約法のほか、景品表示法、特定商取引法、食品表示法に規定されています。）

嘘を言う等の不当な勧誘　キャンセルできない等と記載した不当な契約条項　実際より優れた内容であるかのような不当な表示

適格消費者団体が、事業者の不当な行為をやめるように求めます。

出典：消費者庁ホームページ「守ります。あなたの財産　消費者団体訴訟制度」　https://www.caa.go.jp/
policies/policy/consumer_system/collective_litigation_system/about_system/public_relations/pdf/
public_relations_190731_0002.pdf（閲覧日：2020年12月8日）

差止請求の制度

契約条項」、「不当な表示」などの事業者の不当な行為を

差止請求の流れ

消費者被害の発生	→	事業者に対する裁判外の交渉（改善の申入れ）	→	訴訟提起前の書面による差止請求	→	差止請求訴訟の提起	→	勝訴判決	→	業務改善（事業者の不当な行為をやめさせる）
								裁判上の和解		
								敗訴判決		
								裁判外の和解等		

消費者　適格消費者団体　裁判所　事業者

図表9-3　規制・制度改革による利用者メリット

（単位：億円）

分　　野		2005年度における 規制・制度改革に よる利用者メリット	2008年度における 規制・制度改革に よる利用者メリット	2005年度から 2008年度 にかけての増加
電気通信	移動体通信	34,059	47,756	13,697
運輸	国内航空	3,504	3,661	156
	鉄道	3,701	4,017	315
	タクシー	125	229	105
	トラック	27,100	31,926	4,826
	自動車登録検査 制度	9,385	9,426	41
エネルギー	電力	52,619	62,648	10,030
	都市ガス	4,453	7,806	3,353
	石油製品	27,828	39,800	11,972
金融	株式売買委託 手数料	3,864	4,904	1,040
飲食料品	米	10,089	11,555	1,465
	酒類販売	14,921	21,081	6,160
再販指定商品	化粧品・医薬品	653	1,295	642
福祉・保育	保育	4,712	5,199	487
医薬部外品・ サプリメント	栄養剤	186	317	131
利用者メリットの合計		197,200	251,620	54,420

（備考）1. 各年度における利用者メリットとは基準年度と比較した場合のもの。利用者は，基準年度
と比較した場合，規制・制度改革がなかった場合よりも，この金額分だけ大きなメリット
を各年度において享受している。
　　　　2. 推計方法等については本文参考1及び参考2を参照。
出典：内閣府政策統括官「規制・制度改革の経済効果」平成22年10月
https://www5.cao.go.jp/keizai3/2010/10seisakukadai06-0.pdf（閲覧日：2020年12月8日）

いくことが望ましい。図表9-3は規制緩和の消費者メリットを示したものであ
る。

　このような経済的メリットが想定される規制緩和であるが，問題点も残る。
たとえば，労働生産性の上昇は労働者の余剰を生み，企業の倒産や失業者の増
大というリスクも生む。労働者の産業間移動が行われなければ，それは失業率

の上昇というリスクが生じるだけである。そのため，雇用機会の拡大や労働力の移動を促す雇用訓練事業の推進が規制緩和と共に推進されなければならない。

　また，社会的リスクの拡大をいかに抑制するかも課題である。規制緩和によって政府規制が取り除かれてルールの遵守が当事者の自主責任に委ねられる。そのため，安全性，健康，環境などへの悪影響を事前予測して制度設計することが求められる。善意の当事者ばかりではないので，多くの場合，社会リスクは拡大する可能性がある。その場合，再び規制を強化しなければならない。再規制化の傾向は喫煙防止条例，運送規制（トラック，バス，タクシー）に見られ，再規制と規制緩和の同時進行の傾向に注目しなければならない。

＜規制の政治過程＞

　規制は常に既得権益と規制権力をいかに統制するかという課題をもつ。規制緩和をすれば既成権益を有する社会集団と行政機関・政治家の政策共同体は打破されるが，また新たに緩和によって権益を得た集団が既得権を有してしまう。社会集団が既得権益を保守し，政治家の利権拡大を抑制することを監視するため，中立的な専門機関の設置も求められる。

　また官僚制は，社会集団の捕虜行政機関とならないように，自立的・中立的に活動しなければならない。社会集団との権力関係次第では，規制の既得権を有する集団の捕虜と化す行政機関もでてきてしまうので，この規制政治の権力関係の構図に注視しなければならない。

　かつてロウィは規制的，再分配的，構成的という政策類型を示したが，J・Q・ウィルソンはロウィの政策類型を発展させ，『規制の政治』の中で規制の政治過程を図表9-4のように4つに分類した。まず認知された便益が分散しているか集中しているかが第1の軸であり，認知された費用が分散されているか集中しているかが第2の軸となる。

　「多数派政治 majoritarian politics」とは，認知された便益は分散的であり，認知された費用も分散的である。事例として取りあげられるのは連邦取引委員会であり，この政治過程では大多数の人びとが利益の獲得と支払いを期待し，利

図表9-4　規制政治の類型

		認知された費用	
		分　散	集　中
認知された便益	分　散	多数派政治	起業家政治
	集　中	顧客政治	利益集団政治

出典：James Q. Wilson ed.（1980）The Politics of Regulation, Basic Books, pp. 364-372.

益集団はほとんどインセンティブを持たない。「利益団体政治 interest-group politics」とは認知された便益が集中し，認知された費用も集中する政治過程である。商法や海商法の例が取りあげられ，規制は相対的に小さな集団に適用され，少数の便益と少数の負担をめぐる利益集団間の対立となる。「顧客政治 client politics」とは認知された便益が集中し，認知された費用が分散する政治過程である。ウィルソンは民間航空委員会による航空規制の例をあげ，少数の組織化された集団が便益を得て，負担は多数の人びとへ課せられることを指摘する。「起業家政治 entrepreneurial politics」とは，認知された便益が分散的で認知された費用が集中的な政治過程である。ウィルソンは公害や消費者保護の例をあげて，政策起業家がアイデアを提示し世論を喚起するなどして合意形成が行われることを指摘している。

＜規制改革の課題＞

規制改革の課題としてはユニバーサルサービスの確保という課題も残る。料金引き下げ競争で全ての利用者に公平な生活必需的サービスの提供をすることが必要だからである。公益事業においては他の分野と異なり競争による生産性向上につながりにくいため，①直接補助方式，②アクセスチャージ（接続料金）方式，③基金方式などの方式で行政が関与することが求められる。市場競争による寡占化を防止するため，独占禁止法など公正な競争基盤の整備も重要である。

最後に指摘しておかなければならないのはリスク規制への挑戦である。遺伝子組み換え問題や感染症対策などのように，科学的知見の蓄積も少なく，エビ

デンスやデータも十分ではなく，世論の見解も一致しない政策領域もある。このような不確実性の高い分野においては，科学的見地だけでなく社会的見地から妥当な結論を提示していかなければならない。しかし，これは恣意的な裁量を統制してきた規制行政の構図を大きく揺るがしかねない。日本においては，ヨーロッパのように予防原則による政策的判断に基づき介入することには消極的であり，現在においては法的基準に基づいた対応にとどまっている。

【確認問題】

1．規制緩和には既得権を打破する意味がある。
2．規制緩和にはシカゴ学派の経済理論が背景にある。
3．運送や交通の分野は20世紀末から規制が緩和されたが，事故が多発したため再規制の傾向にある。
4．規制緩和には失業者の増大というデメリットが生じるので，雇用訓練などの事業を行う必要がある。
5．規制緩和の料金引き下げ競争で公平性が損なわれる可能性があるので，ユニバーサルサービスの確保が必要とされる。

【練習問題】

　病院や保育所などには人員配置基準，施設基準，設備基準，運営基準などの設置基準が定められているが，なぜこのような規制が必要であると考えられているのか，このような規制が阻害要因となる事例が想定されるのか，規制を行わないならばどのような代替案を考えることができるか，考察しなさい。

【ステップアップ】

秋吉貴雄（2017）『入門公共政策学』中央公論新社
　公共政策の理論は海より深く，公共政策の対象は空より広い。このような厄介な研究分野をコンパクトな新書サイズで著した点が評価されるべき点のひとつである。何を残して何を削るかが著者のセンスを問われるところであるが，

頁数や入門書という制約の中で合理性を遺憾なく追求し，理論と現実がバランスよく論述されている。規制や規制緩和の問題を考える際には，同じ著者の『公共政策の変容と政策科学』有斐閣，と併せて講読することをお勧めしたい。

主な参考文献

秋吉貴雄（2007）『公共政策の変容と政策科学』有斐閣
植草益編（1997）『社会的規制の経済学』NTT出版
岸井大太郎・鳥居昭夫編（2005）『公益事業の規制改革と競争政策』法政大学出版局
後藤晃・鈴村興太郎編（1999）『日本の競争政策』
八代尚宏編（2000）『社会的規制の経済分析』日本経済新聞社
村上祐一（2016）『技術基準と官僚制』岩波書店
F・E・ローク（1981）『官僚制の権力と政策過程　第2版』中央大学出版部

コラム⑥　人事院の初任行政研修

　人事院公務員研修所では各省の初任係員に対して10日間の初任行政研修を行っている。講演を聞いたりボランティア体験をしたりするだけでなく，グループで共同研究をおこなっている。「日米貿易摩擦」「消費税導入事例」「成田空港建設事例」「長良川河口堰建設事例」「日米自動車交渉」「京都議定書採択事例」「水俣病事例」などの政策の失敗事例に取り組むことで，それらの事例の政策過程から教訓を学ぼうとしているのである。基調講義や関連講義を受講し，基本文献を資料講読するだけでなく，グループ間で班別討論を行い，全体討議を行い，報告書をまとめる作業を短期間で行わなければならない。所属省庁の利害を離れて他省庁の職員とブレインストーミングを行う機会は貴重であり，第三者の目で行政活動を見つめる機会を多く設けることは，行政職員にとっても国民にとっても有益である。

第10章　行政組織の改革

　本章の目的は，行政組織の管理と編成に焦点をあて，その改革を明らか
にすることである。まず国の府省体制について概観し，行政改革の取り組
みについて検討する。そして組織変動の理論的基礎について示し，国と地
方の組織再編について説明する。

1．国の府省体制

＜行政組織の制度と編成＞

　日本において，国の行政組織は内閣法，国家行政組織法，内閣府設置法，各
省設置法に基づいた組織編成が行われている。この組織編成は2つの価値の要
請の対立上に存在している。つまり，民主統制と柔軟対応の対立である。法律
（議会）で規律して民主統制するか，政令（内閣）に基づいて組織編成を行って
機動性・柔軟性を確保するか，という問題である。日本においては戦後改革で
民主統制を基軸として組織編成の原理が設計されたが，近年は急速に変化する
状況へ柔軟に対応するために，法律ではなく政令による統制，つまり議会統制
から内閣統制へと大きく変化している。

　日本において，1948年に国家行政組織法が制定された時には，各省庁の課レ
ベルまで設置改編は法律改正が必要であった。それが1983年に国家行政組織法
が改正され，政令で改編可能となった。ただし，官房と局の数の上限が設定さ
れ，制限が加えられた。1969年に総定員法が制定されて以来，常勤職員の上限
が設定され，割振りは政令事項となった。

　イギリスにおいては枢密院令で内閣が各省庁の改編を行うことが可能であり，
執政権を行使する内閣の裁量は日本に比べて大きい。省庁の再編は枢密院令に

基づいて行われる。この枢密院令は上院と下院の議会に提出され，議会の決議により無効となる場合もある。実質的な組織編成権は首相，形式的にはイギリス国王特権となり，行政組織に関する通則的な法律は存在しない。大臣法，枢密院令，大臣規範などによる権限や任務の変更が行われているのである。

＜1府12省庁＞

　2020年現在において，日本の国レベルの執政府は1府12省庁（1委員会）体制を形成している。かつては1府22省庁体制であったので，大幅な省庁再編が実施されたことになる。図表10-1のように，内閣府，総務省，法務省，外務省，財務省，文部科学省，厚生労働省，農林水産省，経済産業省，国土交通省，環境省，防衛省，国家公安委員会（警察庁）が現在では設置されている。

　各府省・庁・委員会には外局・地方支部局が設置されている。消費者庁，金融庁，公正取引委員会，出入国在留管理庁，公安調査庁，消防庁，国税庁，文化庁，スポーツ庁，観光庁，海上保安庁，気象庁，林野庁，水産庁，資源エネルギー庁，中小企業庁，防衛装備庁，個人情報保護委員会，公害等調整委員会，中央労働委員会，運輸安全委員会，原子力規制委員会がある。外局とは異なる機関として，内閣府に宮内庁と復興庁が存在する。

　各省には大臣・副大臣・政務官の政務担当者が存在し，事務次官・総括審議官・官房長・審議官・秘書（人事）課長・総務（文書）課長・会計（予算・財政）課長・局長・局次長・部長・課長などの事務担当者が終身公務員として配属されている。行政組織にはライン系統組織と官房（総務）を中心としたスタッフ系統組織の2つがあり，後者の比重が大きく重要である点が民間企業とは異なる点である。また，階統制組織とは異なる組織編成として，国家行政組織法第3条に基づく行政委員会と第8条に基づく審議会がある。前者は委員会制度を採用した行政機関であり，後者は行政機関に附属した諮問・審議機関である。

＜日本の省庁制の特徴＞

　日本の省庁の特質は，西尾勝によると，以下の点にまとめられている。

図表 10-1　国の行政機関の組織図

（2020年 1 月末日現在）

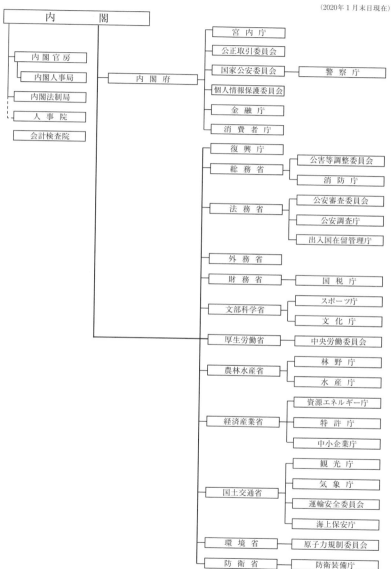

出典：人事院ホームページ　https://www.jinji.go.jp/touhoku/soshikizu20.pdf
　　　（閲覧日：2020 年 12 月 7 日）

図表 10-2　内閣府の

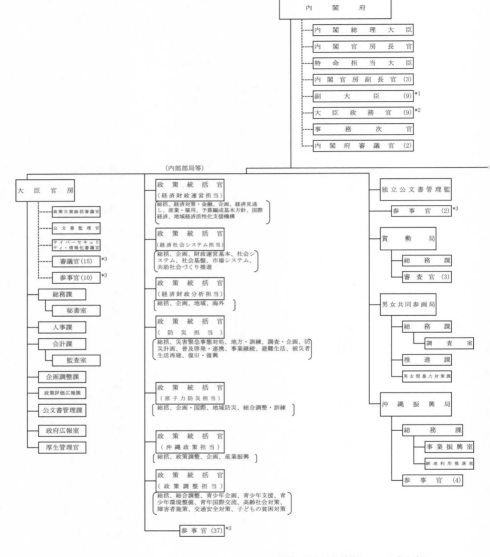

*1　各省の副大臣を兼務している者を含む。
*2　各省の大臣政務官を兼務している者を含む。
*3　併任の者を除く。

出典：内閣府ホームページ　https://www.cao.go.jp/about/doc/soshikizu.pdf（閲覧日：2020年12月7日）

組織図

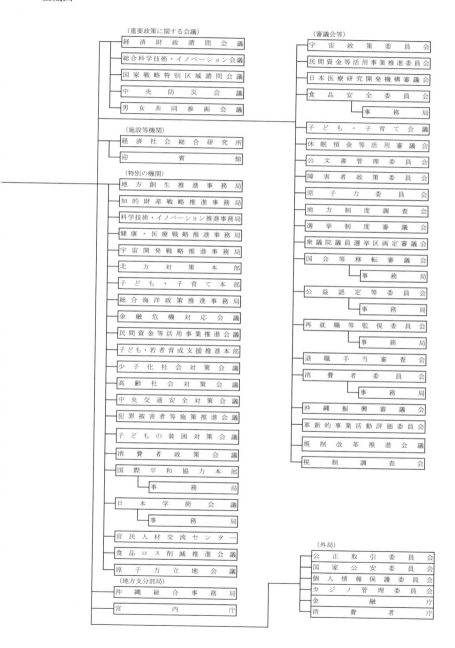

（重要政策に関する会議）
- 経 済 財 政 諮 問 会 議
- 総合科学技術・イノベーション会議
- 国 家 戦 略 特 別 区 域 諮 問 会 議
- 中 央 防 災 会 議
- 男 女 共 同 参 画 会 議

（施設等機関）
- 経 済 社 会 総 合 研 究 所
- 迎 賓 館

（特別の機関）
- 地 方 創 生 推 進 事 務 局
- 知 的 財 産 戦 略 推 進 事 務 局
- 科学技術・イノベーション推進事務局
- 健 康 ・ 医 療 戦 略 推 進 事 務 局
- 宇 宙 開 発 戦 略 推 進 事 務 局
- 北 方 対 策 本 部
- 子 ど も ・ 子 育 て 本 部
- 総 合 海 洋 政 策 推 進 事 務 局
- 金 融 危 機 対 応 会 議
- 民 間 資 金 等 活 用 事 業 推 進 会 議
- 子ども・若者育成支援推進本部
- 少 子 化 社 会 対 策 会 議
- 高 齢 社 会 対 策 会 議
- 中 央 交 通 安 全 対 策 会 議
- 犯 罪 被 害 者 等 施 策 推 進 会 議
- 子 ど も の 貧 困 対 策 会 議
- 消 費 者 政 策 会 議
- 国 際 平 和 協 力 本 部
  - 事 務 局
- 日 本 学 術 会 議
  - 事 務 局
- 官 民 人 材 交 流 セ ン タ ー
- 食 品 ロ ス 削 減 推 進 会 議
- 原 子 力 立 地 会 議

（地方支分部局）
- 沖 縄 総 合 事 務 局
- 宮 内 庁

（審議会等）
- 宇 宙 政 策 委 員 会
- 民 間 資 金 等 活 用 事 業 推 進 委 員 会
- 日 本 医 療 研 究 開 発 機 構 審 議 会
- 食 品 安 全 委 員 会
  - 事 務 局
- 子 ど も ・ 子 育 て 会 議
- 休 眠 預 金 等 活 用 審 議 会
- 公 文 書 管 理 委 員 会
- 障 害 者 政 策 委 員 会
- 原 子 力 委 員 会
- 地 方 制 度 調 査 会
- 選 挙 制 度 審 議 会
- 衆 議 院 議 員 選 挙 区 画 定 審 議 会
- 国 会 等 移 転 審 議 会
  - 事 務 局
- 公 益 認 定 等 委 員 会
  - 事 務 局
- 再 就 職 等 監 視 委 員 会
  - 事 務 局
- 退 職 手 当 審 査 会
- 消 費 者 委 員 会
  - 事 務 局
- 沖 縄 振 興 審 議 会
- 革 新 的 事 業 活 動 評 価 委 員 会
- 規 制 改 革 推 進 会 議
- 税 制 調 査 会

（外局）
- 公 正 取 引 委 員 会
- 国 家 公 安 委 員 会
- 個 人 情 報 保 護 委 員 会
- カ ジ ノ 管 理 委 員 会
- 金 融 庁
- 消 費 者 庁

146

図表10-3　内閣官房の組織図

（令和 2 年 10 月 16 日現在）

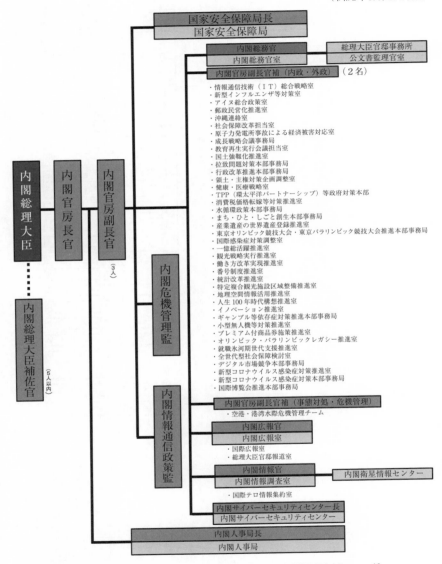

出典：内閣府ホームページ　https://www.cas.go.jp/jp/gaiyou/jimu/pdf/201016_kikouzu.pdf
（閲覧日：2020 年 12 月 7 日）

　第1に，鉄格子効果である。組織・定員の決定制度と管理制度が議会や行政管理庁（現在の総務省）などの内部管理組織によって厳格に管理されてきたため，これは抑制効果をもち，自主的な柔軟対応が不可能であった。そのため，組織の安定性・継続性が他国と比べて高かった。組織の再編成が少なかったため，終身公務員が入省から退職まで同じ省や局に所属することが一般的であった。

　第2に，ライン系統組織の規格化とスタッフ系統組織の非規格化である。日本の省庁では部局の下にある課を業務の基本単位とし，課長の指示を仰ぎながら筆頭補佐（統括担当の課長補佐）が各課の総括を行う。その筆頭補佐の下に課長補佐，総括係長，係長，係員が存在する構造は，どの省庁も基本として同じである。ただし，スタッフは専門官，分析官，計画官，対策官など様々な名称があり，その業務内容も各省で異なる。総括整理職（所掌事務を総括整理する職：審議官・参事官）と分掌職（所掌事務を複数で事務処理する職：参事官・企画官・管理官・監視官）も統一性がなく，省庁の中での分担関係も差が大きい。

　第3は，官房系組織の定型化である。「官房三課」といわれる財務（予算課・会計課）・人事（人事課・秘書課）・文書（総務課）の総括管理機能が重要視され，人事面でも幹部候補者の経験するポストとされている。これらは情報ネットワークの要であり，組織間調整の結節点，政務と事務の結節点となっている。民間企業は生産部門と営業部門が花形であるが，行政機関は総括管理のスタッフ部門がライン部門を管理し，ライン部門が社会を管理するため，スタッフ部門の比重が民間に比べて大きいのが特徴である。図表10-2と図表10-3は内閣府と内閣官房の機構図を示したものである。官房組織に権力が集中することによって機構が肥大化していることがよくわかる。

2．行政改革の推進

＜2つの臨時行政調査会の設置＞

　橋本行革の以前に日本では2つの行政改革が実施された。第一次臨時行政調査会と第二次臨時調査会の2つの諮問機関の設置による改革である。

　第一次臨時行政調査会は，1961年11月～1964年9月池田勇人内閣の下に内閣総理大臣の諮問機関（審議会）として設置された。会長は三井銀行会長の佐藤喜一郎である。第一次臨時行政調査会は調査権を有する調査会であり，1964年9月に16項目の報告書「行政改革に関する報告書」を答申した。この中には後の行政手続法の制定や内閣府の設置として実現する基本提案がされており，省庁間の総合調整方式などの現状分析を行った点は高く評価できる。消費者保護，水資源開発，首都圏問題などで新しい需要へ対応しようと務め，臨時行政調査会の審議記録が公開された点も当時としては画期的であった。しかしながら，霞が関の官僚たちは行政改革に強く抵抗し，労働組合は答申に消極的な態度を示し続け，自由民主党をはじめとする各政党は行政改革に強い関心を示さなかった。

　これに対して，第二次臨時行政調査会は，1981年3月から1983年3月まで土光敏夫を会長として「増税なき財政再建」を実現すべく，小さな政府をめざして5回にわたって答申を行った。日本国有鉄道，日本電信電話公社，日本専売公社の分割・民営化，国土庁，北海道開発庁，沖縄開発庁の統合，行政管理庁，総理府人事局，人事院の一部を統合した総合管理庁の設置が答申の内容である。それらは中曽根康弘政権の行財政改革や橋本龍太郎政権の中央省庁再編へとつながる改革であった。

＜総定員法による定員削減＞

　このような臨時行政調査会の設置と同時に，行政組織の機構と人員の拡大を防止するため，1969年に国家公務員の総定員の上限を定めた総定員法が制定された。総定員法では政府全体の定員が定められ，各省庁の定員総数は政令で定められる。新しい需要に対応して定員を張り付けなければならないので，恒常的に削減を事前に計画しておかなければならない。そのため，当時の総務庁は定員の削減を各省庁に要求し，各省庁は退職などで空席となったポストを返上した。このようにしてプールした定員で新しい需要を充足させた。これが政府全体のスクラップ・アンド・ビルドである。

　各省庁でもスクラップ・アンド・ビルドは貫徹されており，新規の課・部・局を１つ創設する際には１つの課・部・局を廃止することをおこなってきた。このような一律的な抑制は予算編成でも横並び方式で一律削減をおこなうことがある。あらかじめ法律で廃止を明示しておく方式をサンセット方式と呼び，業務のスリム化の手法として，補助金や機構に対して適用されることもある。

　臨時行政調査会の価値判断や優先づけとは異なり，行政の内部統制による行政改革は，一律・画一・横並びの削減を常としている。政治的判断とは異なる行政のルーティンが，行政改革にも貫徹している点は大変興味深い。

＜橋本行革の背景と過程＞

　1993 年第三次行革審の最終答申において，「大括り省庁体制」をモデルとして中央省庁再編を行うことが提示された。その背景には，住専問題，血液製剤の問題，公務員の不祥事などが存在した。行政機関に対する不満や批判は大きかった。また政治改革や地方分権改革と同様に，1996 年の衆議院選挙で各政党の公約として中央省庁再編が具体的に示されたことの意味は大きい。つまり，政党間の政治的支持調達の獲得競争で中央省庁改革が大きな政策争点となったのである。

　橋本龍太郎総理が 1996 年 9 月に行った日本記者クラブでの講演では，縦割り行政，総合行政の欠如，首相補佐機構の弱体を指摘し，私案の形で行政改革の構想を明らかにした。1997 年 1 月第 140 回国会の施政方針演説の中で，行政改革，財政構造改革，社会保障改革，経済構造改革，金融システム改革，教育改革の六大改革の必要性を訴えた。1997 年 12 月に行政改革会議最終報告が提示され，1998 年 6 月に中央省庁等改革基本法が成立した。1999 年 7 月には省庁改革関連法が成立した。

　内閣機能強化の関係法案としては，内閣法一部改正法，内閣府設置法が存在する。省庁再編の関係としては，国家行政組織法一部改正法，新しく設置された各省の設置法がある。独立行政法人の関係としては，独立行政法人通則法，整備法が存在する。そして，2001 年に 1 府 12 省庁の新府省体制が発足した（金

融庁は 2000 年 7 月 1 日の発足）。

　行政改革会議の最終報告は，司馬遼太郎の言葉を引用して「この国のかたち
をつくる」と銘うった格調高い文書である。答申文書は，追求すべき課題とし
て，①総合性・戦略性の確保，②機動性の重視，③透明性の確保，④効率性・
簡素性の追求，の 4 つをあげている。政治主導の確立が必要であるとし，国民
主権を明記し，内閣の行政権と国民主権の関係を確認した。内閣総理大臣の発
議権を明確化し，内閣官房の企画立案と内閣府の新設を示した。内閣官房の幹
部は特別職として政治任用し，副大臣・政務官による各省大臣を支える補佐体
制が必要であるとした。各省の審議会を整理合理化し，政策決定を内閣の責任
で行うことを具体的に提案したのである。

　さらに縦割り行政の是正を強調し，権限から任務への変更，つまり権限規定
を廃止し，任務に基づく省庁再編を行うこと，府省間の政策調整，つまり内閣
府の総合調整と府省相互間の調整を行うこと，政策評価を行うこと，を提案し
ている。また行政の透明化・自己責任化が必要であるとし，独立行政法人化，
政策評価の公表，パブリック・コメント手続の明示化が重要であるとした。ス
リム化目標の設定を行うべきであるとし，省庁再編成・独立行政法人化・審議
会の整理のほか民営化・民間委託・廃止等の改革により業務を減量化すること，
国家公務員定員の 25％を削減すること，を提案している。現行の中央省庁の 1
府 12 省庁体制に到る中央省庁再編の基本方針は，以下の 4 つの基本方針から構
成されている。行政改革会議において提示された基本方針に沿って組織再編が
行われ，現行の 1 府 12 省庁体制へと移行したのである。

　第 1 は，「目的別編成」である。取り組むべき重要政策課題，行政目的・任務
を軸に中央省庁を再編し，事務の共通性・類似性にも配慮して編成を行うこと
とされた。第 2 は，「大括り編成」である。高い視点と広い視野からの政策立案
機能を発揮させ，縦割り行政の弊害を排除するため，行政目的に照らし，可能
な限り総合性・包括性をもったまとまりとして，大括りの編成を行うこととさ
れた。第 3 は，「利益相反性」への考慮である。この視点は新しい視点であり，
基本的な政策目的や価値体系の対立は，極力同一省庁内にもち込まず外部化し，

政策立案が恣意的となり，大きな価値対立の調整が内部化し不透明に行われることを防止するものである。第4は，「省間バランス」である。各省間の健全な政策論議を確保するため，事務のまとまりに着目する場合にあっても，省の大きさや省間の力のバランス，予算，権限等の確保について留意することとされた。

3．組織変動の理論的根拠

＜執行権強化の組織改革＞

　橋本行革は執行権強化の試みでもあったが，このような試みは第二次世界大戦以前の日米でも存在していた。

　POSDCORB とは，アメリカの行政学者 L・H・ギューリックの造語である。彼はフランスの経営学者 J・H・ファヨールの管理論から示唆されて組織の主要管理機能を7つに区分し，大規模な組織においてはこれらの管理機能を分担して最高管理者を補佐する中枢機能が必要であると主張した。Planning（計画），Organizing（組織），Staffing（人事），Directing（指揮），Coordinating（調整），Reporting（報告），Budgeting（予算）がギューリックのいうスタッフ機能である。そして，そこで重視された価値は能率性である。

　ギューリックは，同じ機能を統合する同質性の原理や統制には限界があるとする統制範囲の原理を主張した。フランクリン・ルーズベルト大統領によって設置された「行政管理に関する大統領諮問委員会」（ブラウンロー委員会）の中でL・アーウィックと共に予算局の機能を含んだ執行権強化の提案を 1937 年に行い，1939 年には大統領府の設置として結実している。

　ただし，この古典的組織理論で展開された組織編成原理は「行政の諺」（サイモン）にすぎない，という批判も受けた。組織の編成原理として科学的な精査を経たものではなく，行政組織は地域，過程，顧客，目的という編成原理に基づいて編成されることもあるからである。

　これらは執行権強化のために中枢機能を強化した 1930 年代アメリカの組織改

革であるが，日本においても岡田啓介内閣において内閣の機能強化を行うために内閣の補助機関として内閣調査局が1935年に設置され，内閣調査局は後に企画庁，企画院へと変遷していく。内閣調査局は内閣の補助機関として調査・審査・庶務を行うことが目的であったため，調査企画の機能が強く，調整機能には弱い点があった。しかし，ニューディール期におけるアメリカの組織改革の影響を受けて，日本においても戦前のほぼ同じ時期に内閣の中枢機能を強化しようとした試みがあったことは重要である。

＜組織の存続＞

　組織における縦と横の権限関係の割付けをした後，調整，コントロール，リーダーシップという組織過程で問題解決が図れない時，官僚制は特定の政策方針に基づき部門再編成を行い，環境に適応しようとする。ただし，その場合にも，組織変動の挫折・失敗・阻害の例は少なくない。組織変動の阻害要因として，どのような要因があるだろうか。この課題に応えようとしたのが，H・カウフマンの研究である。

　変動阻害要因は現状の継続を生み出す存続助長要因と同義であり，次のような要因が考えられる。まず，組織において縦横に張り巡らされた規則は，成員に対してその遵守を要請するがゆえに現状維持的な機能を果たし，安定した集合利益を保全する装置として作用する。変化や革新を促す新しい提案に対しては，現行の組織目的や活動水準の維持を理由として反対するが，現状を変えることへの心理的抵抗が消極的な行動の本音となる。

　組織は成員に組織人として行動することを求めることによって精神的目隠しをし，積極的に現状維持と抵抗を自己内面化していることもある。標準作業手続きや規則遵守による行動のプログラム化，分業と専門分化の徹底により，視野が狭くなり，画一性と非人格性によって現状維持的な体質も顕在化してくる。

　さらに，調達・動員できる資源に限界がある中で，前年度分を確保できる増分主義的な予算配分の魅力は捨てがたい。豊かな組織ほど埋没費用が大きく，法令と規則の累積を無視できない。ましてや組織風土に根ざした慣行や慣例は

大きな制約となる。関係議員，顧客集団，労働組合との安定的な提携や可視的かつ暗示的な合意は，組織にとって貴重な資産であり，自律性の自己強化や中央統制の限界も安定性を促進させる要因となる。

＜組織の廃止と変化＞

　しかし，この H・カウフマンの研究に対しては疑問も提起されている。アメリカ連邦官僚制を対象とした G・ピーターズの調査によると，行政機関の存続よりも廃止・転換・変化を示す事例が多いという。アメリカで新しいプログラムが実施される場合，たしかにタスク・フォースの設置による問題対応や，既存組織の再編成や統廃合が頻繁に行われる。各省庁における政治任用者の数も多い。

　これに対して，日本の省庁及び局レベルでは機構再編成が著しく少ない。ただし，各省庁の課や室のレベルになると，総務省もスクラップ・アンド・ビルドを前提として各省庁の裁量に実質委ねているため，新設・廃止・移管・結合・分割・復活・改称・昇格・降格という組織再編成は珍しいことではない。また，対策本部の創設，兼任の活用，私的懇談会や研究会の設置という非法制度上の編制が日常的に行われている。いずれにせよ，民間組織に比べて公式の機構再編に阻害要因が多い行政官僚制においても，大きな環境変化に伴う組織変動は免れないのである。

4．組織変動における国と地方

＜組織再編の国の例＞

　先に橋本行革における基本方針について述べたが，その後，具体的にどのような省庁再編となったのかを検証していきたい。

　第1は，目的別編成の例である。たとえば消費者庁は福田康夫内閣時に設立され，消費者保護を行うための行政機関であり，公益通報者保護についても所管している。復興庁は時限立法による震災復興を行うため内閣府に所属する行

政機関である。観光庁は国土交通省の外局であり，観光振興が国の重要な戦略と位置づけられたために設立された。スポーツ庁は文科省の外局として設置され，スポーツ推進の新しい目的遂行のための組織である。スポーツは重要な成長戦略として位置づけられた産業である。消費者庁，文化庁，観光庁，スポーツ庁はどの組織も政治任用で外部から管理者を任用した経験をもち，官邸の直接的な人事権行使による組織強化ともいえる。

　第2は，大括り編成として，厚生省と労働省が統合して厚生労働省となった。労働と社会保障の一元化のためである。また建設省，運輸省，北海道開発庁，国土庁が統合して国土交通省という巨大官庁が誕生した。総合的な国土行政の推進のためである。さらに，総務庁，自治省，郵政省の情報通信部門が統合し，総務省となった。行政管理，地方自治，テレコムという異質の3つの機能が統合されたことは大きな注目を浴びた。

　第3は，利益相反の例である。民主党政権期に原子力規制委員会が創設された。その背景には，経済産業省に原子力発電を推進する資源エネルギー庁と規制する原子力安全・保安院が併置されるのは不適切であり，利益相反に該当するという考え方からである。そして環境省の外局として，原子力規制委員会が設立された。内閣からの独立性が高い行政委員会制度として設置され，しかもその理由が利益相反である点は重要である。なぜなら，補助金や助成金の供与と中立的な規制とが同じ組織で実施されることは，日本においては珍しくない事例だったからである。

　第4は，政治主導と縦割り行政の是正である。官僚制の人事を統率するために内閣人事局が設置され，官房副長官の中から局長が指名される。内閣人事局は各省審議官以上の幹部職員を一元的に管理し，この人事統制を通じて統一的政策を実現し，省庁間・部局間の政策調整を人事統制で補完することがめざされたのである。

＜省庁再編の帰結＞
　官邸による人事統制という方法は，政策の貫徹には最適である。しかし民主

主義国家において例を見ないような権力の極端な集中は，官僚制の萎縮や利権
の拡大につながる。そのため，政治家・政治任用者の能力向上，政治と行政の
良好な関係を模索する必要がある。また，政治への権力集中により行政官の役
割変化は顕著であり，「調査・立案・調整」から「調査と選択肢の提示」へと変
わりつつある。

　大括り化の弊害としては，大規模省庁と化した厚生労働省や国土交通省で省
内調整が難しい点である。厚生省と労働省では組織文化も異なり，もともと多
かった所管する法律の数も膨大化した。国土交通省は巨大官庁となり，部局間
の調整は大きなコストである。地方自治，行政管理，テレコムという異なる業
務の混在する総務省はなおさらである。

　2015 年内閣官房・内閣府見直し法が制定された。これは官邸主導の改革が進
展する中で内閣官房や内閣府の組織や機能が肥大化する傾向にあるため，これ
らを各省庁に移管することを目的としたものである。しかし，法律の制定後も
肥大化の傾向は止まらない。内閣官房と内閣府の機能分担は，内閣府がより定
型的業務，内閣官房がより非定型的業務とされてきたが，その具体的な分担は
内閣官房副長官の判断に委ねられており，不明瞭のままである。

　たしかに行政組織改革の帰結として局・課の数は減少した。しかし局次長，
分掌官（統括官・参事官・主計官・企画官・調整官・審査官・計画官・監査官など）の
職は増大している。形式的な側面ではなく，実質的な機能面を見て組織の変動
は検討されるべきであろう。新しい組織編成原理としても利益相反が，平等性・
公正性の実現として機能し続けるのかも注視していかなければならない。

＜地方自治体での組織再編＞

　国の組織再編と異なり，地方レベルの組織再編は頻繁に行われている。その
理由は第 1 に，二元的代表制・首長主義という制度要因のためである。首長は
選挙公約として組織再編を選挙民へ約束し，政治家として前の首長との違いを
示すために組織の再編を積極的に行う。第 2 の理由は，国と地方自治体の制度
環境の違いである。つまり，地方自治体は住民へ直接サービスを提供する住民

に最も近い政府である。そのため，住民へのサービス提供機構の効率や有効を常に問われている。

地方自治体で行われている組織再編の第1は，組織統合・大括り化である。企画部門と財政部門を首長部局で統合して政策一元化を図ることはしばしば行われてきた。地方自治体組織での大括り化として，静岡県庁では10部を7部に再編し，東京都では複数の局を1つの部門として大括り化している。福祉，衛生，労働などの関連部門を統合したり，観光部門と文化財保護部門とを統合したりすることは，一元的な政策実現のための基本である。

第2の組織再編は，フラット化である。これは職位階層の簡素化を行うことで長から末端までの距離を短縮することであり，静岡県や横須賀市などの地方自治体で実施されてきた。ニーズへの柔軟な対応は縦割り・セクショナリズムの是正となり，意思決定の簡素化・明確化による迅速な運営は縦の決裁経路の短縮となる。ひいてはメンバーのモチベーション向上が組織の活性化や中間管理職の定数削減へとつながるのである。ただし，課題として中間管理職の負担が大きくなること，リーダーシップや上と下への目配りが求められること，ポストでの適切な処遇が必要という課題は残っている。

第3が，チーム制・プロジェクト組織である。業務の標準化や柔軟な職務配分のために，柔軟な組織設計が求められている。また住民に直接接触する窓口部門が多い自治体特有の改革として，顧客志向型組織編成，つまりワンストップ化が行われている。つまり，1つの窓口で関連する複数手続きが終了することが市民志向の組織改革として行われている。連絡調整と機能連携の組織連携の機能強化が地方自治の各部門の課題である。

【確認問題】

1．日本の中央省庁は政令で改編が可能であるが，イギリスの省庁再編では枢密院令で改編が可能となる。

2．橋本龍太郎政権の行政改革で現在の1府12省庁体制が成立した。

3．POSDCORBとはギューリックがブラウンロー委員会で提案した執行権

強化の組織原理である。

4．利益相反性という原理は新しい編成原理であり，橋本行革で導入された。

5．地方自治体ではニーズへの対応としてフラット化やワンストップ化とい
　う組織改編が行われている。

【練習問題】

　具体的な省庁または部局を想定して，創設，統合，分離，廃止などの行政組
織改革を行う原理や原則について論じなさい。

【ステップアップ】

渡辺保男（1965）「ルイス・ブラウンローの生涯」辻清明編『現代行政の理論
　と現実——蠟山政道先生古稀記念論文集——』勁草書房

　「評伝を書くべきだ」というのが著者の教育方針である。伝記は生き方のロー
ルモデルであり，評伝による人物の出身・経験・性格を通じて行政や政策の背
景や文脈を知ることができる。ブラウンローはフランクリン・ルーズベルト大
統領の設置した行政管理に関する大統領諮問委員会の委員長を務めた。この評
伝を通じてメリアムやギューリックとの討議，ウォーレス農務長官などとの交
渉など行政改革の動態を知ることができる。

主な参考文献

足立忠夫（1960）『行政管理論』玄文社

伊藤正次編（2019）『多機関連携の行政学』有斐閣

今村都南雄（2007）『行政学の基礎理論』三嶺書房

入江容子（2020）『自治体組織の多元的分析』晃洋書房

大杉覚編（2000）『自治体組織と人事制度の改革』東京法令

岡部史郎（1957）『行政管理論』良書普及会

神原勝（1986）『転換期の政治過程——臨調の軌跡とその機能』総合労働研究所

武智秀之（2019）「内閣調査局と経済安定本部：中枢機関の成立条件」大曾根寛・
　森田慎二郎・金川めぐみ・小西啓文編『福祉社会へのアプローチ　久塚純一先生
　古稀祝賀［下巻］』成文堂

田中一昭編（2006）『行政改革』ぎょうせい

田中一昭・岡田彰編（2000）『中央省庁改革』日本評論社

西尾勝（1990）『行政学の基礎概念』東京大学出版会

西尾勝（2001）『行政学』有斐閣

待鳥聡史（2020）『政治改革再考』新潮社

臨時行政調査会 OB 会（1983）『臨調と行革——2 年間の記録』文真舎

第11章　公務員制度の改革

　本章の目的は，公務員制度を概観し，近代官僚制における資格任用制度が能率性と民主性を軸にして設計されたことを示し，理念系としての開放型と閉鎖型に類型化して説明することである。そして公務員の任用と人事について具体的に検討し，公務員制度改革の実態について明らかにする。

1．公務員とは何か

＜公務員の意味と範囲＞

　公務員とは公の事務の執行に当たる者の総称である。日本の公務員数は2020年現在約360万人であり，対GDP比でも労働人口に占める比率でも先進諸国の中では少ない。OECD諸国平均の半分近くにすぎない。しかも国家公務員が約60万人であるのに対して，地方公務員は約300万人と地方レベルに多く配置されているのである。中央政府レベルの公務員数が比較的多いフランスとは，大きな違いがある。図表11-1は日本における公務員の数と種類について示したものであり，図表11-2は職員数を各国比較したものである。

　公務員のうち採用試験によって任用されるのが一般職であり，それ以外の者が特別職である。特別職には選挙によって任じられる者（国や地方の議員，首長），政治任命の者（国務大臣，内閣法制局長官，首相補佐官），議会の承認が必要な者（人事院人事官，会計検査院検査官，副知事，副市長など），三権分立の観点から内閣の統制範囲の外となる者（裁判官，国会職員，裁判所職員），職務の性質から特別な扱いとされる者（防衛省職員，宮内省職員）がいる。企画立案に携わる総合職，定型的業務を行う一般職，現業部門を担う技能労務職という区分がされることがある。

図表11-1　公務員の数と種類

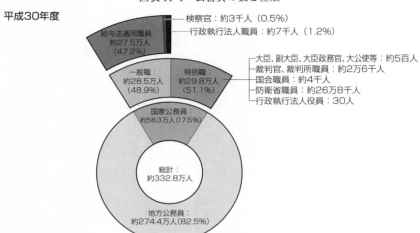

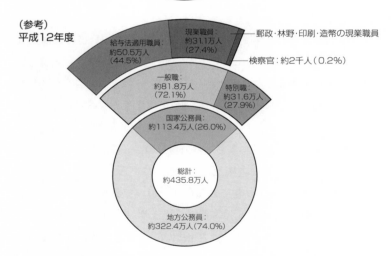

（注）1　国家公務員の数は，2を除き，平成30年度末予算定員である。
　　　2　行政執行法人の役員数は，平成29年10月1日現在の常勤役員数であり，行政執行法人の職員数は，平成30年1月1日現在の常勤職員数である。
　　　3　地方公務員の数は，「平成29年地方公共団体定員管理調査」に基づき集計した一般職に属する地方公務員数である（総務省資料）。
　　　4　数値は端数処理の関係で合致しない場合がある。
　　　5　国家公務員の内訳の構成比（　）は，国家公務員数を100としたものである。
出典：人事院ホームページ　https://www.jinji.go.jp/pamfu/profeel/03_kazu.pdf（閲覧日：2020年12月7日）

図表 11-2　人口千人当たりの公的部門における職員数の国際比較

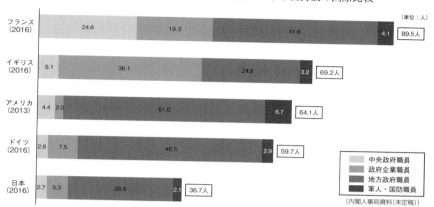

(注)　1　本資料は，各国の統計データ等を基に便宜上整理したものであり，各国の公務員制度の差異
　　　　　等（中央政府・地方公共団体の事業範囲，政府企業の範囲等）については考慮していない。
　　　　　また政府企業等職員には公務員以外の身分の者も含んでいる場合がある。
　　　2　国名下の（　）は，データ年度を示す。
　　　3　合計は，四捨五入の関係で一致しない場合がある。
　　　4　日本の「政府企業職員」には，独立行政法人，国立大学法人，大学共同利用機関法人，特殊
　　　　　法人の職員を計上している。
　　　5　日本の数値において，国立大学法人，大学共同利用機関法人，特殊法人及び軍人・国防職員
　　　　　以外は，非常勤職員を含む。
出典：人事院ホームページ　https://www.jinji.go.jp/pamfu/profeel/03_kazu.pdf（閲覧日：2020 年 12 月 7 日）

　　かつて第二次世界大戦前の日本では，公務員には天皇の官吏として特権的身
分と優越的地位が与えられてきた。国民主権が実現した現代社会においては，
公務員は国民の公僕であり，民主主義社会において国民全体へ奉仕する存在へ
と変貌した。現代社会において，公務の基本は合規性基準の遵守であり，法に
基づいて活動することが求められている。

＜公務員の義務＞

　　このように国民への奉仕者となった公務員は様々な義務に服する。
　　第 1 に，国民主権を活動の基本とすることである。憲法第 15 条 1 項では，「公
務員を選定し，及びこれを罷免することは，国民固有の権利である」と規定さ

れている。第2に，不偏不党である。憲法第15条2項では，「すべての公務員は，全体の奉仕者であって，一部の奉仕者ではない」とする。第3に，従う基準が法律であることである。憲法第73条4項では，「法律の定める基準に従ひ，官吏に関する事務を掌理すること」と法律主義を規定している。

　さらに，政治的中立性や私的利益からの中立も求められる。政党・政治家からの人事介入の防止，兼職禁止，政党への加入制限，兼職・再就職の制限も存在し，国民から一定の距離を保つことが中立性として要請されているのである。

＜公務員の倫理＞

　国民への奉仕者には，民間人とは異なる倫理を要求されている。国家公務員法の守秘義務規定がそれである。「職員は，職務上知ることのできた秘密を漏らしてはならない。その職を退いた後といえども同様とする」「規定に反して秘密を漏らした者には，1年以下の懲役または50万円以下の罰金」を支払うこととされている。また労働基本権も制限される。争議権，団体交渉権，団結権は制約される。ただし，人権保障の制約はあってはならないので，人事院や地方自治体の人事委員会・公平委員会の人事機関による保障が実質的に行われている。不偏不党の原理から，政治的行為は禁止される。国家公務員法第102条では，公務員が政治団体役員，公選による公職の候補者となることを禁止している。

　2008年公務員制度改革基本法では，国会議員との接触を記録に残すこととした。従来は議員会館への質問取り（または問取り：大臣などの答弁を作成するために国会会期中に質問をする議員へ質問内容を聞きに行くこと），与党へ予算や法案などの事前説明などが頻繁に行われてきた。イギリスでは公務員が政治家と接触する場合は，大臣許可が必要とされる。

　公務員は公務に従事することを旨とする人であるので，私的利益追求は禁止される。国家公務員法第96条に職務専念義務が定められ，第98条では上司命令に従う義務が課せられ，第99条では収賄等信用失墜行為の禁止が規定される。しかしながら公務員倫理の低下は止まらず，不祥事が続発している。

2．資格任用制度

＜能率性と民主性＞

　第 2 章で説明したように，近代の公務員制度は業績主義の所産である。つまり近代以前の封建制の下では，自分の能力以外の出身，性別，任用者との関係などが重視され，中立的な任用ではなかった。ましてや自分の能力を発揮して業績を達成する機会は与えられていなかったのである。このような公務員の任用を変えたのが資格任用制度であった。

　資格任用制とは，能力による任用（採用や昇進）を基本とし，それは公開競争試験の実施や勤務評定に基づく選考によって実施される。西村美香によると，その目的は，第 1 に能力に応じて適材適所に人員を配置して行政の能率を上げること，第 2 に能力に基づく政治的に中立的な任用を継続して保障することで専門性の蓄積と安定を図ることにある。

　しかし近代公務員の資格任用をどのように設計するかは，国によって大きく異なった。イギリスやアメリカの資格任用制度は，政治の行政への介入によって生じた民主主義の行き過ぎを是正するために公務員の政治的中立性を確保することが優先された。つまり政治的中立性による民主主義を再構築することに直接目的を置いた制度設計であり，政治と行政の関係は分離が基本であった。それに対してドイツや日本は近代化に遅れた後発国であり，政治と行政との融合によって近代化を進める公務員制度がめざされた。そのため能率性を向上することに重きを置いた政治と行政が融合した制度設計であった。

　これらの国では以下のような開放型の任用制と閉鎖型の任用制の 2 つが採用された。なお，現代において各国の公務員制度の実際は 2 つのタイプに類型化されるわけではなく，むしろ理念的な理解として開放型の任用制と閉鎖型の任用制とを説明しておく。

＜開放型の任用制＞

　開放型の任用制度では，職務ごとに必要な専門性や資格を細かく定め，その要件を満たした人材を任用する。流動的な労働市場からの専門家の調達を基本とし，その人事制度はスペシャリストを志向する。

　組織は成員に職位の職務・職責をこなすに足りる即戦力を期待し，新規採用と中途採用を常時行う形で採用が計画される。内部組織で養成するのではなく外部調達を基本とするため，職場の研修は当面の職務・職責をこなすのに必要な知識・技能の補修を目的とした研修が実施されるにとどまる。ポストに人を付ける職務配分システムが組織に設計され，人は自分にあった職場を自律的に選択することになる。

　職務内容や資格を細かく分類・体系化した職階制度に基づいて任用を行うアメリカがこの典型である。そのため，大学は専門能力で完成された能力を有した人材を社会へ輩出することを目的としている。

＜閉鎖型の任用制＞

　閉鎖型の任用制度においては，学歴や公開競争試験で潜在能力を判断し，内部研修や職場で専門性を身につけることが求められる。終身雇用制と年功序列が重視され，内部組織から人材が獲得される閉鎖的な労働市場の機構であり，ジェネラリストを志向することが多い。

　ここで求められるのは，学歴と職務に対応した専門職務という一般的で潜在的な能力である。潜在能力を開発し顕在化させるための研修が職場内部で実施され，内部の昇格と転勤を繰り返しながらキャリアの形成を行う内部昇進のモデルがそこにある。極端な場合，人にポストを付け，初めに職員ありきの職務配分システムが形成される。

　ただし，能力としてイギリスにおける「教養」を重視する国もあれば，日本における「法律」重視の国もある。日本の場合，経済職や土木職として国家公務員として採用されたとしても，人事研修と職場内訓練を受けて法律を作成する能力を身につけるので，完成された専門能力だけでなく潜在的な能力も期待

されているというべきであろう。

3．公務員の任用と人事

＜国と地方の任用の違い＞

同じ閉鎖型の任用とはいっても，日本の場合，国と地方では違いがある。

第 1 に，行政職，医療職，土木職などの職務の区分は地方よりも国の方が多様である。これは，国の方が公務員任用の点で専門性の養成をより専門特化しており，より幅広く専門サービスを提供していることを意味している。公務員試験で地方よりも国の方が民間企業との併願が多く，公務員は地方よりも国の方が民間への転職が多いが，その理由の一つは国の方がスペシャリストとして専門技能の蓄積への志向性がより大きいためである。

第 2 に，採用方式が個別か一括かの違いである。国が各省庁・部局レベルで採用を縦割りに実施しているのに対して，地方が一括採用を採用している。出向などの例外はあれ，国は採用された省庁部局で一生の職務生活を過ごすことになる。社会保障，農業振興，防衛などの専門家としてキャリアを形成することになる。地方は数年単位で職場を換わり，10 ～ 20 年かけて自分の専門を確立し，キャリアを形成することになる。

第 3 に，国よりも都道府県の方が，都道府県よりも市区町村の方が，住民と直接接触する窓口業務が多くなる。企画立案だけでなく対人的なサービスの提供が責務となってくるからである。そのため，窓口に配置される公務員は住民との接触の中で政策を適切に遂行実施する能力が求められている。ただし，非正規公務員は国が約 8 万人，地方が約 63 万人であり，約 2 割前後を占め，業務遂行に欠かせない存在となっている。日本の行政は非正規公務員に大きく依存しているのが実態である。

＜公務員の民主統制＞

日本の地方自治では副知事や副市長を議会承認としており，アメリカにおい

ては閣僚や各省幹部は議会の承認人事となっている。これは公務員制度に関する最終決定権を議会に与え，民主的統制を行うことを目的としたものである。このような人事権の付与だけにとどまらず，公務員を民主統制する仕組みは財政やルールにまで及ぶ。

　たとえば，財政民主主義として公務員給与は国庫から支出されその承認を議会が行う。法定主義としては，公務員の勤務条件を法律によって定める。西村美香によると，これらは第1に，法律で定められた手続き以外の恣意的政治介入から公務員を守る消極的な意味での身分保障を意味している。第2に，給与を君主からの恩恵ではなく，権利を主張する根拠を法律として与える積極的な身分保障を意味している。

　先進諸国の公務員は公務労働をしている理由で労働基本権を制約されている。そのため，政治から分離された中立的な人事機関（人事院，人事委員会・公平委員会）が設置され，労働基本権を補完する機能を果たしている。この人事機関は公開競争試験の実施や任用に関わる事務を所管しており，政治的中立性と資格任用制の下での民主的統制を実質的に担保する機能を果たしている。人事院は任用での公平性・公正性を確保し身分保障を行う機関であるため，内閣から独立した行政委員会として設立された。その重要な役割のひとつが人事院給与勧告である。

　人事院や地方自治体の人事委員会・公平委員会は懲戒・分限の処分も行う。懲戒処分が職員の義務違反・非行などに対する公務秩序維持の観点から行う制裁であるのに対して，分限処分は公務能率の確保などの観点から当該職員を官職・職務から排除するものである。訓告・戒告・減給・停職・免職の懲戒処分や，降格・降任・休職・免職の分限処分がそれである。人事院や人事委員会・公平委員会は，全体の奉仕者として職責を果たせない公務員への民主的統制を果たす役割を有していると共に，不公正な処分から公務員を守る身分保障の役割を二重に果たしている機関でもある。

　ただし，国の各省庁幹部職員の人事については内閣人事局が一元管理し，人事院は各省庁部局の人事そのものに直接関与するわけではない。人事の計画作

成と枠組み提示をするにとどまり，公務員人事計画全体の実施機関という位置
づけとなっている。

＜雇用機会均等とクォータ制度＞

　性や人種で差別することを禁ずる雇用機会の均等は，先進諸国では重要な公
務員制度の要素である。公開試験での能力競争による採用・昇進は，公務の公
平性・公正性を確保するために必要不可欠であるが，あまりにも採用と昇進に
偏りがある場合，クォータ制度（割当比率制度）の採用がされることがある。ア
メリカではアファーマティブ・アクション，イギリスにおいてはポジティブ・
アクションといわれる制度である。

　これは公務の開放と社会構成比率への修正を行う政策であり，社会の不平等
の是正と社会的公正の実現を目標としている。社会の構成を反映させた代表官
僚制の機能は，一部階層の利益代弁機関にならないように官僚制を民主統制す
ることである。

　日本の省庁や地方自治体でも総合職について，かつては女性の採用人数を定
めていることが多かった。女性の任用は男性に比べて極端に少ないのが実態で
あった。それを変えるため，政府は 2015 年 12 月に閣議決定した「第 4 次男女
共同参画基本計画」に基づき，国家公務員採用試験と国家公務員採用総合職試
験からの採用者に占める女性の割合を，毎年度 30％以上にすることを目標にし
た。2015 年度以降，その目標は毎年実現され，2020 年度では 36.8％（総合職
35.4％，一般職 39.1％，専門職 33.8％）に達し，その目標は実現した。2020 年 12
月に閣議決定で「第 5 次男女共同参画基本計画」に基づき，国家公務員採用試
験と国家公務員採用総合試験からの採用者に占める女性の割合を毎年度 35％以
上にする目標をたてた。

　ただし，管理職の女性の任用については，2018 年の段階で室長 13.3％，課長
3.8％にとどまっている。採用と異なり昇進での是正には時間がかかり，しかも
継続的に優秀な人材を獲得するためには，働きやすい職場環境の整備が求めら
れている。

4．公務員制度の改革

＜能率性（効率性）への傾斜＞

　行政活動の基軸は法律への準拠であり，合規性基準の遵守が現代公務員の基本である。しかしながら，新公共管理（NPM）改革や人的資源管理（HRM）改革は人的資源管理のあり方を大きく変えることになった。つまり，効率性・経済性・有効性を徹底させ行政の質を改善する改革がそれである。また，企画立案と執行とを分離し，柔軟に管理運営する組織運営が実施されると，開放型の人事慣行が拡大し，専門職の採用や公募制による中途採用も積極的に行われるようになってきた。

　組織の運営では，専門家による実践的な経営を行い，業績の明示的な基準と指標を提示し，産出（output）の統制を一層重視する。公共部門を各ユニット（組織単位）へ分解し，公共部門における競争を強化する。民間部門の経営実践スタイルを強調し，公共部門資源の利用に際しての規律・倹約を強調することになった。このような改革は能率性（効率性）を志向するスタイルに行政活動を大きく変化させ，合規性を活動の基軸とした現代公務員制度の基本を大きく揺るがす時代傾向であったといえる。

　ニュージーランドにおいては，各省庁の事務次官を人事委員会が任期付きで公募して選考・採用する。各省庁における組織編制・人事管理・給与決定の権限は各省事務次官に委任されている。新公共管理（NPM）改革によって人事の分権化が進展しているのである。

　イギリスにおいては，かつては中央も地方も公務員給与は国レベルで決定される集権型の決定システムであったが，現在においては公共部門の職位が民間に開放され，給与や手当の水準はより柔軟になった。個々の職員の評価は市場価値に連動し，採用や給与決定の決定権限も各省庁やエージェンシーに分権化する傾向にある。

　アメリカでは政治任用の上級職員に業績主義が適用され，職業（終身）公務

員には統一的な公務員制度の適用がされている。しかし，統一的な人事制度を弾力化して独自の人事制度が導入されるなどの新しい改革が行われた。弾力的な給与制度と団体交渉権の制限がその基本である。

＜公務員制度への影響＞

　日本の公務員制度改革は2008年国家公務員制度改革基本法などに基づいて実施されている。任期付き採用の拡大，官民人材交流センターの創設，幹部職員制度の導入，内閣人事局の設置，内閣による幹部職員の一元管理がそれである。

　たとえば，官民人材交流センターは，職位の離職に関しての離職後の就職援助，官民の人材交流の円滑な実施のための支援を目的に内閣府に設置された組織である。就職援助としては，求人・求職者情報の提供，民間の再就職支援会社を活用した再就職支援，職員の再就職活動に資する業務が行われている。官民人材交流としては，情報提供，広報・啓発活動が行われている。天下りや民間との癒着を防止する方法として，各省別に実施されてきた再就職斡旋を一元化する狙いがあった。ただし官民人材交流センターを通じて各省庁から民間へ移る職員は20％程度に過ぎず，各省の関連する公益法人へ天下りする職員も多い。

　様々な制度改革にもかかわらず，開放型の任用制度を政府中枢に拡大することで，閉鎖型の任用制度の積極的な意義が低下している。政治的中立性の低下がそれである。財政民主主義や勤務条件法定主義による民主的統制の要素も薄らぎ，議会統制から内閣統制へと変容している。

　アカウンタビリティにも変化がみられる。法令遵守の過程よりも成果の結果責任に重きが置かれ，行政の中立性よりも内閣，政治への忠誠が強く求められている。橋本龍太郎内閣に始まり，小泉純一郎内閣で拡大し，安倍晋三内閣で完成した政権中枢への権力移行は，日本の公務員制度に大きく変更を迫るものであった。

＜応答的政府の志向＞

　もちろん，公務員が応答すべきは効率や能率だけではない。西尾隆は『公務員制』の中で，天皇の官吏を志向した戦前の抑圧的政府，国家官僚を志向した戦後の自律的政府に対比して，対話的職員を志向した応答的政府として現代の政府を論じている。西尾隆はこの本の中でセルズニックの応答的法に示唆され，またOECDの「応答的政府」の考えを日本の行政に適用しようとしたのである。

　ここでOECDの応答的政府の指標として「顧客への情報提供」「アカウンタビリティ（説明責任）」「苦情対応」「参加」「相談」などをあげ，対話が政府の応答能力を支え，透明性と政策開発の助け，職員と市民の双方に自立と成長を促すという。この対話的職員の条件として，国会による行政統制，専門性に基づく補佐・助言・説明の力量，基準と理由を明らかにし説明と対話を重ねる「対市民規律」，制度の問題に関する効果的な設計とマネジメント力，複合的な対象へのディレンマ状況を克服する責任をあげている。

　公務員は現在ではジェンダーの問題など多様な職員配置に考慮しながら，市民に対しても良き行政職員として対応していくことが求められる。その意味で現代の行政は環境の変化に応答しながら適応していくことが要請されている。

【確 認 問 題】

1. 日本の公務員は公務従事のため労働基本権が制限され，人事機関による保障が実質的に行われている。
2. 資格任用制とは公開競争試験や勤務評定など能力による任用をおこなうことである。
3. 開放型任用制は職務・資格を細かく定め，要件を満たした人を外部から調達していた。
4. NPM改革は公務員の人的資源管理を大きく変えた。
5. 内閣人事局創設などで政権中枢へ幹部公務員の人事権限を移管させた。

【練 習 問 題】

　公務員制度の理念的類型を概説し，任期付採用や中途採用による専門家の積極的な採用の国と地方それぞれにおける課題について論じなさい。

【ステップアップ】

西尾隆（2018）『公務員制』東京大学出版会

　公務員制度の研究は行政学の中でも王道の研究テーマである。スタンダードな研究という期待がされるだけに，公務員制度の本をコンパクトに纏めることは難しい。やせ尾根の際どい稜線渡りをするような本を著すことのできる研究者は少なく，ましてや歴史・比較・現状をバランスよく検討した本は皆無といってよい。本書はこのような期待に十分応答した研究書であり，上級教科書としても有益である。

主な参考文献

足立忠夫（1959）『公務員の人事管理』有信堂

出雲明子（2014）『公務員制度改革と政治主導―戦後日本の政治任用制』東海大学出版部

稲継裕昭（1996）『日本の官僚人事システム』東洋経済新報社

稲継裕昭（2005）『公務員給与序説』有斐閣

岡田彰（1994）『現代日本官僚制の成立―戦後占領期における行政制度の再編成』法政大学出版局

河合晃一・大谷基道編（2019）『現代日本の公務員人事』第一法規

辻清明（1991）『公務員制の研究』東京大学出版会

西村美香（1997）「New Public Management と公務員制度改革」『成蹊法学』45

西村美香（1998）「公務員制度」森田朗編『行政学の基礎』岩波書店

西村美香（1999）『日本の公務員給与政策』東京大学出版会

村松岐夫編（2008）『公務改革の突破口―政策評価と人事行政』東洋経済新報社

村松岐夫編（2008）『公務員制度改革』学陽書房

村松岐夫編（2018）『公務員人事改革』学陽書房

コラム⑦　官庁採用の多様性 ●●●●●●●●●●●●●●●●●●●●●●●

　中央省庁は総合職については各省単位で，一般職については各局単位で採用がおこなわれるため，地方自治体以上に採用の考え方や方法は多様である。

　Ａ省庁の官庁訪問は，秘書課の総括補佐がキーパーソンである。大学の学閥色が少ないＡ省庁では，係員，係長，課長補佐，総括課長補佐，秘書課課長補佐，秘書課総括補佐，秘書課長とボトムアップで官庁面接が行われる。ある学生は「何か質問はないですか？」という質問だけを１時間繰り返し行われたそうである。圧迫面接によってストレス耐性を見ていたのかもしれない。これに対してＢ省庁では比較的早くから人事課の面接が行われ，トップダウン的な官庁面接である。

　官庁訪問最終日まで採用人数以上の学生を囲っている省庁もあれば，「君は１軍に入っていないから本省で採用される可能性は低いので他の省庁を回った方がいい」とアドバイスしてくれる良心的な省庁もある。「初日に来て欲しかったねぇ」と本音をこぼしてバッサリ切る省庁もあれば，最終日で他省庁に逃げられないように，むしろ二日目の訪問者や第二クールの訪問者を積極的に受け入れる省庁もある。学生は省庁研究を行い官庁訪問の戦略が必要である。各省庁の採用が人数や職種などで制約されるので，省庁間の人材獲得競争が良い結果を生む場合もあれば，能力というよりも運に左右される事例も存在するのが実態である。

第12章　行政の外延化

　本章の目的は公務員の周辺に位置する公共団体の役割について明らかにすることである。日本の公務員数は先進諸国において顕著に少ないが，行政機関に準じた公共団体の存在なしに行政のシステムは理解できない。ここでは独立行政法人，国立大学法人，認可法人，公益法人，NPO 法人の実態を明らかにする。

1．外延化する公共活動

＜最大動員システム＞

　日本の公務員数は 2018 年度で国家公務員が約 58 万人，地方公務員が 274.4 万人である。人口 1,000 人当たりの職員数は 36.7 人であり，OECD 諸国の中でもかなり低い。ちなみに，フランスは 89.5 人，イギリスは 69.2 人，アメリカは 64.1 人，ドイツは 59.7 人である。一定の公共サービス水準にもかかわらず，公務員数が少ない理由は何か。その答えの一つは，他国ならば行政機関が行っている公共サービスを日本の場合は準政府組織や公益団体が担っているからである。日本の行政システムを理解するためには，行政組織だけでなく行政の外延を担っている準政府組織や公益団体を理解しなければならない。

　たとえばフランスでは国立病院の職員は国家公務員として位置づけられているが，日本でフランスのそれに該当するのは国立病院機構という独立行政法人である。地方自治体でも県立病院，県立大学，県試験研究所が地方独立行政法人化しており，県立病院機構，公立大学法人，研究センターとして位置づけられている。

　準政府組織や公益団体とは，公務員に準じた身分保障の職員により構成され

た組織である。その団体には行政機関から法人認可や交付金・補助金による統制を受けて役員人事で国会承認を受けるNHKや日本銀行のような特殊団体，補助金交付を受けているため，シラバス形式まで会計検査院の検査の対象となる私立大学のように，政府の統制を受ける学校法人も含まれる。

イギリスやフランスにおいて公共企業体比率が他国よりも大きいのに対して，日本は公益団体の比率が大きい特徴がある。公共空間がグレーゾーンに位置しており，責任と機能が一致していない構造が存在するのである。村松岐夫はこれを「最大動員システム」と呼び，最小限の資源動員で最大の成果を得るシステムが日本の特質であると述べている。

＜契約レジーム＞

このような準政府組織や公益団体には，独立行政法人，国立・公立大学法人，日本郵便，日本銀行などの特殊会社，特殊法人，社会福祉法人，医療法人，学校法人などの認可法人，社団法人・財団法人・NPO法人の公益法人も含まれる。このような準政府組織や公益団体は公共政策の実施機関として利用されており，政府にとっては効率的なサービス提供に寄与し，団体にとっては財源調達の安定的な確保に貢献していた。スミスとリプスキーはこのような国家の意思を受けて民間非営利組織が活動する形態を「契約レジーム the contracting regime」と呼ぶ。

しかしながら，他の民間組織との公平性や中立性からみて問題も多かった。つまり政府の規則・統制からの自由が重視され，公正・中立な競争の重要性が認識され，自由化の改革が志向されているのである。リスクへの対応は，後見主義に基づく事前統制の要素を少なくし，行政の介入的役割は限定される。自己責任に基づく事後評価を重視し，行政の役割は公平・中立な社会（市場）の番人となる。

このような改革の源はしばしばイギリスであるが，日本の場合は行政による統制の要素も色濃く残っており，日本的特質は自由と統制の混合構造である。本章では，独立行政法人，認可法人としての社会福祉法人，公益法人・NPO法

人の改革について論じながら，行政システムのあり方について考察を加えたい。

＜行政の外延化＞

　「なぜ日本の公務員数は少ないのか」という問いに対する答えの一つとして，行政活動が外延化（拡張化 extension）しているからだという前提に立ち，本章では，準政府組織や公益団体に着目しながら独立行政法人，認可法人，公益法人と NPO 法人について論じる。行政組織の外延化に着目する理由は以下の 3 点にある。

　第 1 に，日本の場合，行政活動が外延化しているため，行政＝公共の構図は成立しない点である。政府と民間の二分論的理解も生産的な議論とはいえない。むしろグレーゾーンこそ，日本的特質であり，その構造の解明こそが重要なのである。自由と統制の二重構造として日本の外延化を捉え，独立行政法人，認可法人，公益法人・NPO 法人の自立と統制のあり方を検討する。また，民間企業や町内会なども重要な公益活動を行っているが，本章では直接的な論述は行わない。

　第 2 に，外延化しているからこそ，行政と民間との関係を分析し，行政の存在理由と民間の存在理由を明示化する必要がある点である。自由化によって民間の活動が主体となっている現実では，行政の役割は，直接的なサービス提供から後方支援的な条件整備に大きく変化してきている。そこにおいて中立・公正・公平・平等という価値が持つ意味がますます重要となる。行政が果たすべき価値とは何かが再度問われてくる。

　第 3 に，公務員数は少なくても，規制権限や財源から見て行政活動の果たしている役割は少なくない。つまり権限，財源，情報，人的資源という行政資源の構成要素はかならずしも一致しておらず，その不一致の構造を明らかにすることこそ，日本の行政システムを理解するために重要になってくる。

2．独立行政法人の改革

＜改革の背景＞

イギリスにおけるエージェンシー制度とは，企画立案と執行部門とを分離し，公務員として執行部門を運営するものである。執行すべき業務と責任の範囲を個別具体的に明確化し，給与や人事の権限をエージェンシーの長に委任して柔軟な組織運営を可能にしようとしたのである。並立する実施組織の間では効率化の競争が求められ，そしてエージェンシーの長はその裁量権と責任の範囲でPFI などの民営化，市場化テスト，市民憲章などの道具を駆使して効率化の目標を達成しようとした。

1996 年 6 月の橋本行革ビジョンにおいては，このイギリスの制度に準拠して「政策立案機能と制度執行部門との間に適切な距離を設けるべき」とし，各政党の公約においても，自由民主党の選挙公約や自社さの三党合意で独立行政法人の制度設計が政治公約として国民へ示された。つまり政府の政権構想や政党間の競争において，独立行政法人が明示化されたのである。これは選挙改革や分権改革が政治公約としてアジェンダに浮上したことと同様であり，20 世紀末の政治行政改革の一つの特徴となっている。

行政改革会議において激しく対立したのは，公務員身分をめぐる論議である。読売新聞社長・主筆の渡辺恒雄の案においては，独立行政法人は国から独立した主体であり，職員は「独立職」「特別職」の公務員とされた。連合会長の芦田甚之助の案においては，独立行政法人は行政組織であり，職員も公務員身分を有することになっていた。事務局の案では当分国家公務員の身分とし，暫定的に設けられる特殊な身分へ移行することとされていた。この 3 番目の事務局の案が実行され，公務員型と非公務員型の併設，非公務員型への移行が独立行政法人改革で実施されたのである。

小渕恵三内閣をはじめ歴代の自由民主党政権は，公務員数を削減する政治公約を示し，この独立行政法人改革においても，独立行政法人は公務員身分を残

す団体と公務員身分を外す団体とに分かれることになった。市場原理の導入で
は不徹底なものとなったのである。

＜独立行政法人改革の帰結＞

　日本で導入された独立行政法人制度とは，図表 12-1 で示したように，各府省
の行政活動から政策の実施部門のうち一定の事務・事業を分離し，これを担当
する機関に独立の法人格を与えて，業務の質の向上や活性化，効率性の向上，
自律的な運営，透明性の向上を図ることを目的とする制度である。特殊法人が
一度設立されれば半永久的に事業を継続するのに対して，独立行政法人は中期
目標や第三者の評価委員会の評価で廃止や民営化を含めた業務・組織全般を定
期的に見直しすることが求められる。図表 12-2 で示したように，総務省政策評
価・独立行政法人評価委員会によるチェックが行われ，事業の透明度や公開度
を高めようとしたのである。

　独立行政法人ではないが，実施部門を独立させる改革は中央省庁でも行われ
た。2008 年に観光庁，2009 年に消費者庁，2011 年に復興庁，2015 年にスポー
ツ庁，2019 年に出入国在留管理庁が創設されている。消費者庁，観光庁，スポ

図表 12-1　独立行政法人の位置づけ

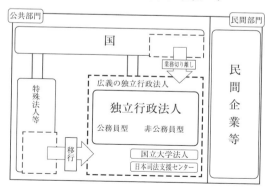

出典：総務省ホームページ　https://www.soumu.go.jp/main_sosiki/hyouka/dokuritu_n/inderx.html
　　　（閲覧日：2020 年 12 月 7 日）

図表 12-2　独立行政法人目標管理の仕組み

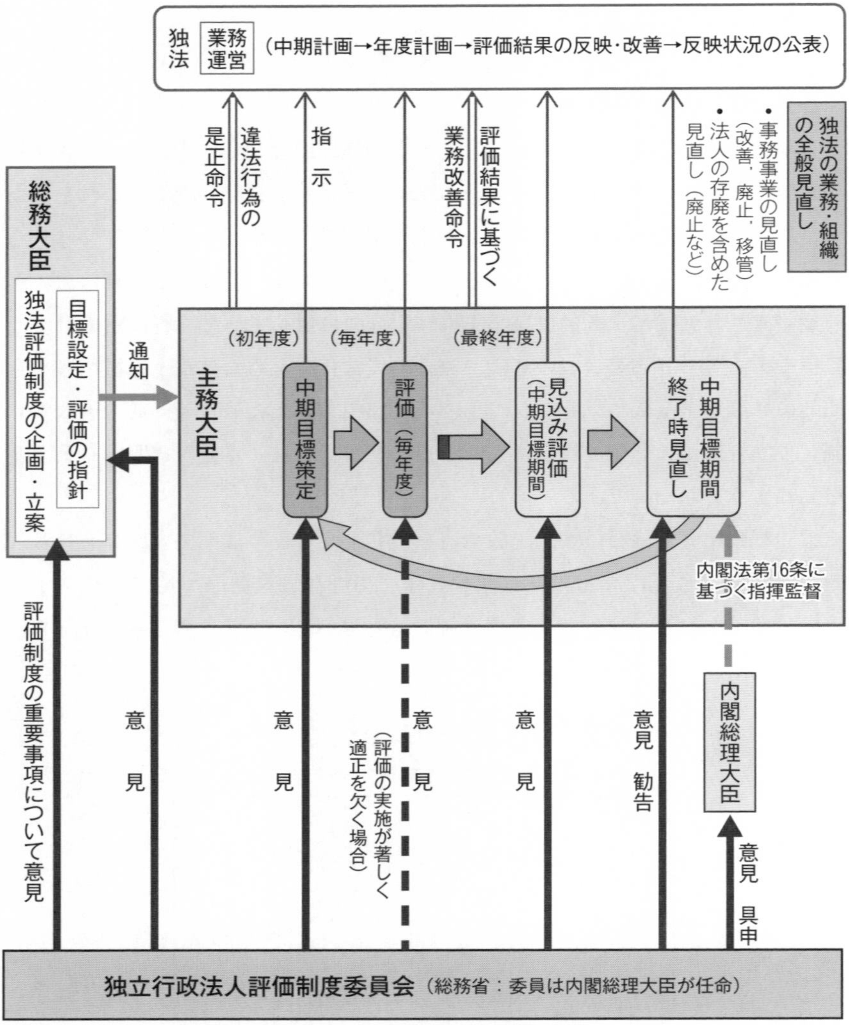

出典：総務省ホームページ　https://www.soumu.go.jp/main_sosiki/hyouka/dokuritu_n/inderx.html
　　　（閲覧日：2020 年 12 月 7 日）

一ツ庁，文化庁では政治任命による長官が選出されている。民間人を含めた人材の登用は実施部門の創設によって，より推進されているとも評価できる。

　独立行政法人の多くは市場で大きな利潤を上げることが可能な組織ではない。そのため所管官庁からの交付金が主要な財源である。逆にいえば，中央省庁からの財源に依存している構造は，特殊法人から全く変わっていないのである。また独立行政法人改革にもかかわらず，独立行政法人の中にはガバナンスの欠如，公費の不適切な執行もみられた。そのため，PDCA サイクルが機能する目標・評価の仕組みを徹底させ，主務大臣の是正措置，主務大臣の評価・統制の強化も行われたのである。しかしながら，この統制の強化は自由化の改革とは逆行するものであり，「主務大臣の過剰な関与の排除」を目的とした当初の独立行政法人改革とは反するものである。

＜改革の拡大──地方独立行政法人・国公立大学法人・郵政公社＞

　2003 年に制定され翌年に施行された地方独立行政法人法に基づき，独立行政法人の制度は地方へも普及した。地方独立行政法人の大多数は公立病院であり，産業技術を研究する研究センターも地方独立行政法人化した。

　2003 年には国立大学が国立大学法人化し，その法人化の改革は地方の公立大学の地方公立大学法人化にも拡大した。改革の論理として独立行政法人改革と同様に行政組織の全般的な改革を公式な目標としたが，その実態は公務員定数の見直しの対象とされたのである。見直しの議論では公務員待遇の話も出たが，結局は公務員ではない「みなし公務員」として処遇されることになった。職員は従来通り公務員宿舎に居住し，組織運営は交付金によって維持されたが，民間の職員であるので雇用保険に加入する義務が生じた。交付金を通じた文科省の統制は強化されているので，この改革は，国立大学法人化で公務員定数を削減し，交付金を統制手段として利用することで公的機能を維持しようとしたのである。

　1996 年に出された行政改革会議の最終報告書では，公務員の身分を有した形で郵政三事業を残すことが決められた。2001 年の中央省庁改革で，郵政省の郵

便部門は総務省郵政企画管理局と郵政事業庁に再編された。さらに2003年郵便事業庁が特殊法人の郵政公社となり，財政投融資への委託が廃止された。さらに2007年には日本郵政グループとなり，郵政公社の民営化が完成した。2005年の郵政選挙の段階で26万人の郵政公社職員が国家公務員身分を有していたので，その公務員定数削減の効果は大きかった。郵便事業や保険金融事業が民間化されたのであるから，金融市場や地域社会への影響は大きかった。

3．認可法人の改革——社会福祉法人を例として

＜公の支配——公益性と非営利性＞

　社会福祉法人とは社会福祉事業を行うことを目的として社会福祉法の定めるところにより設立された法人である。公益性と非営利性を兼ね備えた特別法人であり，高齢者，児童，障がい者・障がい児，低所得者など様々な社会福祉事業を推進するための民間公益組織である。第二次世界大戦以前は，行政機関と財団法人が福祉サービスを提供していた。第二次世界大戦後，浮浪児に対応するための児童施設が必要とされたが，行政の公立施設では十分なサービスが提供できない。民間の施設に依存せざるを得なかった。そこで社会福祉法人という法人格を設立して，その民間組織へ行政から公金を支出して社会福祉サービスを提供することになった。

　ただし，憲法第89条の問題，つまり公金支出・その他の公の財産供与の禁止の問題を解決する必要があった。第二次世界大戦中，準行政機関が戦争推進の反民主主義勢力と化したため，GHQの下で明確な国家責任，公私二分論的な責任体制の確立が志向されていたのである。そこで，公の支配に属するならば公金の支出は可能という反対解釈を行い，福祉団体への強い統制を行う条件で公金支出を行うことが認められるという論理を構成した。これが社会福祉法人設立の経緯である。

＜措置と契約＞

　このような社会福祉法人においては，措置という行政システムが構築されてきた。措置とは，行政がサービスの対象内容を決定し事業を遂行する制度であり，優先順位による希少資源の配給制度である。社会福祉法人の福祉施設にとって，一方において措置費を行政から受け取って対象者へサービスを提供するので，提供の安定性は確保でき，最低限のサービス水準は維持できる。市場の競争による倒産や対象者が不足することはないので，効率的な資源配分となる。他方において，社会福祉法人の既得権を保守することになり，それは創意工夫の阻害や対象者の選択権のなさにもつながった。

　そのため，契約を重視したサービスが社会福祉に導入された。契約とは自由な意思による利用者選択の制度のことである。競争による最適なサービス提供はサービスの刷新を生み，質の高いサービスを対象者が享受する可能性を生む。しかしサービスの停止や事業者の廃業を生み，対象者の所得によるサービスの格差を生むことになりかねない。

　措置から契約へという時代傾向に伴い，介護保険の導入も相まって，近年は公的介護や保育所のサービスで民間活動が拡大している。しかし地方自治体の財政制約のため，介護認定の厳格化や入所選考基準による対象の限定も生じている。供給量が限定されると，措置と契約の区別がなくなり，契約のメリットが生じないことになりかねない。

＜統制と規制緩和・民間化＞

　このような社会福祉法人に対しては，3 つの統制方法がある。第 1 の方法は，ルールによる規制である。事業を展開する社会福祉法人は，地方自治体にとって重要な公共サービスの担い手であるため，法人の認可，施設設置の届出，施設建設での土地確保・開発許可・建築確認などの基準に齟齬があってはならない。第 2 の方法は，助成である。社会福祉法人は受託事業，補助事業，基盤助成，介護報酬，措置費，運営費などで行政の費用を受け取り，安定的な事業運営を行うことができる。第 3 の手段は，人的統制である。地方自治体職員の天

下り，派遣によって，行政機関は公共サービスの人的資源を掌握することができる。行政の外延を確保することは，行政機関の活動範域の拡大を意味する。公務員人事をより柔軟に行うための重要な工夫である。

　このように，社会福祉法人は行政の補完・代替として機能してきた。近年保育所サービスや介護サービスの担い手は，社会福祉法人から NPO 法人や企業へ拡大しており，多様な供給体制が構築されている。措置から契約という傾向は継続しているが，自治体の財政制約のためにそれは条件づけの潮流であり，自由と統制の二重構造は変わりない。

　さらに社会福祉法人の効率化・透明化も求められている。社会福祉法人と学校法人は補助金や税制上の優遇措置で手厚い保護がされてきたが，近年組織内部に内部留保が存在することが明らかになってきた。社会福祉法人の原点に回帰し，その公益性と非営利性を発揮するために地域社会へ還元する方策を模索することが求められている。

4．NPO 法人と公益法人の改革

＜ NPO 法人＞

　NPO 法人（特定非営利活動法人）とは，法人格の付与により健全な市民活動の発展を目的として設立された新しい法人である。20 世紀末から日本においても市民活動が高まりを見せ，都道府県・政令指定都市の認証の後，法人登記を行い，NPO 法人として成立させて市民活動を推進している。

　NPO の活動は虐待された女性や子どもの保護，路上生活者の支援，外国人労働者への法的支援，地域における障がい者の自立支援，認知症高齢者やその家族への相談・支援，貧困家庭への支援，アドボカシー活動，薬物依存症患者への支援など多様である。「対象者が少数者で限定的」「サービスが標準的でなく行政では十分提供できない」などの理由で行政がサービスを提供しにくい谷間の領域をカバーしているため，社会マイノリティの保護を行っている意味で最も公共的なサービスという側面も存在する。

　NPO は事業を展開する人びとの志に基づくサービスではあるが，事業の提供が個別の事情に左右されることがあってはならない。NPO であったとしても，行政と同じように公益性，公開性，説明性の社会的要請に応答しなければならない。民主的な意思決定を行うため，総会，評議会，理事会，監事の設置が義務づけられており，情報公開は必須である。設立は登記でおこなうことができるが，認定 NPO 法人は内閣府・都道府県公益認定等委員会に報告書の提出が義務づけられている。NPO 法人と異なり認定 NPO 法人は税制上の優遇策が取られるため，より高い公共性が求められ，後述する公益性の認定のための組織ガバナンスが求められている。

＜公益法人改革＞

　かつて民法に基づく社団法人・財団法人は法人の設立と公益性の判断が一体的であり，「主務官庁制・許可主義」に基づいて運営されてきた。法人の設立は各主務官庁の許可によって行われ，官庁の裁量によって認可されていたのが実態である。そのため，官庁の下請け団体となり，公益法人は省庁セクショナリズムの基盤でもあった。また，公益性の判断は各主務官庁の自由裁量でもあった。

　このような現状を変えるため，2008 年公益法人改革が実施され，主務官庁制・許可主義の廃止，法人の設立と公益性の判断を分離することが行われた。一般社団法人と一般財団法人は登記のみで設立された。いわゆる準則主義である。公益社団法人と公益財団法人には公益性の認定が実施され，明確な基準により法人認定が行われた。公益法人の活動の認定を中立的に判断し，「民間が担う公益」を積極的に位置づけて活動を促進することが求められたのである。図表 12-3 は公益法人制度の概要，図表 12-4 は公益法人の数である。

　このような公益法人改革の背景にあるのは，自由化に伴う公平・中立という価値の重視である。行政機関が特定の公益法人に優先的にサービスを提供させることは，団体間の公平な競争に反し，中立的な立場が求められる行政にはあってはならない判断である。このような自由化に伴う行政の役割変化が背景にあることを理解しておかなければならない。

図表 12-3　現在の公益法人制度

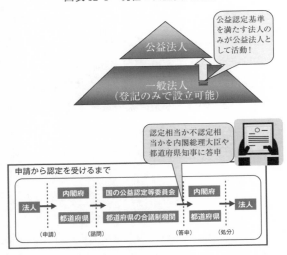

出典：内閣府ホームページ　https://www.koeki-info.go.jp/outline/pdf/20200400_Pamphet.pdf
（閲覧日：2020 年 12 月 7 日）

図表 12-4　公益法人の数

		公益法人数	
			税額控除法人数
内閣府	社　団	808	126
	財　団	1,677	333
都道府県	社　団	3,361	118
	財　団	3,715	438
合　計		9,493	1,015

（平成 30 年 12 月 1 現在）

出典：内閣府ホームページ　https://www.koeki-info.go.jp/outline/pdf/20200400_Pamflet.
pdf（閲覧日：2020 年 12 月 7 日）

＜公益性の認定＞

　公益法人認定法に基づいて，公益社団法人・公益財団法人は公益目的事業比率が 50％以上であることが条件となり，収支相償の見込み，有給財産額が一定

額以上であること，事業を行う「技術的能力」，相互密接な関係にある理事・監事が総数の3分の1を超えないことが求められることになった。

また認定NPO法人は，PST要件（パブリック・サポート・テスト要件，3,000円以上の寄付者が年平均100人以上，寄付金総額が年平均30万円以上），共益的活動の占める割合が50％以上，事業費が80％以上という条件がつくことになった。

社団法人・財団法人やNPO法人を登記にして，法人設立を容易にする代わりに，税制上の優遇策をとる公益社団法人・公益財団法人・認定NPO法人には一定の認可要件を課したのである。これは自由化による設立拡大の社会要請と，安定的かつ良質のサービスを提供するという社会要請とを調和させる方策でもあった。

【確認問題】

1．最小限の資源で最大の成果を得るシステムを村松岐夫は最大動員システムと呼んだ。

2．日本の独立行政法人改革は公務員を形式上削減することを目的とした日本型エージェンシー改革である。

3．社会福祉法人は行政の補完・代替として機能し，措置から契約へという改革が福祉でも行われた。

4．認定NPO法人には税制上の優遇策が設けられ，公益性認定のための組織ガバナンスが求められている。

5．公益法人改革では主務官庁制・許可主義が廃止され，公益財団法人や公益社団法人には公益性の認定が実施された。

【練習問題】

独立行政法人，公益法人，NPO法人の改革経緯を説明し，法人の責任を確保する方法としてどのような方法を考えるべきか考察しなさい。

【ステップアップ】

村松岐夫（1994）『日本の行政』中央公論社

　この本では「最大動員のシステム」として日本の行政を理解している。日本の行政システムは近代以前から現在に至るまで最小資源による最大能率の達成機構である。そのため，行政機関だけでなく，その周辺の公共機関，公的組織の仕組みを了解しなければ，行政の実施過程は理解することはできない。本書は直接的には中央の官僚制に焦点を当てながら，内閣や政党との関係，中央地方関係，市民との関係まで論じている。新書として類書はなく貴重である。

主な参考文献

内山融（2005）「政策アイデアの伝播と制度——行政組織改革の日英比較を題材にして」『公共政策研究』5号

君村昌（1998）『現代の行政改革とエージェンシー』行政管理研究センター

君村昌編（2001）『行政改革の影響分析：独立行政法人制度の創設と在り方』行政管理研究センター

武智秀之（2019）『公共政策の文脈』中央大学出版部

田中秀明（2019）「国立大学法人の評価と運営交付金」『季刊行政管理研究』No.168

西山慶司（2019）『公共サービスの外部化と「独立行政法人」制度』晃洋書房

笠京子（2017）『官僚制改革の条件』勁草書房

山本清（2001）『政府会計の改革』中央経済社

第13章　官僚制化の進展

　本章は近代における官僚制と官僚制化に焦点をあて，特にウェーバーの官僚制論を理解することが目的である。近代化の文脈から官僚制を理解することで予見可能性と非人格性という特徴の重要性を示す。

1．官僚制の言葉

＜用語の多義性＞

　「官僚」「官僚的」「官僚制」「官僚主義」の言葉のイメージは必ずしも良いものではない。「霞が関」や「ワシントン」という言葉と同様に，これら「官僚」「官僚的」「官僚制」「官僚主義」の言葉には悪意が込められていたり，否定的なニュアンスが含んでいたりする。「職員」「組織」「行政」の方が中立的であり，むしろ積極的な概念である。

　アルブロウは『官僚制』という著書の中で，官僚制には多面的な特性が同時に両立することを指摘している。合理的組織としての官僚制，組織の非能率としての官僚制，官吏による支配としての官僚制，行政としての官僚制，官吏による管理としての官僚制，組織としての官僚制，現代社会としての官僚制がそれである。

　アメリカの政治学者メリアムは，官僚制とは「不確定概念」とさえ述べている。官僚や官僚制は一面的に理解するのではなく，多面的な理解が必要である。官僚制に関するミクロ的な特性はどれも一面を示しているが，それだけが真実ではない。断定的な非難や無理解な批判は生産的ではなく，マクロ的な視点から多様な側面を理解する思考が健全である。官僚制の生まれた背景と作動する条件を理解するようにしてほしい。

＜概念の起源＞

　官僚ないし官僚制の言葉は，呪いの言葉として18世紀後半にフランスで生まれ，19世紀初めにヨーロッパ各国へ普及した。

　「官僚制 bureaucracy」の語源は近代市民革命前のフランスである。「事務机にかける毛織物地 bure」または「事務机または机の存在する事務所 bureau」というフランス語に「力 kratia」というラテン語が組み合わさって「官僚制 bureau-cratie」という言葉が生まれた。ド・グルネは官僚政治を君主制，貴族制，民主制につづく第4の政治形態として理解した。彼によると，「われわれを台なしにしそうな1つの疾患がフランスにある。この疾患は極端な官僚主義と呼ばれる」。

　各国の辞典で官僚制がどのように定義づけられたか見ておこう。1798年のフランス学士院辞典では「政府官庁の長と職員の権力，勢力」とされている。ドイツの外来語辞典1813年版では「様々な政府省庁とその機関が，一般市民に対してほしいままにする権威または権力」とされる。1828年のイタリア専門語辞典では「行政における官吏の権力を意味する新語」とされ，イギリスの大衆百科事典1837年版においては，「独任官庁制すなわち官僚制」とされている。

　このように18世紀後半から19世紀初頭において，官僚・官僚制は警戒すべき存在としてヨーロッパでは認識されていたことが理解できる。それは官僚制が近代の新しいメカニズムとして登場したためである。

＜官僚制論の背景＞

　後述するように，官僚ないし官僚制が否定的概念から肯定的概念へ転換する背景には，官僚制が近代化の手段・道具として積極的に採用されてきた事実が存在する。絶対官僚制の統治手段として，生産拡大を目的とした機械制工業の管理手法として，教会やボランタリー活動の組織化や合理化の方法として，官僚制化が意図して採用されてきたのである。

　近代化に遅れた国としてのドイツではこの傾向は顕著であり，市民社会の成熟化した国であるイギリスとは対照的であった。ドイツにおいては近代にかけて中央集権化が進展し，近代化を背景にした積極的な議論が行われた。行政官

僚制は国王の下での補佐集団であり，それを肯定的に見るにせよ，批判的に論じるにせよ，官僚制の存在を絶対として国家の功利を議論した。

　それに対してイギリスは市民社会が成熟しており，議会勢力が大きな政治力を行使しようとしていた。イギリスにとってドイツは脅威であり，イギリスの近代化を進めようとする考えからすれば，官僚制の積極的な育成を模倣すべきと考える論者もいた。ただし，イギリスにおける市民社会の成熟化を前提にした官僚制に関する相対的な議論が，イギリスの論者に共通した議論である。

2．官僚制概念の展開

＜ドイツの官僚制論＞

　ドイツの革命家であるヨハン・ゲレスは，1821年に著した『ヨーロッパと革命』という著書で，官僚制は軍隊と類似した文官制度であり，規則・昇進・集団的名誉・集権という原則をもつとした。彼は，組織内部の服従の原理を組織外の臣民にまで強要し，人間の価値が内面性ではなく地位から評価される態度をつくりだして大衆を統合することであると論破した。ゲレスの指摘は官僚制の本質を突くものであり，その議論は現在でも有益である。

　また社会主義者であったカール・ハインツェンは，1845年の『プロイセン官僚制』という著書の中で，官僚制とは単独の官吏が行政を統制する構造（独任制構造）をもち合議制構造と対立するものであるとした。官僚制の精神は傲慢と卑屈さをもち，手段として存在するだけでなく無制限の権力をもつと述べた。

　G・W・F・ヘーゲルは1821年に著した『法の哲学』の中で，国家は市民社会の成員の独自の特殊利益から区別された一般利益の担い手であるとした。官吏が一般利益の限界を超えない2つの要素として，(1)階統制の権威，(2)特殊利益を体現した職能団体・地方団体の独立，をあげている。官僚は正義と無私の感覚が浸透し，近代国家に必要な廉直や知性が集中する中間層の最も重要な部分を構成すると述べている。

　これに対してカール・マルクスは1843年に「ヘーゲル国法論批判」を著し，

ヘーゲルが示した国家が一般利益を代表し，社会が特殊利益を構成するという対立構図を幻想的であると批判した。マルクスは官僚制に否定的であり，官僚たちの特殊利益を正当化するために利用されるとした。ただし，官僚が中間層の主要部分であるとするヘーゲルの主張には賛意を示した。

＜イギリスの官僚制論＞

このような国家レベルで議論されたドイツの官僚制論に対して，イギリスの論者は社会のレベルから議論した。J・S・ミルは 1859 年に著した『自由論』という著書の中で，政府が多くの機能を遂行するようになれば多くの終身職を雇用することになり，優秀な人材を独占して政府の外に批判的な人間がいなくなると述べている。あらゆることが官僚を通じてなされるところでは，官僚が反対していることを行うことは決してできないというのである。また 1861 年の『代議政治論』という著作では，高い政治的熟練と能力をもつ政治形態は代議制以外に官僚制しかないとして官僚制を評価しながらも，官僚制を民主的な代議機関の統制の下におかなければならないと主張した。

また保守の論客であるウオルター・バジョットは 1867 年に『イギリス憲政論』を著した。彼はその本の中で，事務のルーティンを手段としてではなく目的と考え，国民が役人のためにあると考える官吏の志向性を批判している。また，官吏は権力，人員，仕事の拡大を図ることを自己の任務と考えるとした。このような社会レベルからの思考は，後にハロルド・ラスキの多元的国家論へと結実する。1930 年に刊行された『社会科学百科事典』の中で，官僚制とは政府の統制力が官吏の手中に完全に把握され，その結果その権力が，一般市民の自由を危うくしているような政治形態に通常適用されている用語であるとラスキは断じている。

＜概念の転換＞

イタリアの政治学者であるガエターノ・モスカは 1895 年の『政治学原理』という著書において，従来提示されてきた民主制，貴族制，君主制という統治形

態を封建制と官僚制の2つに類型化すべきと主張した。官僚制の現象を包括的かつ積極的に評価した点は注目すべき点である。彼は崩壊しつつある中産階級の再建を唱え，支配階級の「最良の人」や「高潔な精神を有する人」の動員を期待したのである。

　さらにドイツの社会学者であるロベルト・ミヘルスは，1911年に著した『政党社会学』の中で，彼が参加していた当時の社会民主党（SPD）を積極的に評価しながらも，労働組合や社会主義政党でさえ「寡頭制の鉄則」（少数者の支配）を回避できないとした。労働組合運動では組合員の階層分化が進行し，社会主義政党では党員の階層分化が進行する。少数の指導者が多数の大衆を支配する形態は一般的な傾向として見られるとし，この議論はモスカやパレートと共にエリート論の先駆けとなった。

　このような議論を包括したのが，ウェーバーの議論である。彼は『支配の三類型』の中で，支配者はなぜ被支配者から服従を調達できるのか，支配を正当化する根拠は何か，という命題に応えようとした。支配の正当化原理に着目して，彼は3つの類型を設定した。伝統的支配，カリスマ的支配，合法的支配の3類型である。もちろん，これは理念型としての理想的な類型であるので，現実の政治的支配の組織は3つが相互に交錯した存在となっている。

　第1に，伝統的支配である。そこでは正当性が伝統の神聖さに基づき，いわば威信による支配が実行される。第2の支配形態は，カリスマ的支配である。そこでは正当性が個人的資質や能力に基づき，いわゆる指導力による支配が行われる。第3の形態は，合法的支配である。それは正当性が制定された法規範の秩序の合理性に基づき，法的権限による支配が行われる。この第3の合法的支配が近代官僚制の特質である。

　ウェーバーは近代官僚制の特質を理念型として描こうとしたのであって，それは古代中国のような家産官僚制とは異なることに留意しなければならない。さらにウェーバーの官僚制論を詳しく見ていこう。

3. ウェーバーの官僚制論

<近代における官僚制化>

ウェーバーはヘーゲル，マルクス，モスカ，ミヘルスなどの議論を包括して近代官僚制の積極的評価を強調した点に特質がある。官僚制概念を積極的な評価へ転換させたのである。ミヘルスが強調したように，行政官僚制に限らず，政党，労働組合，教会，企業にまで公私に区分なく官僚制の概念が適用された点が特徴的である。

大衆民主制化と官僚制化は近代における同時進行の近代化特有の現象であり，官僚制が資本主義国だけでなく社会主義国にも存在する点を示したことは重要である。「官僚制は純粋技術的に卓越しており，ある意味において合理的な性格をそなえている」とウェーバーは官僚制の合理的側面を強調している。

官僚制化とはこれらの構造的特質が発展している社会的現象をいう。官僚制化に寄与した条件として，合理的な法的権限，貨幣経済，識字率の低下をあげ，近代においては，どの時代でも，どの組織でも，官僚制が社会全般に見られる現象であることを明らかにした。「脱魔術化」としての合理化の側面を強調したのである。これがウェーバーの唱えた「全般的官僚制化」といわれる近代化仮説である。

<議論の背景>

ウェーバーの議論の背景には，19世紀から20世紀にかけての経済社会の変動が存在した。当時は産業化や都市化の中であり，家内制手工業から機械制工業への転換が行われ，機械制工業での大量生産において科学的管理法などの管理手法の開発が行われていた。社会的分業や専門分化の進展は社会全般的な現象であり，名望家政党から大衆政党への変化により政党システムも近代化していた。公務員制度も変化し，情実任用制・猟官制から資格任用制へという変化は英米でも採用され始めていたのである。

　ウェーバーにおいて，官僚制化は広範な社会的合理化の一側面をなすもので
あった。国家財政と王室財政の区別，公的手段と私的手段の峻別，金銭による
給与の提供，職場生活と家庭生活の分離，産業革命以降のテクノロジーの発達
などがその社会的合理化の典型的な例である。このとき官僚制化は，伝統的な
共同社会行為を合理的に組織された利益社会行為に転換させるための特殊手段
となり，その意味で近代化を促進する有益な戦略であった。

　しかし，それは同時に組織化の手段であったため，生産過程で科学的管理法
のような管理手法が発達し，徹底した分業に基づく労働や画一化された組織生
活が定着するようになると，そのことによって個々の人間的要素が無視され，
人間の尊厳が損なわれることになりかねないという議論も生じた。近代化にお
ける人間疎外を強調する管理社会論がそれである。

＜官僚制の構成要件＞

　ウェーバーによる近代官僚制の構成要件をここでは 12 にまとめておく。

　第 1 は，規則による規律の原則である。場当たり的な恣意性に左右されず，
規則・規律によって決定や行動は条件づけられる。第 2 に，明確な権限の原則
である。権限行使は国民の権利を侵害することになりかねないため，法的根拠
に基づいて行使されなければならない。第 3 に，明確な階統制構造の原則であ
る。階統制という組織形態を積極的に評価し，合議制の組織に優る階統制の組
織形態を優先した。第 4 は，経営・資材の公私分離の原則である。職場の配給
物を家庭に持ち込まず，公の会計と家計とを区別したのである。第 5 に，官職
専有の排除の原則である。公職を開放し，特定の階層や人々で独占しないこと
を意味している。第 6 に，文書主義の原則である。公の事項は記録に残し，誰
でも等しく閲覧できる文書に情報を残すことを徹底した。

　第 7 に，任命制の原則である。これは公選制と反対の意味であり，上司に任
命された人が職務を遂行する形態を意味している。第 8 は，契約制の原則であ
る。これは契約による雇用関係，業務関係を構成することである。第 9 は，資
格任用制の原則である。能力や資格を持つものは誰でも任用の可能性があり，

194

門地・出身・階層によって任用が限定されないことである。社会的な平等性を
確保するとともに，近代の業績主義を達成する手段でもあった。第10に，貨幣
定額俸給制の原則である。貨幣の代わりに現物で支給し，給与を恣意的に減額
できないように身分を保証したものである。第11は，専業制の原則である。官
僚には職務に専念することを求め，原則として公務のみに従事することを求め
ている。第12は，規則ある昇任制の原則である。昇任の機会を平等かつ公正に
確保することを目的としている。

　ウェーバーの官僚制の要件を説明してきたが，産業社会学において，官僚制
化の尺度として用いられた例は，ベンディックスによる測定法が有名である。
図表13-1をみてほしい。彼は『産業における労働と権限』の中で，管理者の権
限を支える理念について国際比較を行った。そして，産業社会における企業の
官僚制化を測定するため，(1)個人事業主と被雇用者の比率，(2)管理職員と生
産労働者との比率，(3)所有経営者と給与所得による企業経営者の比率，という
指標を用いた。その調査結果によると，どの指標をとっても後者の比率が高ま

図表13-1　5ヵ国の各年における管理職員と生産労働者の比率

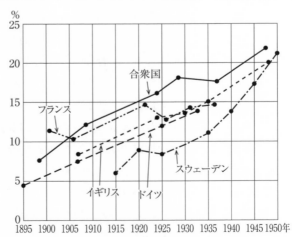

出典：ラインハルト・ベンディックス（1980）『産業における労働
と権限』（大東英祐・鈴木良隆訳）東洋経済新報社，327頁

っており，産業社会の官僚制化は進展していることが明らかにされている。

4．人間社会の合理化

＜官僚制の合理性＞

　前述したように，ウェーバーにとって官僚制化とは，伝統的な共同社会行為を合理的に組織された利益社会行為に転換させるための特殊手段として理解されている。恒常的な規則と規律ある組織行動により予見可能性（予測可能性）が確保され，不安定な要素が排除され，不確実性が吸収される。そのため将来の見通し（計画）を立てることが可能となる。

　こうして官僚制は即物的な事務処理，非人格的な対応，明確な分業，没主観的な目的への奉仕という形式合理性への徹底によって，精確性，迅速性，継続性，伸張性，統一性，経済性，能率性などの特徴が高められ，純技術的に優越した組織形態になるとされたのである。ウェーバーにとって合理性は官僚制化の必然であったが，その議論は複雑である。

　ウェーバーの合理性は形式合理性と実質合理性に区分され，形式合理性が実質合理性を保証しない。一方において形式合理性とは規則の適用を意味し，会計，文書管理，法律の専門知識，法の解釈をさしている。他方において実質合理性とは，法適用による目的実現，裁量的正義として用いられている。

＜合理性と倫理＞

　また合理性を倫理と結びつけて議論し，目的合理性と価値合理性の区分もされている。目的合理性とは，外部化からの期待に応えて設定された目的を達成するために可能な限り最適な条件と手段を講ずることであり，課せられた任務を果たす責任倫理と対応する。また価値合理性とは固有の価値への信仰に方向づけられた行為の合理性である。プロテスタンティズムによる世俗内禁欲が典型である。これは心情倫理と対応する。

　次章で論述する逆機能学派のウェーバー批判は，官僚制化による形式的合理

化の病理的側面を強調するものであった。しかし，彼らの議論は必ずしもウェーバーの議論から大きく外れたものではないし，ウェーバーが官僚制の病理的側面を認識していなかったわけでもない。『プロテスタンティズムの倫理と資本主義の精神』の中でウェーバーが明らかにしたように，近代の合理化は西欧に特有の職業倫理に支えられていたのであり，その倫理的基礎を欠いてしまっては，「精神の伴わない専門人」になってしまう。

＜予見可能性と非人格性＞

　ウェーバーが論じた官僚制論は歴史的要因を第一義としながら，社会の合理化，内部組織の合理化の２つの次元で説明されている。これら合理化の議論で重要なのが，予見可能性と非人格性の意味である。

　官僚制や規則は近代化の中で予見可能性と非人格性を保有することが求められている。近代においては事前の想定が可能な法と行政のシステムであることが重要であり，予見可能であることが行政活動の基本である。また誰が担い手でも誰が対象でも平等に感情なく対応することが求められ，官僚制は非人格性を求められる。公平性は非人間的の裏返しであり，行政活動は規則作成時に常に様々な状況とその対応を非人格的に予見可能性のある条件で想定しておかなければならない。法案作成時に抜け穴がないかどうかなど議論を尽くして論理構成を整えることを「詰める」と霞が関用語では言われる。この予見可能性と非人格性こそ官僚制の合理性の真髄である。

【確認問題】

1. 『自由論』の中で，政府が多くの機能を遂行するようになれば多くの終身職を雇用することになり，優秀な人材を独占して政府の外に批判的な人間がいなくなることが指摘された。

2. 『イギリス憲政論』の中で，事務のルーティンを手段としてではなく目的と考え，国民が役人のためにあると考える官吏の志向性が批判された。

3. 官僚制は純粋技術的に卓越しており，ある意味において合理的な性格を

そなえている，とウェーバーは述べた。

4．民主制，貴族制，君主制という統治形態を封建制と官僚制の 2 つの統治
　形態として類型化すべきとモスカは主張した。

5．労働組合や社会主義政党でさえ「寡頭制の鉄則（少数者の支配）」を回避
　できないとミヘルスは述べた。

【練 習 問 題】
　予見可能性と非人格性の意味を説明しながらウェーバーの官僚制論について
論述しなさい。

【ステップアップ】
マックス・ヴェーバー（1982）「新秩序ドイツの議会と政府：官僚と政党への
　政治的批判」『政治論集 2』（中村貞二ほか訳）みすず書房
　ウェーバーの論考は難解かつ読みにくいものが多いが，「新秩序ドイツの議会
と政府」は初心者へ講読が勧められることの多い論考である。大部ではあるが
比較的読み易く，執筆当時のドイツが置かれた状況が理解できる。官僚制の限
界，官僚制と議会・宰相の関係という普遍的な政治行政のテーマについて論じ
られている。

主な参考文献

M・アルブロウ（1974）『官僚制』（君村昌訳）福村出版

M・ウェーバー（1960）『支配の社会学』（世良晃志郎訳）創文社

マックス・ヴェーバー（1989）『プロテスタンティズムの倫理と資本主義の精神』
　（大塚久雄訳）岩波文庫

R・ベンディックス（1988）『マックス・ウェーバー（上）（下）』（折原浩訳）三一
　書房

ラインハルト・ベンディクス（1980）『産業における労働と権限』（大東英祐・鈴木
　良隆訳）東洋経済新報社

J・S・ミル（2020）『自由論』（関口正司訳）岩波書店

J・S・ミル（2019）『代議制統治論』（関口正司訳）岩波書店

第 14 章　官僚制の機能と構造

　本章の目的は逆機能学派の官僚制論を機能と構造の側面から理解することである。また，組織構造の規定要因として技術と規模に焦点をあて，分化と統合の特色を明らかにする。

1．官僚主義の例

＜画 一 主 義＞

　情実を排し，依怙贔屓を行わず，差別を排除し，平等な取り扱いを行うことは，近代法・近代行政の基本原則である。ただし，これは国民1人ひとりの個別の状況や事情を配慮した「人間的な」行政の実現を約束したのではない。

　伊藤大一が指摘する「依法主義」とは，過度に行政規則へ依存する行政体質を意味している。法治行政は自動販売機のごとき裁量なき行政活動を理想型として設計された。それは既存の秩序を維持する保守的傾向でもあるが，調整や変革のコストとリスクを逓減する方法でもある。それはルーティンによる安定性確保という機構に基づくが，フランスの社会学者クロジェはこのような現象を「自己修正できない官僚制」であると指摘している。

　官僚制が変化しないことを目的とした社会の安定を図る機構であるならば，官僚制のルーティンの制度設計は積極的に理解することもできる。活動レパートリーのプログラム化，手続きの公正確保，業務の標準化による組織運営のコスト軽減がそれである。

　またシャーカンスキーが指摘するように，慣性の政治性にも注視しなければならない。意思決定の安定性や業務の継続性は効率性だけでなく，外部からの政治統制などの他律を排除し行政官僚制の自律的な活動を積極的に選択するこ

とで既得権益を保持する意味があるためである。

＜先例踏襲＞

　何か判断や決定を求められたとき，先例を踏襲することはしばしば組織で行われる。「繁文縟礼 Red Tape」は判例主義のイギリスで過去の判決書類を出し入れするときの官僚行動であり，書類を束ねる赤い紐を解いたり結んだりする煩雑さを示している。

　申請書類の多さに象徴される繁雑な形式主義は，手続きの民主性や合理性の確保のためであり，手続きを確実にする安全装置でもある。たとえば，江戸時代も「例繰方（れいくりかた）」という業務に南と北の２つの江戸の町奉行所においてそれぞれ与力２人と同心４人が就いていた。犯罪の罪状や判決などの判例を調査するためである。過去の判例を継続させて，形式合理的に対応することは一方で保守的な思考性を増長させるが，他方で社会システムの安定性に寄与する。

＜秘密主義＞

　政治家が公開の人であり結果責任を問われるのに対して，行政官は匿名の人であり，結果責任を問われることは少ない。政治家は大衆性を特性とし，行政官は専門性を特性としているが，ウェーバーのいうように，専門知識と執務知識の区別は重要である。医学，法学，林学などの専門知識とは異なり，執務知識は執務上知りえる知識である。特定の行政官のみが知る執務知識は外部の者には窺い知ることはできずに特定の人びとに独占されがちであり，秘密主義の最たる領域となる。

　行政活動は情報公開の例にみるように，原則的に公開性が求められる。また公務に携わる人は性別や人種で偏りがあることは望ましくないという考えが，アファーマティブ・アクション，ポジティブ・アクションとして制度化されている。ただし，個人情報保護など公開しないことが高い公共性を有する場合もあることは了解しておかなければならない。

2．マートンの逆機能論

＜マートンの機能分類＞

　ウェーバーが従来の官僚制概念を逆転させたのに対して，アメリカの社会学者ロバート・マートンは官僚制の順機能ではなく逆機能を強調した。官僚制には顕在機能と潜在機能が存在し，「意図せざる結果」としての逆機能が生じていることを明らかにした。顕在的機能と潜在的機能の機能的な分析がマートン社会学の真髄である。

　1940年に書かれた論文「官僚制の構造とパーソナリティ」においては，官僚制はそれを取り巻く環境条件に適用した順機能をもたらす目的合理的なシステムとして編成されたにもかかわらず，知られざる条件の作用によって，行為者が意図しなかったような逆機能を生み出してしまうことを指摘している。マートンが同調過剰の源泉を官僚制の構造に求めていることは重要である。

　たとえば，規程遵守の処置が過大な関心を導き，臆病，保守性，技術主義を誘発する。競争のなさが自らの利害を擁護し，集団の保全を優先させてしまう。規則万能主義，事なかれ主義，前例主義などの病理が官僚制の構造に帰するというのである。

＜官僚制の機能障害＞

　マートンが指摘した官僚制の機能障害は以下のとおりである。

　第1が，訓練された無能力である。規則を絶対化・神聖化することにより臨機応変に適応できない。規則の趣旨や背景などを考慮しながら規則を創造的に適用できないのである。第2が，最低許容行動である。処罰を免れるために最低限の水準の行動を行う臆病で保守的な姿勢がそれにあたる。「出る杭は打たれる」といわれるが，組織人として最低限の行動をとるものの，リスクを恐れて積極的に判断・行動することは行わない。第3が，顧客の不満足である。顧客のニーズや状況を配慮せず，画一的・非人格的に対応する行動がそれである。

サービスの対象となる人々が置かれている多様な状況を配慮することはない。

　第4は，目標の置換である。規則それ自体の順守が自己目的化し，規則への同調過剰が起きる現象である。規則は特定の目的を実施するための道具であるが，その手段である道具を積極的に適用することは行わない。第5は，個人的成長の否定である。組織の中で自分がどれくらい成長するかが組織成員のモチベーション維持につながる。しかし組織の中の人間を機械の部品のように考え，効率性を追求するため分業と専門分化による組織成員の部品化が実施される。第6は，イノベーションの阻害である。組織内での軋轢・紛争が表面化することを回避し，イノベーションを抑制する。組織の発展も個人の成長も見込めず，良き伝統の継承も難しい。

　なお，図表14-1はマーチとサイモンが示したマートンのモデルである。硬直性や顧客との悶着を個人的行為の防止によって対応し，信頼性が強調されることになることを示している。

図表14-1　単純化したマートンモデル

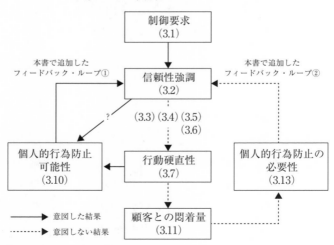

出典：J.Q.マーチ／H.A.サイモン（2014）『オーガニゼーションズ　第2版』
　　　（高橋伸夫訳）ダイヤモンド社，54頁

＜マートンの中範囲の理論＞

　官僚主義を強調したのはマートンとその弟子たちである。いわゆる社会学における逆機能学派といわれるものであり，マートンの弟子たちにはグールドナー，ブラウ，セルズニック，ベンディクスというアメリカ社会学を支えた学者たちが存在する。彼らはパーソンズの一般社会理論に対するアンチテーゼとして，事例研究による中範囲の理論の構築をめざした。ウェーバーによる官僚制の形式合理的・生理的理解を認識していたが，それだけでなく官僚制の病理的機能も指摘した。

　彼らは機能の側面だけでなく，事例研究を通じて官僚制ないし官僚制化の構造的側面も明らかにした点は重要である。また，組織における人間的要素を強調する点は組織理論における人間関係論と共通しており，彼らが研究成果を上げた 1950 年代 1960 年代のアメリカにおいて，組織の人間疎外が強調された背景も存在している。では，どのように官僚制の機能と構造を明示化したのか，逆機能学派の 3 人をとりあげて官僚制の機能と構造の問題を明らかにしていきたい。

3．インフォーマル集団の潜在的機能

＜合理的体系と自生的体系——グールドナー＞

　『産業における官僚制』という著作の中でグールドナーは，官僚制には「合理的体系」と「自生的体系」の両側面が存在することを明らかにしている。この 2 つの相互作用により構造的緊張が生じることを事例研究から示した。

　石膏会社の事例研究から組織内部の規則と規律の形成過程に着目し，3 つの理念型を摘出した。第 1 が懲罰官僚制であり，それは上から一方的に制定され強要される規則に基づく。第 2 が代表官僚制であり，そこでは当事者間の合意に基づく規則により組織管理を行う。第 3 は，疑似官僚制であり，外部機関によって作成された規則が当事者から無視される。

　グールドナーにとって，官僚制化は懲罰官僚制で想定されているような上からの一方的な規則制定によってだけもたらされるのではない。むしろ，自然発

生した予期せざるストライキを契機に，経営者と組合とで合意された取り決め
事項が潜在的な官僚制化を生みだすことになる。

＜官僚制の構造的条件——ブラウ＞

ブラウは『官僚制の動態』という著書で職業安定所と労働基準局の事例調査
を行った。彼は官僚制におけるインフォーマル集団の機能に着目しながら，そ
れらが組織の新しい発展形態の重要な構成要素となることを明らかにした。

凝集性の欠如や社会関係の安定性の欠如は，組織成員の地位の不安定をもた
らし，それはさらに同調過剰の行動を組織に生み出す。さらにその現象は組織
革新の低下や変革への抵抗を生じ，権威に従属するパーソナリティを作り出す
ことになる。これらの結果，官僚制組織の停滞を生み出すことになる。ブラウ
は組織成員間での不平等感を強めないよう安定した社会関係を維持し，社会的
凝集性を高める必要性を主張している。

官僚制の発展には，最低限の雇用の確保，専門家としての職業意識，統合機
能を果たす凝集性，公式組織と非公式集団とのコンフリクトが存在しないこと，
新しいニーズを作り出す組織，の５点が条件として存在するという。ブラウに
とって，官僚制は厳格な均衡状態ではなく柔軟な均衡状態であり，官僚制の動
態はインフォーマル集団の機能に左右されることになる。

＜行政の制度化——セルズニック＞

セルズニックにとって制度とは，組織された集団ないし確立された慣行を意
味し，社会の要求と圧力からなる自然的産物，反応し順応する有機体をさす。
それに対して組織とは，ある仕事をするために考案された合理的装置とされる。
制度化とは道具的役割を期待された組織が環境と相互作用しながら有機体とし
ての性格を強めていく過程である。この制度化には２つの制度化がある。

第１は，内部への制度化である。内部環境の価値を体現しつつ自らの同一性
を確立していく過程を意味する。『組織という武器』という著書の中で，セルズ
ニックはアメリカのボルシェビキ政党（アメリカ共産党）の例をあげている。社

会転覆を浸透させる「目標の全面的な浸透」を行わなければならないが，教育・議会という制度には依存しないという「手段における孤立」での革命の遂行である。その矛盾をいかに解決するかという課題をその組織は保有していた。その鍵は組織的一貫性を保つ同一性と自己イメージの確立という内向化過程であり，それは後の孤立路線の解除や政策転換に寄与したのである。

　第2は，外部への制度化である。外部環境と価値を交換しつつ相互の関係を深めていく過程を意味する。『TVAとグラスルーツ参加』という著作の中で，TVA（テネシー川流域開発公社）が住民参加を促す過程を「包摂（適応的吸収）co-optation」という概念を用いながら明らかにした。地元集団への委任は意思決定に関わらない単なる包摂に過ぎず，草の根参加は世評を調達し連邦政府からの干渉を阻止するための防衛イデオロギーにすぎない。地元農業団体や大学との連携は，政治的利害を反映させ政策上の偏向を促進することになる。

　逆機能学派の研究は，官僚制のミクロ的な機能からマクロ・メゾ的な構造のレベルまで昇華させて実証的な研究を進めた。このような社会学の研究と同時に，官僚制の構造的な研究を進めたのが経営学のコンティンジェンシー理論（条件依存理論）の研究である。

4．組織構造の規定要因

＜組織の技術＞

　組織構造を規定する要因の研究として重要な研究のひとつは，コンティンジェンシー理論（条件依存理論）である。組織の構造を規定する要因として第1に，技術（テクノロジー）があげられる。

　ジョン・ウッドワードは，イギリスにおける製造業100社を調査し，生産技術と組織構造との間に強い関係があることを明らかにした。たとえば，技術の複雑さは，権限階層，統制範囲，管理監督者比率，スタッフ比率，間接労働者に対する直接労働者の比率を増大させる。ここから，大量生産ではピラミッド型の機械的システムが採用され，単品生産や装置生産では有機的システムが採

用されることが明らかにされた。それぞれ環境に適合的な組織システムが採用されたのである。

またチェスター・ペローは，社会精神的な知識技術まで技術の概念を拡張させ，4つの技術類型と適合する組織構造が存在することを示した。ルーティン技術が支配的な組織においては，技術スタッフも監督者も委ねられる裁量は共に少なく，権限は技術スタッフの方が大きい。集団内および集団間の調整は計画的に行われ，集団間の相互依存は低い。ここでは形式的な集権構造が有効となる。次に工学的技術が支配的な組織では，技術スタッフへ権限と裁量が集中し，柔軟性ある集権構造が対応する。特殊ガラス製造などのクラフトでは，技術スタッフの裁量と権限が少なく，逆に監督者の裁量は大きい。そこでは分権的な構造が対応している。非ルーティン技術が支配的な組織においては，技術者も監督者も裁量や権限は大きく，柔軟性ある多頭集権構造が有効とされた。

＜組織の規模＞

組織の構造を規定する要因として第2にあげられるのは，規模である。ピューとアストン大学のグループによるアストン調査においては，専門化，標準化，公式化，集権化，形態特性，伝統主義の6次元が指標として提示されている。活動の構造化，権威の集中，作業のライン統制，支持的要素の大きさの4因子が調査では摘出されている。

ここで専門化とは組織内の分業の程度であり，標準化とは意思決定手続きの規則化の程度を意味している。また公式化とは組織内のコミュニケーションや規則の文書化の程度をさし，集権化とは意思決定が行われる階層の高さである。形態特性とは組織図内の役割構造である。そして伝統主義とは組織における伝統的な慣習への依存度を意味している。

彼らの調査の結果，専門化・標準化・公式化の間に正の相関があり，これら3つと集権化の間に負の相関がみられた。つまり専門化，標準化，公式化のうち，どれかが高まれば他の要素の程度も比例して高まる。そして専門化，標準化，公式化のいずれかが低まれば，集権化の度合いが進展するのである。

　組織の構造を規定する要因として規模が重要であると強調するアストン調査であったが，ホールの調査では分析結果が一致しなかった。各構造次元の関係は確定した形で定式化しているとは言えないのである。ただし，組織の構造が技術や規模に影響されている可能性を示し，その構造次元を具体的な指標を用いて明示化した点は，コンティンジェンシー理論の貢献である。

＜分化と統合＞

　バーンズとストーカーは，イギリスのエレクトロニクス会社 15 社を調査し，2 つの組織類型を発見した。機械的システムと有機的システムの組織類型がそれであり，前者が安定的環境に適し，後者が流動的の環境に適していることが明らかにされている。これは環境に応じた組織の最適構造を提示した貢献があるが，両者の関係については明示化されていなかった。この機械的システムと有機的システムの関係を条件づけたのが，ローレンスとローシュの研究である。

　彼らは組織過程における分化と統合が環境とどのような関係をもつのかを実証した。その結果によると，環境の多様性に比例して分化の程度は高い。ここで分化とは，異なった職能部門の管理者間の認知・感情の志向差異，およびこれら部門間の公式構造の差異を意味する。

　しかし，志向や構造が異なるだけでは，組織が取り組む課業環境への対応はできない。部門間の相互依存を継続的に確保するために，分化の程度が高ければ高いほど，各部門間のより高い協働や統合を必要とする。ここで統合とは，環境の要求する努力の統一を確保するための部門間の協働の質をさしている。環境の多様性が高ければ統合部門の調整機構が必要となり，その影響力が強まる。多様性が低ければ市場に近い部門が影響力を有する。

＜ビューロメトリックス＞

　ローレンスとローシュの研究は，民間企業を直接対象とした調査研究から導き出された命題であるが，分化と統合の機能は行政官僚制にも該当する。たとえば，流動的な環境への対応として頻繁に行政組織を改編することはできないた

め，予算・人事・文書を統括する官房部門の統合機能は民間以上に重要である。官房部門は原課を統制することを通じて間接的に社会を統制しているのである。

　イギリスの行政学者フッドとダンサイアは，このコンティンジェンシー理論に対して批判的であり，彼らの設定した変数で行政構造は説明できないとした。彼らはイギリスの 69 の中央省庁を対象にして，「行政構造（俸給表や等級の数など中央省庁の内部編成）」，「政治的環境（新聞記事数や国会答弁数などの政治的な顕在度）」，「職務環境（歳出に占める人件費比率などの作業・活動の型）」という 3 つの要素について数量分析を行い，1981 年に『ビューロメトリックス』という著書を著した。図表 14-2 は予算や職員数などの指数によって官僚制の顔を示そうとしたものである。

　その著書の中では，法令などによる画一的な枠がはめられている「鉄格子仮説」，中央省庁は持ち株会社に似て監督官庁・調整官庁の特質をもつという「持ち株会社効果説」，民間企業には生産部門がありそれを支援する管理部門があるが，中央省庁はある意味で全てが管理活動であると考えられる「行政管理活動説」が指摘されている。これらの構造は日本の中央省庁にも当てはまることも多く，行政官僚制の構造を説明する仮説として有益である。

図表 14-2　官僚制の平均の顔

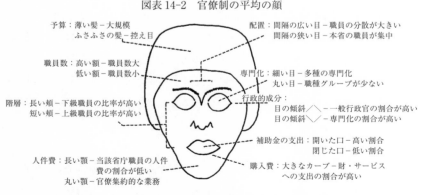

出典：C. フッド／ A. ダンサイア（1986）『ビューロメトリックス』（埼玉大学大学院政策科学研究科ビューロメトリックス研究会訳）行政管理研究センター，187 頁

【確 認 問 題】

1．ブラウは，インフォーマル集団の機能が組織の新しい発展形態の重要な構成要素となることを明らかにした。
2．組織構造を規定する要因として技術（テクノロジー）や規模がある。
3．マートンは，官僚制には顕在機能と潜在機能が存在し，「意図せざる結果」としての逆機能が生じていることを明らかにした。
4．グールドナーは，官僚制には合理的体系と自生的体系の側面があり，2つの相互作用により構造的緊張が生じているとした。
5．セルズニックは，道具的役割を期待された組織が環境と相互作用しながら有機体としての性格を強めている過程として制度化を理解し，内部への制度化と外部への制度化に区別して分析した。

【練 習 問 題】

繁文縟礼という官僚主義の病理は官僚制のどのような構造的特質に基づいているか説明しなさい。

【ステップアップ】

伊藤大一（1980）『現代日本官僚制の分析』東京大学出版会

本書は日本の行政学者による本格的な官僚制研究であり，まさしく官僚制に関する思索の軌跡とでもいうべき本である。組織の官僚行動に関する仮説が提示され，特に内部過程と外部過程との連動についての着想については学ぶべき点が多い。著者はこのあと科研費による産業政策の国際比較研究に取り組み，官僚制研究のみならず産業政策の分野においても大きな成果を残している。

主な参考文献

ハーバード・カウフマン（2015）『官僚はなぜ規制したがるのか：レッド・テープの理由と実態』（今村都南雄訳）勁草書房
A・ゴールドナー（1963）『産業における官僚制』（岡本秀昭ほか訳）ダイヤモンド社

西尾隆（1987）「セルズニックの『制度』理論」『社会科学ジャーナル』第26号(1)

西尾勝・村松岐夫編『講座行政学 第4巻 政策と管理』有斐閣

大森彌（1995）「省庁の組織と定員」西尾勝・村松岐夫編『講座行政学 第4巻 政策と管理』有斐閣

C・フッド/A・ダンサイア（1986）『ビューロメトリックス』（埼玉大学大学院政策科学研究科ビューロメトリックス研究会訳）行政管理研究センター

P・ブラウ（1958）『現代社会の官僚制』（阿利獏二訳）岩波書店

R・マートン（1961）『社会理論と社会構造』（森東吾ほか訳）みすず書房

P・R・ローレンス/J・W・ローシュ（1977）『組織の条件適応理論』（吉田博訳）産業能率大学出版部

コラム⑧　福祉の人・山本茂夫

　山本茂夫さんは，武蔵野市が福祉公社を創設する際に主導的な役割を果たし，それは武蔵野方式として広く知られるようになる。福祉の世界においては伝説の人である。武蔵野市の福祉保健部長や副市長を歴任して市役所を退職し，障がいのある子息とレストランを開設するため調理師免許をとり，「レストランえりか」を開設した。その後，西水元ナーシングホーム（特別養護老人ホーム）の施設長も務めた。『福祉部長　山本茂夫の挑戦』（朝日カルチャーセンター），『新しい老後の創造―武蔵野市福祉公社の挑戦』（ミネルヴァ書房）などの著書もある。

　福祉行政についても「なぜ子供に扶養義務があるのか」と発言して，生活保護の扶養照会へ疑問を呈し，既存の枠組みにとらわれない発想はとてもユニークで貴重である。私自身は武蔵野市の審議会でご一緒した経験があるが，その際に山本さんは3つの福祉団体を統合する提言を行っていた。その中に彼の創設した福祉公社が入っていたのである。創設者が自分の作った団体の統合を提言することに，正直びっくりしたし，その真摯な態度に感動すら覚えた記憶がある。私自身は3つを統合すると巨大団体が市主導で創設されてしまい，自由化の公益法人改革の傾向にそぐわないと考え，障がい者を対象とした団体はそのままとし，社会福祉協議会と福祉公社を統合することを主張した。

　結果的に政治的な判断で市長は統合を行わず，10年後再び私が提言した案と同じ統合案が職員の研究会で浮上し，再検討されている。残念ながら，既存の枠組みにとらわれない発言の原点がどこにあるのか山本さんに訊く機会を失った。今後も山本さんのような優秀な自治体職員が地方自治体に多数出てくることを望んでやまない。

第15章　官僚制の規律と慣性

　本章は稟議書型の意思決定をとりあげ，それが官僚制の規律と慣性を理解するうえで重要な事例であることを示す。組織のミクロ管理について詳細に明示化されている事例は少なく，その積極的な意義を明らかにする。

1．稟議書型の意思決定

＜辻清明の稟議制論＞

　稟議書とは起案から決済に至る文書処理方式で用いる書類であり，起案書，決裁文書，お伺い文書ともいう。従来から日本の稟議書型意思決定は末端の職員が起案し上位者へ回覧され専決権者の決済を得るまでの意思決定方式であると言われてきた。

　辻清明「日本における政策決定過程」（『日本官僚制の研究』所収）の論文では，稟議書による決定方式には，末端職員によるボトムアップの意思決定，形式主義，時間がかかる特徴，能率低下，責任分散，指導力不足，非迅速的な決定などが日本における中央省庁の意思決定と認識されている。

　1960年代後半から1970年代初頭にかけて，中根千絵『タテ社会の人間関係』や土居健郎『甘えの構造』と共に，辻の論文は日本社会の集団構造を理解する文脈から取りあげられることもあった。この論文は日本官僚制の理解に貢献した業績のひとつであるが，近年はその非現実性や文化論的な説明に対する批判も多く，稟議書型意思決定を行政学の教科書で取りあげることが少なくなってきた。

＜井上誠一の批判＞

　農林水産省の官僚，井上誠一による文書，『稟議制批判論についての一考察』はこの稟議書型意思決定の理解に大きな貢献をしたものである。西尾勝の薦めで執筆されたものであり，研究機関の調査研究資料として刊行されたものであるので，今では行政学の研究者でも個人所有している人は少なく，大学図書館や公共図書館でも閲覧することは難しい。

　ただし，その内容は官僚制を理解するために極めて示唆に富むものであり，辻清明の稟議書型意思決定論の再評価を行うのに不可欠な文献である。本章でもこの文献を中心に，稟議書の理解を通じて官僚制の規律と慣性について論じていくことにしたい。図表15-1 を見てほしい。

　井上誠一によると，中央省庁の意思決定すべてが稟議書で決定しているわけではないという。彼によると，辻のいう意思決定方式は稟議書型と非稟議書型に分かれるという。つまり稟議書型意思決定の実際は多様であり，それは順次回覧型決済型と持回り決済型に分かれるという。また，非稟議書型意思決定の割合は大きく，それは文書型と口頭型の意思決定として類型化できる。回議とは担当者が作成した原案を関係者に回して意見を求め，承諾を得ることであり，持回りの会議といってもよい。この回議は行政機関では重要であり，辻の言うように必ずしも時間がかかるわけではないことが指摘されている。

図表15-1　意思決定方式の諸類型

類　型　区　分			具　体　例
稟議書型	順　次　回　覧　決　裁　型		法規裁量型行政処分の決定
	持　回　り　決　裁　型		法令，要綱の制定 便宜裁量型行政処分の決定
非稟議書型	文書型	処理方式特定型	予算の概算要求の決定 国会答弁資料の作成
		処理方式非特定型	生産者米価の政府試算の決定
	口　　頭　　型		会議への出欠席に関する決定

出典：井上誠一（1981）『稟議制批判論についての一考察』行政管理研究センター，10頁

＜辻の議論の再評価＞

　第 1 に，稟議書型意思決定，特に順次回覧型意思決定が中央省庁の意思決定で原則であることの井上の指摘は重要である。辻が示したのは意思決定の理念型であるので，稟議書型意思決定の説明が現実の姿と異なっているという批判は，批判には当たらない。

　第 2 に，稟議書が組織成員へ規律を与え，組織のメンバーであることを再確認するメカニズムであることは重要である。入省 1 年目の職員は国会で大臣が答弁をするため事前に質問をする議員へ質問を伺う議員会館への「質問とり（問とり）」に同行したり，書類作成などの雑務をこなしながら決裁文書の経路を学び，組織の意思決定の構図を理解するのである。

　第 3 に，稟議書における慣性，ルーティンの役割を果たしている意義についても，積極的に評価すべきであり，それが組織の意思決定を安定させることを認識するべきであろう。サイモンは，グレシャムの法則を例にして，組織の決定はルーティンへ回帰しようとする傾向があることを指摘した。

　このように 3 点から辻の議論を再評価すべきと主張してきた。このような点から井上の指摘は辻の議論の全面否定というより，それを新しい視点から再構成していく必要性を説いていると理解すべきであろう。では次に順次回覧型意思決定の構造を説明しよう。

2．順次回覧決裁型の意思決定

＜決済方式の種類と範囲＞

　順次回覧決裁型の決済方式は稟議書型意思決定の原則である。実際には，法規裁量型行政処分の決定や比較的ルーティン化された軽易な事案において採用されている。図表 15-2 を見てほしい。

　起案者は末端の係員であり，その主管課の中では，係員→業務担当の係長→業務担当の課長補佐→法令担当の係員→法令担当の係長→法令担当の課長補佐→総括（筆頭）課長補佐→課長という経路をたどる。法令担当の課長補佐は

214

図表15-2 順次回覧決裁方式における稟議書の流れ

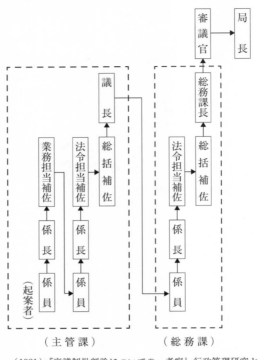

出典：井上誠一（1981）『稟議制批判論についての一考察』行政管理研究センター，15頁

総括課長補佐が担当していることが多い。主管課の課内の決済が終わると，次に主管課から総務課に文書が回覧される。主管課の課長→総務課の法令担当係員→法令担当係長→法令担当の課長補佐→総括（筆頭）課長補佐→総務課長をへて審議官→局長へと回覧され，局長で専決決裁が行われる。

　主管課と総務課の起案文書の回覧はマニュアルに従った回議であり，主管課長から総務課長，審議官を経て局長の決済で終了する。局長が専決決裁権者である。決裁権者とは階統制上最上位に位置する者であり，その者の承認が意思決定を行う上で必要不可欠である。発行名義人が大臣である場合も決済権者は局長となっており，局長による専決処理が行われているのである。

　ここで各局の総務課は局長の補佐組織として機能し，各課間の結節点として局内の調整業務を担当する。主管課は課長を中心として機能する行政機関における基本単位の集団であるが，各主管課を実質的に取り纏めて課を切り盛りしているのは総括の課長補佐（総括補佐，筆頭補佐）となる。

＜起案・回議・決済＞

　この順次回覧決裁型は末端職員による実質的意思決定になる。担当職員による起案が行われ，ルーティンの業務として行われることがほとんどである。回議の意思決定は形式的であり，起案内容の審査は上司である係長や課長補佐が行う以外，末端の担当者は垂直的関係でも水平的関係においても，誰の意見を聞くこともなく起案者の判断で起案することになる。起案内容が重要ではないルーティンの業務であるためでもあり，担当者が信頼されているからでもある。

　回覧を遅れさせない工夫としては，代決の制度がある。代決とは上司に代わって下位の職員が処理することであり，上司が不在の場合に稟議書の進行の停滞を防ぐため，その直下に位置する職員に対して認められた文書管理規則の便法的な処理方式である。局長には総務課長が，課長については総括課長補佐が，代決の権限が与えられている。押印・サインをする個所に代決権者が印判を押捺して朱の色鉛筆で「代」と朱筆するのが一般的である。

　この代決の他に，飛ばし，後伺い，という制度もある。出張などで不在の場合にその不在職員を飛ばして決裁文書を回議し，出張などから戻った後に伺ってハンコをもらうのである。場合によっては，代わりにハンコを押すケースもある。

　この代決の制度は積極的に行われ，意思決定過程を簡略化する意味を持っている。重要な案件ではないからこそ可能な仕組みである。ただし，他の職員や上司が介入できないリスクも生じ，重要ではないルーティンの案件とはいっても社会に対しては影響力のある案件であることは違いなく，担当職員の専断的決定や汚職につながる可能性も否定できない。

＜順次回覧決裁型の特徴＞

　ここで順次回覧決裁型の決裁方式の特徴を４点にまとめておく。

　第１は，起案者と決定権者との間の距離が，時間的・空間的に比較的短いということである。第２は，関係者が個別審議する建前だが，実際には審議はほとんど行われず，当初の起案内容が最終決定となるという点である。第３は，事案処理の実質的責任は起案者と理解され，起案者自身，自分の判断が尊重されるので，当事者もその責任を自覚している点である。第４は，事案の性格上，上位者が指導力を発揮する余地がなく，その必要性もないことである。

　辻が批判した論点は，この順次回覧決裁型の方式に関して該当しない。むしろ順次回覧型が原則になっており，ルーティンの業務として成立させるため，官僚制の局内・省内コミュニケーションがどのように設計されているかを理解することが肝要である。井上誠一の指摘は，官僚制の構造を理解するために重要な指摘である。次に持回り決裁方式について説明したい。

3．持回り決裁型の意思決定

＜決済事案の種類と範囲＞

　持回り決済型の決済方式は，順次回覧決裁型に比べて政策的・政治的により重要な事案について行われている。法令や要綱の制定などの便宜裁量型の行政処分が，典型的な例である。図表15-3をみてほしい。

　持回り決裁型も，主管課の中の経路は順次回覧決裁型と同じである。A局の主管課で起案がされた後，主管課から持回り決裁文書を通じて水平的な調整が行われる。主管課の課長→関連課の課長→関連課の課長→総務課長→審議官→A局局長→B局の関連課長→関連課長→総務課長→審議官→B局局長→C局の関連課長→総務課長→審議官→C局局長という経路である。

　その後，垂直的調整の経路をとる。大臣官房課長（予算案件なら会計課長，人事案件なら秘書（人事）課長）→文書課長→審議官→官房長→事務次官→政務官→副大臣→大臣という経路がそれである。

図表 15-3　持回り決済方式における稟議書の流れ

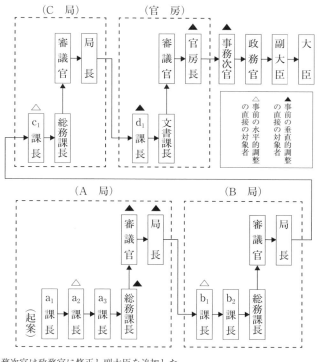

（著者注）政務次官は政務官に修正し副大臣を追加した。
出典：井上誠一（1981）『稟議制批判論についての一考察』行政管理研究センター，19 頁を一部修正

　ここで持回り決裁型の決済権者は大臣であり，他局の課長・局への回議（合議ともいう）を経る。官房長・事務次官の審査が必要な案件は文書課長の決裁を経る必要があり，大臣官房の文書課長の決済が肝となる。この決済方式は稟議書を回議する前の事前の調整過程が重要であり，協議・会議での議論が重要な意思決定となる。水平的調整と垂直的調整が実質的に行われていることになる。

＜意思決定の実質と形式＞

　ここで２つの決定構造が存在していることは重要である。持回り決裁の経路

は，事前の調整という実質的決定過程と起案書の回議という形式的決定過程の
2つから構成されている。

　実質的過程は，上位者の意向を確認して主管課の第1次の原案を作成する過
程である。その後，関係課との水平的調整を経て，総務課や文書課による垂直
的調整が行われる。他局との水平的調整を経て，官房長→事務次官→政務官
→副大臣→大臣という決裁の経路をたどる。

　関係者での事前の意見調整が行われるのは，事案が重要であるためであり，
関係局部課が存在するためである。順次回覧決裁型とは異なり案件の重要度が
増すので，上級職員も事案の存在を十分認識しており，起案者は上級職員へ事
案処理について経過報告（「耳に入れておく」という）をするか，事案の性格に
よっては事前伺い（意向の確認）をするのが一般的である。また関連する局部課と
の事前調整が行われていなければ，起案された稟議書に局長や課長が押印する
ことはない。水平的調整と垂直的調整の意見調整が行われて，初めて稟議書は
作成される。局内で企画課や局長・審議官が調整機能を果たす場合は別として，
総務課が局内の企画調整機能を有する場合は，総務課がこの持回り決裁型の処
理で局内原課の間の調整で果たす役割は大きい。起案課と他局の関連課で調整
がつかなければ総務課同士の局間調整となる。

　形式的過程は，担当職員による「持回り」の回議である。慣行的基準にもと
づいて持回り決裁の方式で起案する場合でも，各局総務課の文書管理係に起案
を申し出て，稟議書の表面右肩部分に持回り文書である旨の表示（ 持回り とい
うゴム印の押捺）を受けなければならない。起案課の職員は直接関係者の席に起
案文書を持参することになる。この方式は機密保持と迅速な処理に貢献し，特
に回議順位の変更，代決，分割決裁，後伺いの制度の積極的な活用は意思決定
の大幅な時間短縮になる。

＜持回り決裁型の特徴＞

　持回り決済型の特徴を以下5点に要約しておく。
　第1は，起案文書の作成に先立って，関係者間で水平的・垂直的意見調整が

行われる点である。この段階で意見の調整がつかなければ，稟議書は作成され
ない。意見の調整がつき，意思決定の大綱的な原案が全関係者の間で合意がつ
いて確定すれば，事務的技術的な作業を経て稟議書が作成される。第2は，上
級職員の意向調査とその意見の反映がされている点である。決裁権者の直下ま
たはそれに準じた上級職員が実質的な決定権を有する者として事案の処理に当
たり指導力を発揮している。

　第3に，担当職員の参加による責任と自覚である。事前の意見調整に加わっ
た職員は自分の意見が反映されていると考える度合いに応じて，参加意識を持
ち，責任を自覚する。第4に，直接の関係者への回議による意見調整が行われ，
事前の意見調整に加わらなかった者にも回議されるべきものとされる。第5に，
事前の意見調整や回議順位の変更や後伺いなどの手続きにとって，時間的距離
は短いものとなっている。

4．日本型意思決定の多様性

＜日本型意思決定の特徴＞

　最後に，中央省庁で行われている意思決定の特徴をまとめておく。図表15-4
をみてほしい。

　第1に，稟議書型意思決定は政策的・政治的に重要な事項か否かによるタイ
プ分けがおこなわれているという点である。重要でない事項は順次回覧決裁型
とされ，順位の低い職員が関与し，簡略的な事務処理方式が採用されている。
第2に，段階的・重層的な意思決定が行われている点である。順次回覧決裁型
であれ持回り決済型であれ，稟議書の前段階での垂直的・水平的な調整が行わ
れている点は重要である。第3に，意見調整の手法は回議での集団的意思決定
である。起案を行う際の課内の議論であれ，課と課の実質的な調整作業であれ，
上司への意向伺いであれ，議論が原則である。上位者はリーダーシップが試さ
れる場であり，下位者は立案や議論の能力が試される場となっている。

　第4は，迅速な意思決定のための非稟議書型意思決定の許容性である。図表

図表 15-4　稟議書型意思決定における二つの意思決定の比較

	順次回覧 決裁型	持回り 決裁型	（参　考） 辻論文による稟議制
意思決定 の内容	事務的 定型的	政策的 非定型的	意思決定 一　般
他の関係課 （総務課を除く。） の有無	原則としてなし （又はごく少数）	原則として多数	多　数
事前の意見 調整の有無	な　し	あ　り	な　し
上級職員 の指導性	指導力を発揮する余地， 必要性，ともになし。	指導力を発揮	指導力の発揮困難 （発揮しなくとも可）
稟議書の 回議の方法	順次回覧	持回り	順次回覧
稟議書の迅速 な処理を行う ための手段， 便法	専決処理 代　決	代決 回議順位の変更 後伺い 分割決裁	な　し
稟議書の決裁 までに要する 時間	比較的短い。	稟議書が作成されれば その決裁までの時間は 極めて短い。 事前調整に時間を要す。	長時間を要す。 （不在者あれば停滞。内 容に不満あれば，故意 に保留（にぎりこみ）す ることあり。）

出典：井上誠一（1981）『稟議制批判論についての一考察』行政管理研究センター，38 頁

15-5 と図表 15-6 を見てほしい。順次回覧決裁型や持回り決済型の稟議書方式のほかに，法案作成，予算編成，国会答弁資料の作成などの意思決定は，中央省庁の中では大きな比重を占めており，稟議書型意思決定とは大きく特質が異なっている。図表 15-1 が示しているように，非稟議書型は文書型と口頭型にわかれ，文書型は予算の概算請求の決定や国会答弁資料の作成などの処理方式特定型，審議会などに提出する政府試算の決定などの処理方式非特定型がある。後者の口頭型としては，会議への出欠席に関する決定がある。

＜稟議書型意思決定の組織基盤＞
　稟議書方式は，組織成員にとって階統制の組織図や規律の形式特性を確認す

図表 15-5　局レベルにおける予算要求原案の決定過程

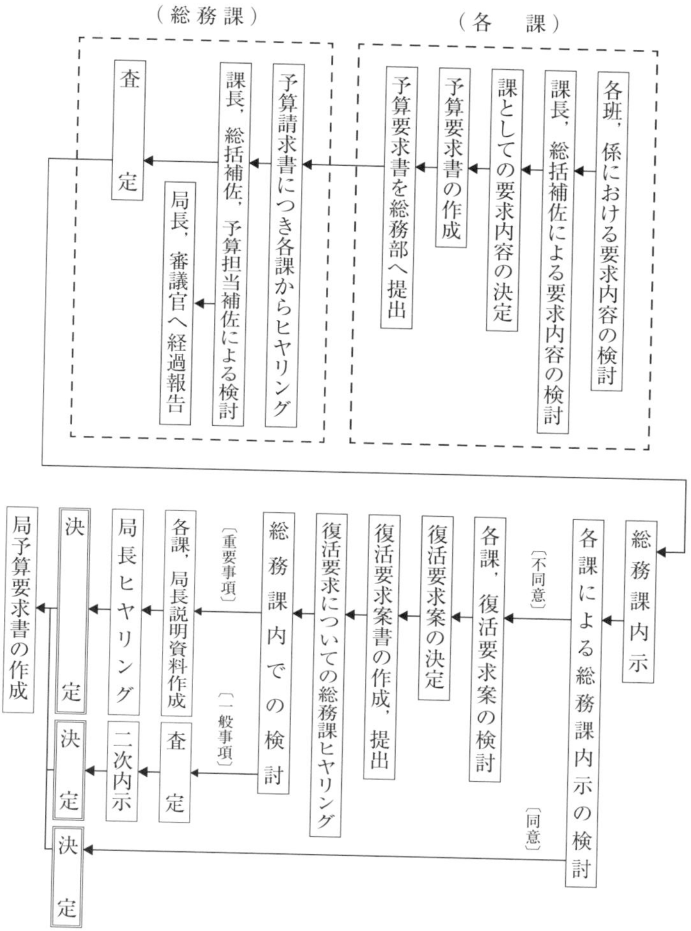

（総務課）　　　　　　　　（各　課）

（総務課）
- 査定
- 課長・総括補佐・予算担当補佐による検討
- 予算請求書につき各課からヒヤリング
- 局長・審議官へ経過報告

（各課）
- 予算要求書を総務部へ提出
- 予算要求書の作成
- 課としての要求内容の決定
- 課長・総括補佐による要求内容の検討
- 各班・係における要求内容の検討

- 局予算要求書の作成
- 決定
- 局長ヒヤリング
- 各課・局長説明資料作成
- 〔重要事項〕
- 総務課内での検討
- 復活要求についての総務課ヒヤリング
- 復活要求案書の作成・提出
- 復活要求案の決定
- 各課・復活要求案の検討
- 〔不同意〕
- 各課による総務課内示の検討
- 総務課内示
- 〔一般事項〕
- 査定
- 二次内示
- 決定
- 〔同意〕
- 決定

出典：井上誠一（1981）『稟議制批判論についての一考察』行政管理研究センター，43頁

る機会である。稟議書による処理方式は，入省した職員が初めに学ぶコミュニケーション経路であり，どのような案件でどのような課と調整すべきか，上司に事前伺いを行い，意向確認すべき案件なのかどうか，を学ぶ機会である。回

図表15-6　国会答弁資料作成の手順

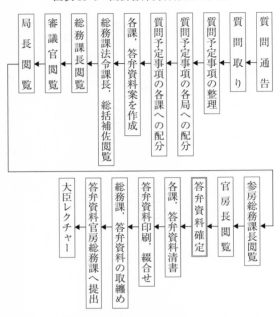

出典：井上誠一（1981）『稟議制批判論についての一考察』行政管理研究センター，43頁

議では議論の能力が問われ，議論のためのデータ収集，論理の構成，説得の技
法などの資質を磨かなければならない。文書の処理方式の背景に，このような
議論の積み重ねが存在することは，認識しておかなければならない。

　このような文書方式によって，日本官僚制における不明確な縦の権限の割り
付け構造を明示化・明確化する効果も存在する。文書の回覧を通じて，縦と横
のコミュニケーション回路が実際化するといってよい。稟議書型意思決定は，
このような官僚制の構造と関連づけながら議論することが重要である。

　ましてや，辻や井上の議論を通じて，組織資源を配分・調達・管理する官房
組織の重要性が再認識された。調整における総務課の役割はもちろんのこと，
人事案件では秘書課が，会計案件では会計課が関係してくる。

＜規律と慣性＞

現在，稟議書では意思決定はしていないので行政学では稟議書について取りあげる必要はない，と考える研究者も多く，行政学の教科書では稟議書に関する記述が少なくなっている。しかし稟議書は日本官僚制の構造を理解するための重要な要素である。

意思決定の基本は回議・合議・会議である。しかも稟議書型の意思決定は組織成員への規律であり，行動・判断の慣性の所産である。特に稟議書が組織における判断や決定の証拠となり，各省の局内で総務課が文書管理を中心に調整の活動を行うことを考えれば，稟議書の組織構造に与える影響は大きい。このようなルーティンを前提として官僚制が成立していることの意味は重要である。

ただし，組織タイプは多様であり，省庁によって組織の風土・文化の違いが存在することは認識しておかなければならない。たとえば，文書管理の程度の高低でいえば，文書管理の程度が高い財務省と文書管理の程度が低い経済産業省では，組織の風土・文化は大きく異なる。それは組織の意思決定にも大きく影響することになる。また，総括整理職・分掌職の多い内閣府では調整ポストとしての参事官（課長級）が多く存在するが，他省庁では課長職での組織図が一般的である。このような省庁による職務の配分の違いも，調整業務の多寡によるものである。シャーカンスキーが『ルーティンの政治力学』で指摘するように，ルーティンは官僚制の重要な特徴であり，官僚制が他の組織に対して比較優位にたつ政治的な力学でもある。

最後に指摘しておかなければならないのは，電子決済の促進，ハンコ文化からの脱却である。電子化は文書管理の効率や公開に貢献する可能性が高い。民間企業では当たり前になりつつある電子化やペーパーレスの対応が行政機関でどのように進展するのか。民間企業のような組織合理化は進むのか。行政手続きのオンライン化はどこまで進行するのか。スマート自治体の構想によるペーパーレス化や電子化が職員の業務をどのように変えるのか。この点も注視していかなければならない。

【確 認 問 題】

1．稟議書は組織成員へ規律の効果を持っている。

2．稟議書型意思決定はルーティンへ回帰しようとする組織慣性を示している。

3．順次回覧決裁型の意思決定は法規裁量型行政処分の決定や比較的ルーティン化された軽易な事案において採用されている。

4．持回り決裁型の意思決定では法令や要綱の制定などの便宜裁量型の行政処分が典型である。

5．現実の稟議書型意思決定は必ずしも時間がかかるわけではない。

【練 習 問 題】

稟議制が行政官僚制の中でもつ意義について説明しなさい。

【ステップアップ】

辻清明（1969）『新版　日本官僚制の研究』東京大学出版会

本書は簡潔明瞭な文体で著され，日本の行政学にとって官僚制研究の出発点である。本書に関して評論的であると断じることは簡単であるが，専門分化していない当時の学問状況の中でいかに行政学を確立しようとしていたのかを本書から探ることは重要である。本書における官僚制の論述は理念型としての提示であるので，現実との違いをもって批判しても意味はない。そのため，本書の検討には精査が必要である。

主な参考文献

井上誠一（1981）『稟議制批判論についての一考察』行政管理研究センター

大森彌（2006）『官のシステム』東京大学出版会

城山英明ほか（1999）『中央省庁の政策形成過程』中央大学出版部

田丸大（2000）『法案作成と官僚制』信山社出版

ジェームズ・G・マーチ，ハーバート・A・サイモン（2014）『オーガニゼーションズ：現代組織論の原典　第2版』（高橋伸夫訳）ダイヤモンド社

第16章　官僚制の権力関係

　本章は，官僚制の権力関係に焦点をあて，官僚制の組織間関係や内部組織化の権力構造を明らかにする。ウェーバーが示した明確な権限の原則を超えて官僚制がどのような動態をとるのかを説明し，官僚制の構造条件を明らかにする。

1．官僚制のセクショナリズム

＜部局間の割拠主義＞

　官僚制は政治や社会の意思に従属することを義務づけられた他律的な存在であり，他から影響を受けることを望まない自律的な存在でもある。本章では，官僚制の権力関係を4つの次元に区分してその構図を明らかにする。

　セクショナリズムとは，組織を構成する各部局が全体の利益よりも個別の部門利益に固執し，擁護・拡大のために縄張り争いをおこなう行動様式のことである。割拠主義や縄張り主義ともいう。電気通信をめぐる総務省と経済産業省の対立，地球環境をめぐって高い環境基準にレベル設定する環境省とアメリカとの協調主義を基軸として低いレベルに環境基準を設定する外務省の対立，健康産業をめぐる経済産業省（中小企業行政の所管），厚生労働省（健康維持行政の所管），文部科学省（社会教育行政の所管）の対立がそれである。

　このような部門間の割拠主義は中央省庁の間だけでなく，同じ省庁の部局間でも見られる。政治家の介入により官僚制の政治が生まれるのではなく，行政官僚制それ自体がひとつの政治的アリーナである。このことは地方自治体でも同様である。省庁部局間での共管競合をめぐる対立・紛争は，行政活動が存在する限り，絶えることはない。行政機関は互いに活動が競合し，自分の権力範

囲を拡大させる傾向があるからである。その解決のため総合調整の必要性がし
ばしば唱えられ，調整機能強化，ひいては調整権限の強化へと議論は発展する。

＜明確な権限の原則＞

　ウェーバーの「明確な権限の原則」は，階統制の縦横に権限が明確に配分さ
れているというものである。しかしながら，縦の割付け構造も，横の所管権限
の構造も，明確とはいえない。そのため，関連部局の間で権限をめぐって調整
が必要とされるのである。

　実施権限の場合，その権限の曖昧さは致命的な結果になりかねないため，そ
の執行に当たっては事前に権限が明示されている。たとえば，警察などの作戦
行動で指揮官が死亡した場合，誰が代わりに指揮をとるのか。「警察官の指揮権
及び順位に関する規程」の第4条の「指揮権の代行」には，「指揮官が，死亡そ
の他の事由で欠員となり，又は長期の不在，心身の故障，職務停止，停職，休
職，その他の事故で職務を執ることができない場合には，その部隊における次
級者が指揮官代理となる」とされている。指揮官代理に事故のある場合はさら
にその次級者が指揮官代理となり，総隊総監は指揮官代理を命ずることができ
る，とされている。オペレーションの現場に実施権限が与えられている分野な
らではの権限関係である。

　階統制においては当事者間の共通の上司において調整が行われ，その共通の
上司まで架橋を辿らなければならない。ただし，共通の上司に辿り着くまでに
多くの階梯を経なければならず，時間がかかる場合は，事前の了解を得て当事
者間相互が直接交渉をもつ権限を与えられる。これがファヨールの「架橋の原
理」といわれるものである。

＜調整方式の模索＞

　しかし，こうした調整方式にも限界がある。組織編成原理を変えたらどうか
という考えもあるが，調整権限による調整にも限界がある。調整権限による調
整に依存し，企画課や内閣府・内閣官房という調整担当者，調整部局の設置を

行うことで対応することがそれである。そうなると政治的リーダーシップ以外に頼るものはなくなる。それゆえ、ここで発想を逆転させ、紛争・対立・緊張・葛藤・矛盾を病理的現象と認識するのではなく、むしろ積極的に容認したらどうか。

このような発想で議論を展開したのが、経営学者 M・P・フォレットの「建設的なコンフリクト」である。彼女は「建設的コンフリクト」という論文の中で、コンフリクトとは戦いではなく、意見の相違、利害の相違が表面化したものと理解している。コンフリクトを処理する主要な方法は、「抑圧 domination」「妥協 compromise」「統合 integration」の3つである。第1の方法である抑圧は、一方の側が相手を制圧することであるが、長期的には成功しない。その例としてフォレットは第一次世界大戦以来の出来事を例としてあげる。第2の方法である妥協は、我々の論争が大部分この方法で解決されているとフォレットは述べ、労使の団体交渉を例として示している。第3の方法として彼女が示すのが統合である。これは対立の双方を満足させるための新しい解決法であり、対立を解消する方法として最も有効な方法とされる。

建設的コンフリクトの解決土台は「状況の法則」である。それは、支配でもなく妥協でもない統合、命令を出す側と受け取る側との統合を意味する。対立する利害主張が統合され、恣意や専断ではなくその時々の場の全体的状況に最も適した方向を見出し、そのための具体的な支持を状況そのものから汲みとることである。状況の法則により、命令は非人格化されるとともに、同時に再人格化される。両者に了解されたものとなるわけである。

紛争・対立・緊張・矛盾を病理的現象としてではなく積極的に容認する考えは社会学にも存在する。建設的なコンフリクトによる組織の活性化を唱えたのが、社会学者リトワクの「紛争を許容する官僚制モデル」である。一枚岩ではない官僚制は、国民へ様々な政治的経路を提供し、国民による統制可能性を高めることになる。機能の重複を非効率として評価することもできるが、組織理論においてはこれらの現象を「組織スラック organizational slack」と呼ぶ。組織の緩み、ゆとり、たるみ、冗長性とも言えるが、この余剰性は長期的には組

228

織のイノベーションを促進する効果も保有しているので，重複を非効率として断定することは短絡的である。

2．政治と行政

＜官僚制の政策過程＞

F・ロークは『官僚制の権力と政策過程』の中で，官僚制の政策過程の特質として，①階統制に構造化された意思決定，②政治基準とは区分された行政基準，③非公開の意思決定，の3つをあげている。

階統制による政策決定はまず，別々の政策決定でそれぞれお互いに首尾一貫した体系になる傾向を助長する。そして，政策過程における停滞や行き詰まりが比較的少ない。さらに政治的基準と異なる行政的基準を継続して保有している。合理的かつ論理的な判断能力を身につけ，合規性や正確性のほかに，効率性，能率性，有効性，実行可能性などの基準も重視される。また，複雑な問題を解決するために，政策の立案と実施で専門職を必要とせざるを得ない政策領域も拡大している。

またアリソンは，キューバ危機におけるアメリカ連邦政府の対応をモデル化して『決定の本質』を著し，合理的行為者モデル，組織行動モデル（初版では組織過程モデル），政府内政治（官僚政治）モデルとして示した。この研究は異なる理論枠組みを用いて異なる理論的分析の結果が導き出すことが可能であることを示し，政策研究の領域ではスタンダードなものとなっている。

ただし，キューバ危機に関する外交文書など新しい事実が明らかになったこと，新しい分析枠組みとしての理論が登場したこと，実務養成の大学院で使用された教科書である『決定の本質』を改訂する必要があったことを理由にして，初版はアリソンとゼリコウの共著として改訂されている。しかし，『決定の本質』の改訂で3つの理論枠組みに新たな理論を付け加えたため，3つのモデルの違いが認識しにくくなっている。3つのモデルを簡単に紹介しておこう。

第1の合理的行為者モデルとは，意思決定の最適な行動をとるために統率の

とれた合理的な選択が行われるとするものである。第2版では，初版よりもよ
り広く合理的行為者モデルの理論が理解され，モーゲンソーの古典的現実主義，
コヘインの合理的選択理論，シェリングのゲーム論なども含めて合理的行為者
が概念化されている。

　第2の組織行動モデルでは，組織の標準作業手続き，不確実性の吸収，組織
学習，組織文化などの組織行動の所産として意思決定を理解する。組織は拡大
を優先し，機能を制約することが明らかにされている。初版では，サイアート
とマーチの『企業の行動理論』を中心的な枠組みとしていたが，さらにマーチ
やオルソンの組織理論，政治学・社会学・経営学の近年の知見も取り入れてい
る。

　第3の政府内政治（官僚政治）モデルでは，行為者間の政治的な交渉や過程の
所産として意思決定を把握する。第2版では，近年の公共政策の研究蓄積を取
り入れて，本人が代理人を統率できないエージェンシー問題や課題設定の問題
やフレーミング（ものの見方）の課題も論じている。

＜政治家と行政官＞

　行政官僚制における政策決定は，何よりまして階統制の頂点に位置する政治
的任用者とその下にいる終身職行政官との間の相互作用から構成されている。
一般的に政治家が大衆の選好を反映させるために，代表・同質・党派という価
値を重視するのに対して，行政官は特殊の知識・技能を保有して永続・専門・
中立の役割を果たすものと観念される。政治と行政の分離は近代民主制の基本
原則であった。しかし行政国家はこの構図を複雑化させた。

　このように，終身任用者の方が職務の継続性や精通性の点で政治任用者より
もある程度有利であるが，政治任用者もその権力源を有効に活用することがで
きる。政治任用者はその職分を正統性権威の主要源泉とする階統制の統率者で
ある。さらに政治任用者は統治過程における大衆統制の象徴でもある。H・ラ
スキがいうように，行政は政治の侍女にすぎない。政権が一定期間継続して維
持されると，大臣・副大臣・政務官などの政治任用者による統制が官僚制全体

に浸透しうる。

　村松岐夫は 1981 年に著した『戦後日本の官僚制』の中で，日本が官僚制優位であるとの辻清明の説明を批判し，官僚制に対して政党が優位の状態にあることを説明した。ただし，それぞれ置かれた時代状況によって説明は大きく異なる。辻の説明が戦後間もない時期を対象としたものであるのに対して，村松の説明は自由民主党の長期政権の時期の説明である。そして現在では連立政権の下で党から内閣・官邸へ権力が移行しており，村松の説明も十分ではない。

　はたして，政治家と行政官の関係は統制従属の関係なのか。分離共存の関係なのか。指導補佐の関係なのか。その形態は国と時代によって異なるが，政治と行政による一定の緊張関係によって行政官僚制の内部構造がバランスの取れた形態となることは確かであろう。

＜市民と行政＞

　プレスマンとウィルダフスキーの政策実施研究では，アメリカの連邦政府の雇用プログラムが連邦政府の立案レベルと現場の実施レベルとで大きな乖離が生じていることが明らかにされた。この研究は，目的・手段の連鎖構造を条件づけている政策構造の要因を示した貢献がある。政策にはトップダウンの要素だけでなく，ボトムアップの要素も存在することが政策実施研究では実証されている。

　また，ジェンキンス–スミスとサバティアが示した唱道連合の枠組みにおいては，政策サブシステムに特定政策を推進する唱道連合が形成される。それは利益だけでなく信念という規範原理によって連合が形成され，他の連合と相互作用しながら政策が決定される。その相互作用では，政策志向学習が行われ，特定問題の争点化，連合間での分断的討論，政策案の採択という局面が生じるという。

　リプスキーの第一線職員の研究においては，警察官，刑務官，教師，ソーシャルワーカーなど市民と接触することの多い第一線職員の裁量の大きさが強調された。それは裁量的正義を実現する可能性とともに，恣意的権力行使の危険

性も秘めている。この研究では，政策は行政と市民の相互作用から形成される
ものであるとの認識が形成されたのである。

3．専門職主義（プロフェッショナリズム）

＜専門職（プロフェッション）とは＞

　専門職（プロフェッション）とは，石村善助によると，「他に代えがたいもの」
と定義づけられている。この定義は意義深いものであるが，さらに詳しく専門
職（プロフェッション）について考えてみよう。

　専門職（プロフェッション）というと，何となく素人とは異なる，普通の人で
はない，特別の高度な知識や技能を持っており，それに基づいたサービスを提
供する聖なる人びとを意味している。

　石村によると，専門職（プロフェッション）とはキリスト教の奉仕的信念と深
く関係し，奉仕の精神に裏打ちされた，公共心の度合いが高い神父や牧師とい
う聖職者，医師，弁護士を加えた3つが典型的な者とされる。これらの古典的
な職業は，宗教的信念と，それに由来する利他的精神を特徴とする。望んでも
簡単になれるものではない。そうした特徴を備えた典型的なプロフェッション
の人的資源は社会的に希少であり，社会からの威信は極めて大きい。それに準
じた存在を準専門職（セミプロフェッション）と呼ぶ。

＜専門職（プロフェッション）の特徴＞

　専門職（プロフェッション）を他に代えがたいものとして定義づけたが，これ
だけではわかりづらいので，ここでは田尾雅夫に従って5つの特徴に区分して
考えてみよう。

　第1は，専門的な知識や技能という特徴である。3つの専門家を養成するた
めにヨーロッパでは神学部，医学部，法学部という学部が大学に早い時期から
設置された。聖職者の神学，医師の医学，法律家の法学がそれである。専門職
（プロフェッション）はその資格付与の認定を独占的に実施している。この資格付

与をめぐる専門家集団と国家との抗争は，中世ギルドの時代から続いている歴史的問題である。

第2は，自律性である。ここで自律性とは組織の公式な命令連鎖の権限関係から離れて職業上の知識や倫理に従って活動することを意味する。組織の地位に基づく権威から自由であり，ある程度干渉されずに仕事をする。ただし当事者以外の人からは閉鎖的な世界を構成しているとみられるかもしれない。服装，紋章，儀礼，隠語などが多く存在し，外部には自立と自治を強調し，内部構成員には忠誠や結束を促すことになる。

第3は，仕事へのコミットメントである。医者が戦場で敵味方の隔てなく兵士の治療を行い，数百人の死者を出した事件の首謀者であっても弁護士が弁護を引き受けるように，プロフェッションは自らの職業倫理に忠実に生き，仕事それ自体のために働くよう動機づけられている。また，そのような利他的行動を期待される。

第4は，同業者の準拠である。専門職（プロフェッション）は一般事務職と異なり，その帰属意識や準拠意識が組織を志向しているのではなく，組織の外にある同業者集団に準拠していることが多い。社会学者マートンによると，準拠集団とは「人が自分自身を関連づけることによって，自己の態度や判断の形成と変容に影響を受ける集団」と定義づけられている。後述する意思決定の社会化（社会統制）がそれである。

第5は，倫理性である。専門職（プロフェッション）が「聖職」と言われる所以は，それが対象者のプライバシーに関わる問題を取り扱っているからにほかならない。それだけに倫理性が求められる。個人情報について守秘義務が求められるのはそのためであり，聖職者は聖職者らしく，医者は医者らしく，弁護士は弁護士らしく，行動・判断することが期待されているのである。

＜専門職主義（プロフェッショナリズム）の意味＞

専門職主義（プロフェッショナリズム）は意思決定における官僚制権限を弱め，規則への依存を緩和させる。専門職（プロフェッション）に意思決定が左右され

るようになると，意思決定の社会化が促進される。ここにおいて準拠集団に共有された専門知識・倫理感・良心を通じて社会による統制が生まれることになる。

　かつて，行政責任を確保する方法として専門家に期待され，機能的責任論が展開された。しかしこれには専門職集団の専門分化された規律と自律性が社会により統制されることを前提とする。専門家集団の規範が官僚制の命令や指示よりも強い行動指針になりうるのかが問われている。

　アメリカのような労働市場の流動的な社会においては，専門家の倫理や規範に違反した行動をすれば，専門家の労働市場における評価は低まるだろう。しかし日本のような労働市場があまり流動的ではない社会で，専門家の労働市場における評価が大きな意味をもつのかは疑問である。労働市場の流動的な社会での責任論であり，専門職が階統制に組み込まれがちな日本官僚制にはそのまま当てはまらない。

4．専門職と一般職

＜事務官と技官＞

　行政官僚制の次の対立軸は，事務官と技官の対立・紛争である。技官，つまり専門職とは，医師，看護師，栄養士，土木技術者，建築家，林学の専門家，統計専門家，ソーシャルワーカーなどが該当する。

　一般的に事務官は，現実主義的な思考様式や広範な視野を有し，効率のコスト感覚に優れて，妥協・交渉・駆け引きの才覚に長けている。これに対し技官はものの見方が偏狭・狭隘であり，自己の専門領域に視点が限定されやすい。しかしこの特性は逆に，事務官が権限系統や手続きにうるさく，実行可能性を優先する事務屋・帳簿係に陥っているとも評価できる。また土木や農業の例を見てもわかるように，技官と顧客は同質的な専門家の政策コミュニティに共存し，技官の行為が顧客の欲求を充足しようとする応答的行動ともいえよう。専門職と一般事務職の共存は混乱と紛争の原因であるが，行政官僚制の政策形成

で相互補完的な役割を果たしている。

＜官僚制の専門職主義（プロフェッショナリズム）＞

　大規模化する現代の行政組織において，鍵となる意思決定者としての専門職の増大に注目したのが，Ｆ・モシャーであった。1960 年代後半に『民主主義と公共サービス』を著し，アメリカ社会における専門職国家の台頭を指摘している。モシャーによると，アメリカでも政府職員の３分の１が専門職ないし技術職に従事しており，それは民間部門の３倍にあたる。「専門職主義 professionalism」は特定の知識・科学・合理性に依存しており，階統制による統制が困難になるほど自律的な領域を有している。

　この行政官僚制における専門職主義の特色は，第１に，社会的地位を向上させ，専門家としてのイメージを強化したいという願望をもつことである。自己の職務を業務独占としたがり，専門家たちの職業機会を保護しようとする。第２の特色は，政治への嫌悪感が浸透している点である。専門職のルール・報酬・倫理を設定することについての自律性と統制を重視し，常に政治からの統制を回避しようとする。

　しかし近年は政府内の緊張は，管理者との間だけでなく，専門職の相互間でも生じている。専門政策領域の拡大によって，専門家の間で対立と亀裂が生まれ，政策問題に関して党派的に分断される傾向になる。たとえば環境問題において，一方において生態学者は厳しい規制を主張するが，他方においてエネルギー資源開発の専門家は環境保護基準の緩和を唱えている。

＜組織の均衡＞

　個人の目的と組織の目的はどのようにして一致するのか。なぜ個人は組織にとどまったり，組織を支持したりするのか。この組織成員の協働を確保する際に権力関係が生じる。図表 16-1 は組織均衡を示したものである。

　組織の一般職員が組織の意思決定を自ら進んで受け入れるとき，つまりＡの判断・選択をＢが自ら検討することなく導かれるままに行動するときには，Ｂ

はＡの権威を受容している。バーナードはこの権威の受容の範囲を「権威の受容圏・無関心圏」と呼ぶ。なだいなだは『権威と権力』という本の中で権威を「思考の停止」と定義づけている。ただし，権威の行使を有効なものにするためには，制裁による裏づけが必要である。そのため，組織の公式な権限構造は任命，懲戒，免職，勤務評定と密接に関係してくる。

　しかしながら，この権威も個人の受容圏を超えて行使されると，反発や離脱を生み出すことになる。給料，組織における地位，職場における良好な人間関係，昇進の機会などの誘因を充足する限りにおいてのみ，個人は組織に貢献する。誘因が不足すれば，組織への貢献をやめる。組織と個人とは，動機を充足する誘因と組織への貢献との均衡の形で相互作用しているのであり，この均衡の維持に官僚制の権力作用が関わっている。バーナードとサイモンの組織均衡理論は，支配従属という組織観を採用せず，命令への服従に条件づけを行った点で，組織の研究に理論的貢献をしているのである。

　一般的に，組織成員は金銭や報償の形態で誘因を受け取り，これら誘因の代わりとして貢献を組織に提供する。物質的動機づけ，一体化の動機づけ，目的達成の動機づけを充足し，この誘因と貢献の均衡が保たれている場合，組織は均衡している。ここでは逸脱や離脱が起きないのである。たとえば，現業の市役所職員は給与，一定の就業条件という誘因を受け，市役所に対して時間と労力の提供という貢献をしている。さらに幹部に対しては，物質的な動機づけを充足するだけでなく，一体感，帰属感，メンバーシップという非物質的な動機づけの充足も重要である。メンバーであることの誇りから，組織の威信や存続に直接的価値を付与するようになる。

　このような内的均衡だけでなく，議会，政党，利益集団，他の政府機関，公益追求集団，一般大衆という顧客（対象者）に対しては，外的均衡がはかられる。バーナードは組織の顧客（対象者）も組織メンバーとして想定しており，彼の組織概念は一般的な理解よりも広い。

　Ｊ・Ｑ・ウィルソンが組織均衡理論を利益集団分析に適用したように，官僚制をめぐる政治過程にも組織均衡は応用可能である。外的支持者に対する誘因は，

図表16-1　組織均衡モデル

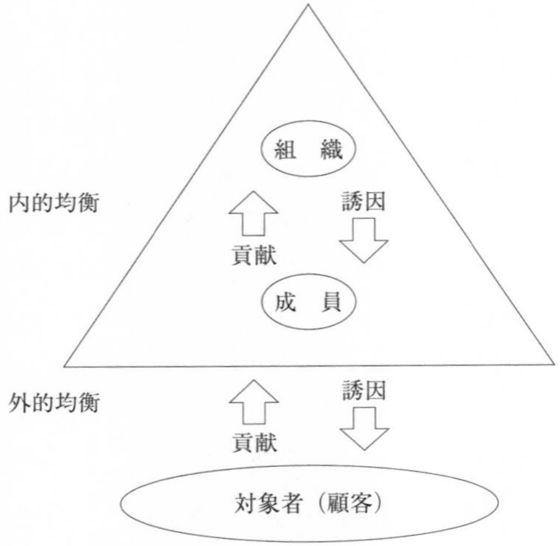

出典：筆者作成

主として官僚制の目標や目的，それから生み出される価値が源泉となっている。民間企業の顧客がその会社の商品に関心を払うのと同様に，行政官僚制の顧客も行政活動のアウトプットに関心を寄せる。そこから得られる満足の代償として，支援や貢献を提供する。適切な誘因の提供を行わないと，行政官僚制は存続のために必要な支持を失い，存続し得なくなる。誘因の提供とそのために必要な資源の調達は，行政官僚制の権力地位を左右する重要な条件である。

【確認問題】

1．Aの判断・選択をBが自ら検討することなく導かれるままに行動する時には，BはAの権威を受容している。これをバーナードは，権威の受容と呼んだ。

2．専門職に意思決定が左右されるようになると，意思決定の社会化が促進される。

3．フォレットは，コンフリクトを解決するために状況の法則に基づく統合

を主張し，これを建設的なコンフリクトと呼んだ。

4．ファヨールは，当事者間の共通の上司において調整が行われるが，時間がかかる場合は事前の了解を得て当事者間相互が直接交渉をもつという「架橋の原理」を唱えた。

5．リプスキーの第一線職員の研究では，政策が行政と市民の相互作用によって形成されるとした。

【練習問題】

　自分が所属している組織の中で自分がどのような内的均衡の状態にあり，その組織がどのような外的均衡の状態にあるのか分析しなさい。

【ステップアップ】

村松岐夫（1981）『戦後日本の官僚制』東洋経済新報社

　行政学，政治過程論，アメリカ政治と幅広く政治学の研究を牽引してきた著者が，日本型多元主義の論者として既存の研究に挑戦した著作である。大らかな気風が著者の持ち味であるが，そこに本書の広がりのある視点を重ね合わせることもできる。本書から対抗仮説を設定して議論を積み重ねていく重要さも学ぶことが可能である。スタンダードな書として現在でも高く評価されるべき著作である。

主な参考文献

グレアム・アリソン，フィリップ・ゼリコウ（2016）『決定の本質　キューバ・ミサイル危機の分析　第2版』Ⅰ・Ⅱ（漆嶋稔訳）日経BP社

石村善助（1969）『現代のプロフェッション』至誠社

伊藤修一郎（2020）『政策実施の組織とガバナンス：広告景観規制をめぐる政策リサーチ』東京大学出版会

今村都南雄（2006）『官庁セクショナリズム』東京大学出版会

F・E・ローク（1981）『官僚制の権力と政策過程』（今村都南雄訳）中央大学出版部

C・I・バーナード（1968）『経営者の役割』（山本安次郎訳）ダイヤモンド社

H・A・サイモン（2009）『経営行動』（桑田耕太郎ほか訳）ダイヤモンド社

238

田尾雅夫（1995）『ヒューマン・サービスの組織』法律文化社

マイケル・リプスキー（1986）『行政サービスのディレンマ』（田尾雅夫訳）木鐸社

真山達志編（2016）『政策実施の理論と実像』ミネルヴァ書房

なだいなだ（1974）『権威と権力』岩波新書

藤田由紀子（2008）『公務員制度と専門性』専修大学出版局

ジェイムズ・Q・ウィルソン（1987）『アメリカ政治組織論』（日高達夫訳）自由国
　民社

コラム⑨　部局セクショナリズム

　東京都の福祉局（現在の福祉保健局）の審議会のメンバーとして，「新宿」（都庁の職員用語で都庁の第一・第二の本庁舎を指す）で打ち合わせをしていた際の出来事である。私が所属していたのは路上生活者の所管をめぐる東京都と特別区の協議を行う審議会であった。打ち合わせをしていた職場にはテレビが設置してあり，都議会の会期中は議会の審議が中継されていた。その都議会の中で労働経済局長が「奥多摩で路上生活者の人たちに森林伐採の作業をおこなってもらう」という発言をしていたのである。福祉局では大騒ぎとなった。まったく寝耳に水の話だったからである。東京都庁は2021年で職員数が17万人を超える巨大機関である。局と局の間にある谷は深く，常にセクショナリズムを改善するための改革が志向されている。

第17章　権限と情報の管理

　本章は，行政資源としての権限と情報に焦点をあて，内部管理における人事と情報の統合メカニズムを理論的に明らかにする。行政資源の調達と運用を説明し，組織研究の知見を用いて日本官僚制のメカニズムに接近する。

1.　組 織 過 程

＜意 思 決 定＞

　サイモンが組織過程を検討する際に鍵概念としたのが「意思決定」という概念である。とくに組織の底辺レベルでは組織の諸問題が凝縮して表出するため，それらの諸問題に関する意思決定とそこへの影響力の過程に注目すべきであるという。

　また，組織を有機体に類推して上級管理者のリーダーシップを強調するのではなく，組織の最終決裁権者の決定を組織決定と同一視することはない。むしろ，個人と組織の目標形成過程を重視する。意思決定を鍵概念として分析枠組みを構成することの積極的意義は，上位者であれ下位者であれ，組織成員をすべて意思決定者と仮定した点である。

　さらに個人をミクロの対象とするにしても，役割や行為ではなく，意思決定の決定前提を分析単位とする。それは事実前提と価値前提の2つに分けることができる。ここで意思決定過程とは，人間と人間の相互作用による決定前提・準拠枠組みの形成過程と，そこから結論を導き出す過程との両方を意味している。

　しかし関連する選択肢，選択の結果，その結果を評価するための情報など，意思決定の環境条件をすべて理解することは，個々の組織成員にとって困難な

240

ことである。つまり個々の人間の認知能力には限界があり，原因・代替案・結
果についての知識をすべて考慮することは不可能である。それゆえ，完全合理
性ではなく限定された合理性の中で願望水準を充足させるように組織活動を遂
行せざるを得ない。問題解決にあたって最適な解を求めるのではなく，実現可
能な選択肢の中で満足がいく選択をする。経済統計学で想定される最適化基準
ではなく，より現実的な満足化基準を適用するのである。

　このサイモンの理論は，理想型の意思決定をめざす合理的選択の理論でもな
く，現実に修正を加味しながら決定するリンドブロムらの現実型の漸変主義（増
分主義）とも異なる。また基本政策の方向を設定する戦略的選択と業務的選択
とを区別して選択することを志向するエティオーニの混合走査法は，組織資源
の有限を考えて影響力の大きい政策を選択して走査法によって現実的で限定的
な選択肢を考える。混合走査法は合理性や増分主義の程度でサイモンとリンド
ブロムの中間的な考え方である。

＜組織影響力＞
　この個人による意思決定上の合理性の限界を克服するために，組織には様々
な影響力の経路が開発されている。コミュニケーション経路，組織の用語，不
確実性の吸収，レパートリーの開発，標準作業手続きによるプログラム化など，
押しつけがましくない組織コントロールの仕組みが存在するのである。

　組織内部の伝達経路は2つ存在する。第1は，公式の経路であり，それは文
書と口頭による。稟議書（起案書）の持ち回りは階統制の経路を通じて行われ，
組織の構造を再認識することになる。会議や合議による意思決定は，指揮命令
の体系以外にも縦横無尽な経路が存在することを示している。第2の経路は，
非公式のものであり，元同僚，同期，出身大学，出身県，出向先等の共通経験
がそれである。人間関係のネットワークは政策形成にも寄与する。たとえば厚
生労働省職員で外務省に出向し在外日本大使館のアタッシェ（一等書記官）を経
験した者は，フランス，ドイツ，イギリス，アメリカ，スウェーデンなどのグ
ループを省内に形成し，各グループは社会保障の政策立案で参照・準拠の源泉

として機能する。

　サイモンの意思決定の理論は意思決定者の心理的側面だけでなく，それを制約する構造的側面にも焦点を当てたため，管理的決定の理論といわれる。

＜組織選択＞

　意思決定の曖昧さ，組織内の緩やかな結びつき，一時的に秩序づけられた決定過程を強調する理論は，マーチやオルセンによって唱えられた。目標・因果関係・参加状況が曖昧で「選択機会」「参加者」「問題」「解」の４つの流れが，それぞれの属性よりも，現れるタイミングによってお互いに結びつき，一時的な意思決定の秩序を生み出すというモデルである。選択機会をゴミ箱に，そして問題と解をゴミに比喩したもので，これをゴミ箱モデルという。

　このモデルは，①個人の認知・選好→②個人の行動→③組織の行動→④環境の反応，という合理的・論理的な因果関係の連鎖は成立しない。たとえば，２つの同じ問題と解（ゴミ）が，異なる選択機会（ゴミ箱）の中で異なる処理を受けることは異常なことではなく，通常の現象である。解が問題の前に提示され，そして行動が選好の前に出現していることもしばしばありうる。タイミング悪く他の処理を行っていて，問題や解を見過ごし，解決を先送りせざるを得ない場合も少なくない。問題の重要性と多さから生じる負担の大きさ，そして問題解決に注ぐことの可能なエネルギーの量は，このゴミ箱の組織過程に強く影響してくる。

　ゴミ箱モデルは，組織における一時的秩序，各要素の偶然的結合，同時に関係している選択機会，文脈，タイミングの重要性を強調する点で，従来の合理的選択理論とは異なる特色を有する。ゴミ箱の組織過程は組織化された無秩序であり，まさに文脈という風向き次第なのである。

　このゴミ箱モデルを保健医療や運輸政策に適用して膨大かつ体系的な事例研究を積み重ねたのがキングダンである。彼は「問題の流れ」「政策の流れ」「政治の流れ」の結びつきを研究し，「政策の窓」が開いたり閉じたりすることを明らかにした。課題設定の重要性を事例研究を通じて示したのである。

2. 権 限

<行政官庁理論と階層構造>

　行政官庁理論とは，最終決裁権者である大臣が管轄する行政機関の専決権限をすべて保有し，それを次々と下位の部下に分割し，命令連鎖の階統制を構成するという行政法理論である。ドイツから移入されたこの法理論の組織観では，終身行政官の絶対的な影響力という現実にもかかわらず，大臣より下位の終身行政官はこの大臣を補佐・補助する事務局にすぎない。行政訴訟で主務大臣が訴訟当事者になるのは，全ての責任を頂点に立つ大臣に帰着させている論理が，法理論の中で前提とされているのである。

　なぜ縦の権限関係は不明確なのか。縦の分業が不明確な理由の第1に，機能の権威よりも地位の権威が重視されているからである。日本の場合，組織成員は地位に対して従順であり，その結果，垂直的機能分担が明確にできない。

　第2に，後述するように，権限関係を通じたコントロールではなく，むしろインセンティブを操作する長期的なランク・ヒエラルキーの構造が日本の特徴だからである。

<最終権威の錯覚>

　経営学者のフォレットは，「最終権威の錯覚」という論文の中で同心円の組織観を前提とした理論を批判した。最終権威とは最上級の地位にある者が一切の権威を包括的に所有している状態をさす。しかし現実の組織では，権威は各職能に内在し，これら複数の権威が組織目標に向かって一致するときに組織の権威が発生する。これをフォレットは複性権威とよぶ。

　このような権威観を発展させて，さらにフォレットは組織における上位と下位の観念を否定し，垂直的組織に代わる水平的組織の観念を主張した。そして機能に基づく権威と地位（職位）にもとづく権威を区別した。恣意的コントロールから事実にもとづくコントロールへの転換，上からの監督コントロールか

図表 17-1　組織における意思決定の領域の概念図

〈責任を念頭に置いた意思決定の領域〉

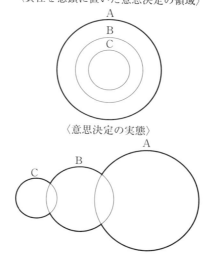

〈意思決定の実態〉

（注）太線内が組織全体の意思決定領域を示す。
出典：増島俊之（1981）『行政管理の視点』良書普及会，70 頁

ら集合コントロールへの転換が実現した時こそ，機能的統一体としての組織が形成されるとした。フォレットは権限体系の同心円モデルを否定し，異心円の権限体系を論じたのである。増島俊之は図表 17-1 において，異心円モデルが現実の行政の姿であることを強調している。

＜行政規則と行政指導＞

　行政の実態は法律の規定だけを見ていても理解できない。なぜなら，行政活動は法律の規定だけに拘束されているわけではないからである。法律の下位規範として，内閣が政令を定め，各省が省令を定め，地方自治体が条例を定め，法律を補完している。ただし法律，政令，省令の法令や条例だけでは十分な指針とはいえないのが現状である。

　そこで法令を解釈するための具体的な基準として通知・通達・事務連絡が作

成される。この行政規則は法律を代替する機能，自治体の条例制定を指示する機能，個別の施策を総合化する機能，利害関係者を調整する機能，予算執行のための機能を果たしてきた。ただし，このような行政規則を参照すれば行政の円滑な運営ができるわけではない。どのような状況でも個人の裁量の余地は残る。法令と行政規則を解釈するために，内翰（内簡：国から地方自治体へ必要事項を伝達するために送付される文書），事務連絡，事例集，内部規程，上司や上級機関の指示に拘束され，権威を受容することになる。

　また，行政処分の前段階では，しばしば行政指導が事前調整として実施される。行政指導とは，行政機関が国民の自発的協力を前提として，一定の行政目的を実現する行為である。文書通告，口頭，事前審査という形で勧告，指導，指示，要望，助言，警告という行政指導が実施される。弾力的な対応やバランスを前提としている点で，行政指導は法に基づかない現実的な事実行為として実施されている。そのために摩擦や管理コストは少なくてすむが，法的救済が受けにくく，官民の優越的関係を前提とする問題点は残る。

3．情　報

＜情報収集単位と企画調査＞

　合理的モデルに従うならば，まず統計情報部門が統計調査を実施し，政策課や企画課など企画調査部門がこれを分析し，対外的・対内的に結果を公表する。国際的な情報に関しては，国際課など国際担当課から在外公館に出向しているアタッシェなどを通じて情報収集につとめる。組織内の意思決定者は特定の意思決定事案に関する複数の選択肢を作成し，その中から最適なものを選択する。すなわち指定統計，承認統計，届出統計の調査統計の徹底した情報収集→調査分析→選択肢の作成→選択という段階を踏んだ政策形成の過程をたどるものと想定されている。

　しかし現実には，このような構図はほとんど存在しない。情報収集に基づいて選択がなされるどころか，その反対のことすらある。選択を正当化するため

に都合の良い情報が収集されることもある。かりに事前の情報収集，調査分析がなされても，センサス（悉皆）調査やサンプル（標本）調査による調査統計と意思決定が結びつかないことも珍しくない。意思決定に役立てるためにそれらがなされた場合でも，日本では選択に際して複数の選択肢が提示されることはあまりない。「エビデンス（根拠）に基づく政策立案（EBPM）」が経済統計や公衆衛生統計などの科学的根拠に基づいて行われることが理想とされるが，それは現実の姿にはなっていない。

　しかも公式・非公式なネットワークによって情報は収集されており，詳細な政策情報まで官房や統計担当部門がすべて把握しているわけではなく，各主管課に業務統計の情報が別々に集積している。情報の分散状況が現実の姿であり，調査統計と業務統計の情報の収集と解析は官房の強固な統制にもとづいた秩序を形成しているわけではない。

＜組織の記憶と部局哲学＞

　行政機関は情報をどのようにして記録するのか。行政機関では個別職務ごとに処理方式がマニュアル化されているとはかぎらず，文書化が個人の勘や能力に依存していることもある。外部へ公開する場合は説明責任を果たすために，そのコストは大きくなる。また，行政機関は記録がさほど文書化されていないだけでなく，系統だって保存されていないこともある。それでも当面する政策問題についての意思決定は行われる。

　それを可能にするのが，組織を基盤とする人的つながりであり，それを支える組織の文化や風土である。そして部局哲学といわれる集団価値の制度化に依存することが大きい。民間組織においても，同一業種の組織間で大きく異なった組織風土の発達がみられるが，行政機関の場合も同様な現象がみられる。省庁によって雰囲気が異なり，省内でも部局によって異なる。県庁や市役所でも同様である。

　部局哲学は組織全体ではなく，それを構成する組織単位内で発達した集団的価値であり，その組織成員は，長期に特定プログラムを継続して遂行すること

でプログラムに埋め込まれた価値を受容し，それと同一化することで組織成員としての一体感をもつようになる。ものの見方，考え方を同じにし，意思決定を継続的に統合・安定させる機能を果たしているのである。

　たとえば，かつての山林局（現在の林野庁）では「保続」というドイツ森林経営技術の原理が制度化し，組織哲学として昇華した。昭和20年代の生活保護は救護法以来の所得保障として厚生官僚に認識され，医療保障として機能している現状を把握することができなかった。ともに慣性としての組織哲学の運用例である。

＜組織のインテリジェンス機能＞

　ルーティンの単純労働を行う工場労働とは異なり，現在の組織では多くの場合が高度な技能と知識が必要となる。大規模で外部環境が複雑になればなるほど，その複雑さに対応できる技能と知識の高度化が要請され，組織の意思決定に役立つ情報の効果的な収集と利用が求められる。これがH・ウィレンスキーの唱えた組織のインテリジェンス機能である。

　彼によると，インテリジェンスの種類と活用法は，①外部環境との相互作用，②組織内部の統一性，③内部行動・外部行動の計画可能性，④組織の構造特性に規定される。行政官僚制のように，階統制が発達し，分業が徹底しており，しかも集権的な構造をもつ組織においては，とくにインテリジェンスの歪曲化や妨害が生じがちとなる。それを防止するために，渉外の専門家，内部伝達の専門家，データ分析の専門家などインテリジェンス機能を果たす専門家の雇用と育成が必要とされる。

　このような専門家を雇用することのほかに，組織のインテリジェンス機能を高める方法は，第1に，メンバーへの研修である。第2は，審議会や研究会への専門家の参加である。第3は，民間委託・専門家の一時雇用によるインテリジェンスの取り込みである。これらの方法を通じて組織へのインテリジェンス機能の蓄積は促進される。

　行政機関が上位下達の世界かというと，そのイメージは実態と大きく異なる。

行政官僚制における会議（ミーティング）の多用は自由闊達な意見交換の風土を養成し，若手職員のOJTの場となり，主管課の政策情報の収集に寄与している。法令審査会は各省の法令を審査する組織であり，主管課の法令係長・課長補佐の一部が併任している。法令審査に携わる職員は，将来を期待された人々である。法令審査を担当する職員は，所属する課の利益を追求するのでなく，全省の見地から意思決定をすることが求められる。法令審査を通じて分散した情報の確認がおこなわれ，法令審査は省庁の統合の場として機能しているのである。

4．情報と人事の双対原理

＜エージェンシーの理論＞

　エージェンシーの理論（プリンシパル・エージェントの理論）とは，組織を本人ないし依頼人と代理人との依頼契約の束と考えるミクロ経済学の理論である。本人の自己目的を達成するための意思決定行為を代理人に委託することで契約関係が成立する。そして，組織成員は連鎖状のインセンティブ契約を通じて階統的に行動する。依頼人は代理人の行動選択をコントロールする必要に迫られる。

　これは，株主と経営者の関係，経営者と一般職員の雇用関係，企業と下請け企業の関係を直接対象としているが，株主を国民，経営者を大臣と言い換えることもできる。この理論によると，契約の連鎖構造の中で代理人は依頼人から権限を調達しているのである。

　このエージェンシーの理論の基本要素は，株主（国民）に源を発したコントロールが階層的に分解されていること，市場に条件づけられたインセンティブ契約，価値の最大化に基づく意思決定，にある。

　青木昌彦はエージェンシーの理論や取引コストの理論は一般化できないと指摘し，協調ゲーム論を展開している。青木は上記の組織型をAモデルとしたうえで，従来の理論では日本の組織を説明できないと論じ，水平的調整を重視するJモデルの適用可能性を主張した。青木が想定したAモデルでの調整は，仕

事の専門分化，階統制を通じた調整，の２つによって構成されている。これに対してＪモデルの特徴は，曖昧な職務区分，水平的調整，の２つである。これを情報と人事という組織モードの双対原理と青木昌彦はいう。これらは直接的に企業を対象とした応用ミクロ経済学で論じられているが，行政官僚制にも類似の構造がみられ，準同型性を有する。

＜ＡモデルとＪモデル＞

　Ａモデルにおいて，仕事の専門化と職務の細分化を重視する慣行の背景には，適材適所で専門的技能を最大限活用することが望ましく，細かい専門的分業と明確な職務の割り当てによって効率を向上させることができる，という信念が存在する。ここにおいて技能は洗練されるが，職務の幅は狭くなる。このような専門家の労働市場を前提として形成された人事制度が，職階制度にほかならない。

　また，枢要な政策決定は専門的で高度な事前知識を持つ各自の機能のトップレベルのオフィスに委ねられる。ここで企画された事前の計画は，階統制を通じて上から下へ分解され，実行組織単位である各部門で実施される。実施中に発した問題はすべて，事前に設定された仕組みに従って遂行される。現場が新しい知識を得たとしても，その利用は上位オフィスの作成する次段階の改革を待たなければならない。この結果，Ａモデルでは調整部門と現場部門が分離している。緊急事態が生じた場合には，監督者の下で専門家が対処する。部門間の調整は共通の上司が行う。Ａモデルの情報機構に関しては，上司－部下を原則とする命令系統の階統制が分業の後の調整方法なのである。

　これに対してＪモデルは，知識の共有に基づく分権化した水平的調整を特徴とする。作業組織間の間で直接交渉が行われ，その方式は定型化していない。公式文書による調整でなく，口頭によるコミュニケーションに基づいている。階統制を通じた権限関係から逸脱して縦横無尽に情報機構が存在し，センターは作業計画の枠組み，職場の問題は自己処理が原則である。問題発見と問題解決は分離せず，現場レベルで統合される傾向にある。現場レベルで集団全体が

知識を学習・修得・共有することで，現場の情報処理能力が高まる。これが大部屋主義といわれた日本の意思決定方式の特徴なのである。

＜人事集中と情報分散＞

　日本の組織では，アメリカの人事制度のように上司による勤務査定の結果，部下の賃金に大きな差が生じるわけではない。むしろ，昇進の経路やスピードに影響してくるのである。行政職員のインセンティブは，この長期にわたる昇進体系の中で構造的に理解しなければならない。ローゼンバウムのトーナメント競争モデルが妥当する。

　日本官僚制の特質は，人事集中と情報分散にある。インセンティブ装置として職位の階層が機能しており，それは遅い選抜公表，熾烈な同期間競争，広範な職務の経験，官房の人事統制に特徴づけられる。情報メカニズムと人事メカニズムという2つの統制方式のうち，日本の場合は人事統制を主として設計されている。情報統制の弱さを人事統制の強さで制度的に補完しており，これを青木昌彦は制度補完性という。

　インセンティブ体系の階統制的特質は，業務調整の非階統制的（水平的）調整を補完し，効率性と統合性を維持している。長期にわたる組織への貢献で査定されているので，下位レベルへ権限を移譲できる。日本の組織は情報の分散・水平的メカニズム，インセンティブの集中・階統制による解決をはかってきた。

　ただし，政治の人事介入はこのようなインセンティブ構造を大きく変えている。短期的に政治への忠誠を誓う上級職員にとって，このような長期的インセンティブの構図は成立しない。また退職者の増加も長期的なインセンティブの構造を変えつつある。日本官僚制も政治と市場の変化の中でその姿を変えようとしている。

【確 認 問 題】
　　1．行政処分の事前調整として行政指導が行われている。
　　2．限定された合理性の中で組織は決定を行っているとサイモンは述べた。

3．日本の組織統制は人事集中と情報分散の仕組みとして理解されている。

4．部局哲学は，組織単位内で発達した集団的価値であり，意思決定を継続
　　的に統合・安定させる機能を果たしている。

5．フォレットは，「最終権威の錯覚」の中で組織が異心円の権限体系から構
　　成されているとした。

【練習問題】

　Aモデルと Jモデルについて説明し，行政官僚制に対する各モデルの成立条
件と適用可能性について論じなさい。

【ステップアップ】

M・P・フォレット（1972）『組織行動の原理』（米田清貴・三戸公訳）未来社

　近年人間関係論は行政学で取りあげられることが少ないが，人的資源の問題
が重要になっている中でこのような対応は適切とはいえない。また人間関係論
は，ギューリックやバーナードにも影響を与え，学説史でも無視できない存在
である。とくにフォレットの論考は分析力が高く，彼女が後に国家論の研究へ
進んだことを考えても，調整，責任，権威などの問題を考えるうえで極めて示
唆に富む。この本をどのように包摂していくかは私たちの力量次第である。

主な参考文献
青木昌彦（1992）『日本経済の制度分析』筑摩書房
青木昌彦（1989）『日本企業の組織と情報』東洋経済新報社
H・L・ウィレンスキー（1972）『組織のインテリジェンス』（市川統洋ほか訳）ダイ
　　ヤモンド社
大森彌（2006）『官のシステム』東京大学出版会
ジョン・キングダン（2017）『アジェンダ・選択肢・公共政策：政策はどのように
　　決まるのか』（笠京子訳）勁草書房
武智秀之（1996）『行政過程の制度分析』中央大学出版部
西尾隆（1988）『日本森林行政史の研究』東京大学出版会
増島俊之（1981）『行政管理の視点』良書普及会

三戸公・榎本世彦（1986）『フォレット』同文舘出版

H・A・サイモン（2009）『経営行動』（桑田耕太郎ほか訳）ダイヤモンド社

J・G・マーチ /J・P・オルセン（1986）『組織におけるあいまいさと決定』（遠田雄
　志訳）有斐閣

J・G・マーチ /J・P・オルセン（1994）『やわらかな制度』（遠田雄志訳）日刊工業
　新聞社

第18章　人的資源の管理

　本章は，人的資源の管理に焦点をあて，組織におけるモチベーションや
リーダーシップの意義を明らかにする。ミクロ的かつ理論的なアプローチ
を用いて，組織における人間的要素の重要性を指摘する。

1．人 的 資 源

<人的資源管理の目的>

　人的資源の管理とは，「選抜」「成果」「評価」「報酬」「開発」から構成され
る。図表18-1のように，人的資源管理はサイクルを形成している。選抜とは職
務の遂行に適切な人材を提供することであり，成果とは組織における目標達成
の所産である。評価とはその成果に基づいて報酬を提供し，昇進・移動などの
人材開発を行うことである。報酬とは賃金，有給休暇，地位の付与，表彰など
のインセンティブを意味する。開発とは，配置・訓練・研修などによるキャリ
ア形成であり，組織での個人の成長といってもよい。人的資源はこれらの目的
を遂行するために管理されている。

　人的資源の管理は，一方において個人にとって成長の基礎となり，自立した
人間を形成する手段である。他方で組織にとっては，組織全体の能率性に貢献
している。また組織の一体性を形成することにも寄与している。能力の高い人
材から構成される組織は，環境の変化にも適応性が高く，自分の能力を高める
ことを期待する優秀な人材を獲得することにも成功する。

　人的資源の管理は，人事等級制度，人事考課制度，賃金制度，研修制度，組
織内のコミュニケーション経路などの設計に影響を与え，組織の能率性と有効
性を高めることに貢献している。ベッカーなどの人的資本論で指摘されている

図表18-1　人的資源管理のサイクル

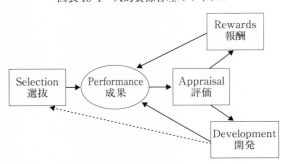

出典：原田・平野（2018）『人的資源管理』放送大学教育振興会，19頁

ように，人への投資は生産性の向上に寄与することになる。

＜人的資源管理の方法＞

　ここでは人的資源の管理の方法として，選抜，報酬，キャリア開発の３つについて概説しておく。

　第１の人的資源管理の方法は，選抜である。外部から即戦力を調達するにせよ，内部で専門家を養成するにせよ，行政組織は外部から常に労働力を調達しなければならない。その方法は，一括的に採用人事を行う方法と中途採用や任期付採用を行う方法がある。日本は４月の一括採用を行うことが原則であるが，近年は経験者を中途採用したり，専門家を任期付で採用することも増えてきた。

　採用試験は筆記と面接が一般的であり，筆記試験は教養科目，専門科目，教養と専門の論述科目によって構成される。近年は民間と公務員の人材獲得競争，公務員でも国と地方の人材獲得競争が激しくなり，筆記試験のハードルが下がり，筆記試験では専門試験のハードルが下がっている。これは人材獲得競争で比較優位に立つため競争相手の試験に同調する傾向が出ているからである。

　また公務員試験は，限られた専門科目の理解を深く問われる司法試験と，面接を重視されて全人格を問われる企業採用試験との中間的な位置づけとなる。

司法試験と異なり公務員試験は，教養科目と専門科目の約30科目から構成されている。司法試験が100点を取るために深い専門理解を問われる試験であるのに対して，公務員試験は合格点を取るために広い教養・専門の認識を問われる試験である。限られた準備期間の中で，合格を取るために得点可能性を高めるマネジメント能力が受験者に求められている。これは採用されてから職場で必要とされる能力そのものに他ならない。近年は面接でプレゼンテーションやグループ・ディスカッションの能力が問われ，公務員試験は民間企業で求められているコミュニケーション能力がより求められている。

　第2の人的資源管理の方法は，成果や評価に基づく報酬である。日本の場合，アメリカ型の人事考課と異なり，金銭的報酬が直属の上司の査定によって大きく左右されることはない。人事院や人事委員会の定めたルールに基づき，人事等級制度や人事考課制度にのっとって給与は決まる。

　しかし金銭的報酬だけではなく，非金銭的な報酬の提供でインセンティブが管理される。良好な人間関係，希望する職位への配置などの誘因を提供することで組織成員のインセンティブは管理される。自分の能力を試したい，希望する業務の仕事を行いたい，というインセンティブを充足することが，人的資源管理の方法である。この管理方法は終身雇用を前提とし，長期的スパンでインセンティブの構造が形成されていることを前提としている。そのため流動化する労働市場の下ではこの議論は成立しない。

　第3の人的資源管理の方法は，キャリア開発である。人事院公務員研修所が行っている行政研修は，対象と目的によって特性が大きく異なる。新規採用者を対象とした3日間の「合同初任研修」，中核的な要員となると期待される新規採用職員を対象とした5日間の「初任行政研修」，採用3年目の中核職員を対象とした「3年目フォローアップ研修」，課長補佐に昇格して1年目の職員を対象とした「課長補佐級研修」，50歳以下の課長級職員を対象とした「課長級研修」，係員・係長・課長を対象とした5日間の「特別課程」，筆頭課長や審議官を対象とした「幹部行政官セミナー」，課長級以上の職員を対象に年6回程度実施される「行政フォーラム」がある。

　それ以外にも，地方機関の職員を対象とした研修，ハラスメント防止の研修，公務員倫理向上の研修，評価面談能力を向上させる研修，国内国外の大学院へ研究員として派遣させて1～2年の研究を行わせる派遣研修などがある。ただし人事研修機関のキャリア開発は一部の機能に過ぎず，日本の場合，キャリア開発の多くは現場の職務を行いながら，上司や先輩が指導をおこなう教育訓練，いわゆる OJT（on-the-Job training）で実施されている。

＜人的資源管理の意義＞

　このような人的資源の管理は，行政学においてあまり重きを置かれなかった。第1は，ミクロ的かつ実務的であるためである。第2に，後述する人間関係論へのシンパシーがあまりなかったことである。第3に，労働市場が流動的でなく，専門性も他国に比べて低かった日本において，人的資源管理の重要度が認識されなかったからである。

　ただし，労働市場が流動化し，専門職の必要性が高まる中で，人的資源管理について行政学において学ぶ必要性は高い。組織の中で機械的な歯車として活動することに違和感を覚える新入職員は多く，組織の中で自分がどれくらい成長するかを職場選択の重要な基準と考える学生も多くなっている。

　このような人的資源の管理を考える際に，モチベーションをいかに維持するかは最も重要な点である。かつてイギリスの南極探検隊を率いたアーネスト・シャクルトンは，沈没するエンデュアランス号から救命ボートに乗り換える際，重量を減らすためイギリス皇太后からの贈り物，金貨，そして聖書さえも捨てた。しかしハーモニカなどの楽器は持って行くように命じた。遭難した探検隊にとって，楽器は探検隊員のモチベーション維持のために必要不可欠なものと考えたからである。以下，組織成員のモチベーションについて論じることにする。

２．モチベーション

＜２つの組織観＞

　動機づけ・モチベーションとは，やる気や意欲のことを意味する。一般的に組織の研究は２つの組織観に基づいて行われてきた。第１は，組織を職務の体系として考える組織観である。命令連鎖の一元的な指揮命令系統の下で機械のごとく作動する組織をイメージするとよい。第２は，組織を感情の体系として理解するものであり，個々の組織成員の動機づけが積み重なった体系として考えるものである。

　第２の組織観は，個々の人間を媒介として組織は運営されていることを前提として，欲求，パーソナリティ，リーダーシップ，態度，誘因という条件が組織の運営では重要であると考える。人間関係論の研究は，このミクロ的な組織内部の人間行動，つまり組織行動に焦点をあてた点に特徴がある。

　本章では，この研究のひとつを動機づけの理論とよぶが，この動機づけの理論は２つの系統に分かれる。第１は，動機づけの内容を重視する内容説である。これは行動を動機づける個人要因・環境要因という内容・実体の解明を目的とする。第２は，動機づけの過程を重視する過程説である。この研究は動機づけが生じる心理学的メカニズム・プロセスの解明を目的とする。次に内容説，特に欲求理論について説明する。

＜内容説──欲求理論＞

　動機づけの内容について検討した研究の代表は，マズローの欲求段階説（欲求階層説）である。これは，組織管理が組織成員の欲求階層への対応として理解できると考える理論である。図表18-2をみてほしい。欲求の段階は，①生理的欲求，②安全の欲求，③社会的な欲求，④承認の欲求，⑤自己実現の欲求，という階梯が想定されている。各段階の欲求がある程度満たされると，その欲求は行動を動機づけなくなり，欲求満足化が段階的に移行する。組織成員の自

図表18-2　マズローの欲求段階説

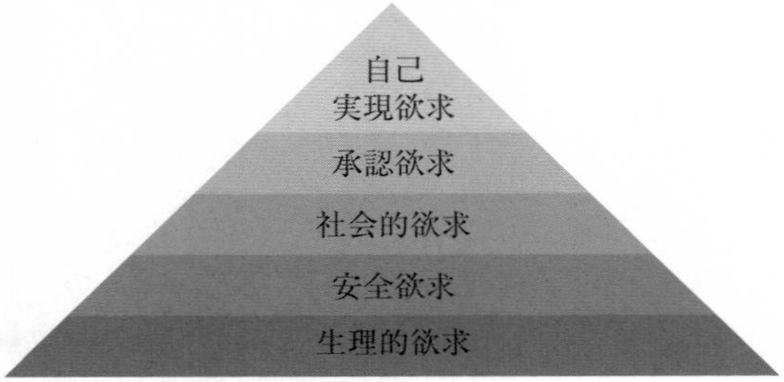

出典：筆者作成

己実現の欲求は，より高い満足レベルの達成を求めて行動することとされている。この欲求段階説（欲求階層説）はキャリアデザインでもしばしば用いられ，組織管理以外にも一般的に広く利用されている考え方である。

　次はマグレガーのY理論である。マクレガーは従来の科学的管理法や古典的組織理論をX理論と呼び，それらが本来的に怠惰な人間像を前提として階層原則に基づく命令・統制の管理を原則としていると主張する。それに対してマクレガーが支持するのがY理論であり，それはマクレガーだけでなく人間関係論の考えに立つ人びとに共通する考え方に基づく。つまり，性善的な人間が個人の自己統制に基づき個人目標と組織目標を統合するという考え方である。管理者の役割は，個人の目標を拡大できるように動機づけを促進し，管理条件を創出することになる。

　マズローにせよマグレガーにせよ，やや理想論であり，実証性に欠ける点は否定できないが，ハーズバーグの二要因説，いわゆる「動機づけ－衛生」理論は，調査に基づく点で他よりも現実性は高い。これはアメリカ・ピッツバーグ州の会計士・技師に対する調査であり，仕事の内外に分けてモチベーションを検討したものである。ハーズバーグによると，動機づけ要因は達成，承認，仕事，責任，昇進，成長という満足を引き出す要因であり，衛生要因は上司・同僚・部下との人間関係，賃金，経営方針，雇用の安定性，職務環境となる。満

足を感じる要因と満足を感じない要因とは別であることが明らかにされ，それを二要因理論とする。

　ただし，課題は残る。満足要因は自己努力・遂行の結果とされ，不満足要因は自己努力とは無関係の環境要因とされる。しかし，2つの要因の概念は区別できず，測定が困難である。客観性にも課題がある。

＜過程説──期待理論＞

　このように，内容説は組織成員に行動を起こさせる人間的・環境要因を説明できる。しかし，なぜ特定の行動を選択するかという過程を説明できない。この点を克服しようとしたのは，期待理論である。期待理論は人間行動の原因，方向，結末という過程に注目し，人間の動機づけが行動の期待と結果から得られる価値で規定されるとする。期待理論のモチベーションとは，職務遂行の努力が報酬をもたらすという期待と，そのような報酬に対する主観的価値となる誘因性の2つの要因が想定されている。

　ポーターとローラーの研究によると，自分がよい成果をあげることができると感じ，そのよい成果が自分にとって価値あるものをもたらすと感じる限りにおいて，よい成果をあげることに動機づけられるとする。この研究は合理的な人間を前提とし，決定要因として主観的認知を強調することに特色がある。努力（effort）をすることが成果・業績（performance）となり，それがさらに報酬（outcome）という形であらわれ，満足に結びつくというフィードバックのループが想定されている。つまり，モチベーションは期待と報酬の有意性との積として考えられ，やればできると考えると，報酬がもらえると予測され，モチベーションが高くなる，という人間の期待を具体的に設計するべきことを明らかにしたのである。ただし，図表18-3のように，期待理論の構造は複雑であり，ポーターとローラーが想定するような多変数間の複雑な関係を特定することは難しい。

図表18-3　ローラーの期待理論

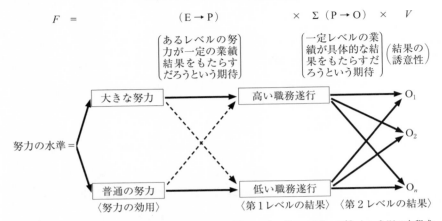

$$F = (E \rightarrow P) \times \Sigma (P \rightarrow O) \times V$$

$\begin{pmatrix}あるレベルの努\\力が一定の業績\\結果をもたらす\\だろうという期待\end{pmatrix}$　$\begin{pmatrix}一定レベルの業\\績が具体的な結\\果をもたらすだ\\ろうという期待\end{pmatrix}$$\begin{pmatrix}結果の\\誘意性\end{pmatrix}$

努力の水準＝

大きな努力　→　高い職務遂行　→　O₁

普通の努力　→　低い職務遂行　→　O₂

〈努力の効用〉　〈第1レベルの結果〉　〈第2レベルの結果〉　Oₙ

(注) ローラーは，上記のモデルの拡張として，$F=\Sigma[(E \rightarrow P) \times \{(P \rightarrow O) \times V\}]$ という別の方程式を提出している。この拡張モデルにおいては，図2-3中点線で示したパス，すなわち「大きな努力→低い職務業績→結果の誘意性」が，実線で示したパスと同時に考慮（加算）される。この場合，点線のパスの期待（確率）は，$[1-(E \rightarrow P)]$——努力しても高い職務業績に失敗する確率——となる。「普通の努力」の場合も考え方は同一である。

出典：西田耕三・若林満・岡田和秀編（1981）『組織の行動科学』有斐閣，48頁

3.　集団の人間関係

＜非公式組織の発見＞

　古典的組織理論など従来の管理研究では作業手続の効率化，疲労の軽減化，制裁のあり方，報酬の決め方に焦点があてられ，効率的な労働環境が検討されてきた。しかし，E・メイヨーとF・レスリスバーガーのホーソン工場実験において，作業条件の変化や組織成員の心理的要因が生産性にどのような影響をおよぼすのかが検討された。その結果，能率向上のためには公式組織の構造の操作よりも，人間関係（モラール）の改善の方が重要であり，それが必要とされた。これは非公式組織の発見といわれる。

　工場で実験対象となった人びとは，自由な雰囲気の中で仕事が行われ，監督者によって高圧的に監視されることはなかった。作業条件の変更も事前に相談

され，行員の反対した変更が強行されることもなかった。働きやすい作業環境が工場の従業員のモチベーションを向上させ，自ら喜んで働く労働環境を形成したのである。

レスリスバーガーは管理上の人間の問題が再定式化されるべきであると主張した。彼らによると，従業員は経済人（economic man）でも機械でもなく，感情をもつ社会的人間である。ここで感情とは忠誠心，誠実さ，連帯感を含む概念であり，感情の体系によって個人は社会集団に結びつけられる。組織が感情の体系であるといわれる所以である。

＜集団の人間関係＞

R・リッカートは，『経営の行動科学』の中で，組織成員の努力を有効に組織化する管理体系の特性をシステム４とよび，支持的関係の原則を確立すること，集団的意思決定や集団的管理方式を採用すること，高い水準の業績目標を設定すること，の３つの方策を講じることが重要であるとした。支持的関係とは，組織成員が相互の間で自己の価値と存在意義を確認できるときに組織成員の間で成立する関係である。

図表18-4のように，各作業集団の管理者たちは上位の集団を編成してそれぞれの作業集団を結びつける「連結ピン」の役割を演じ，組織成員が組織に参加することが望ましいと主張した。連結ピンとは，複数の集団に属して集団と集団を連結する機能のことであり，これによって集団と集団の連結，個人と組織の連結が行われるとした。集団の凝集性，同調性，同一力（一体化による拘束力）を強調し，凝集性の高い集団の運動が自然に生み出す同一力に基づく同僚全員のリーダーシップを組織の中にビルトインした，愛情に基づくコントロールが彼の理想とした組織の管理である。

この考え方は現実の経営へ広く適用されているが，やや文脈の要因を無視しがちであり，個人・集団・組織のコンフリクトに楽観的すぎるという課題も残る。

図表18-4　リッカートの連結ピン

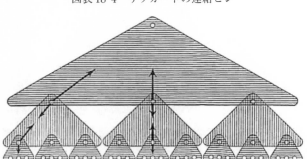

（The arows indeicate the linking pin function）

出典：Rensis Likert（1961）New Patterns of Manegement, McGraw-Hill, p.113

＜人間関係論の貢献＞

　社会学の逆機能学派が人間性の要素を強調したのと同様に，人間関係論も良好な人間関係の重要性を指摘している。非公式組織は組織で大きな比率を占めるものであり，趣味のサークル活動，同期会，同じ出身の地域や大学のグループなど多様な条件から形成される。人間関係のつながりともいえる。これは組織の一般理論にも影響を与え，後にバーナードやサイモンの現代組織理論が古典的組織理論と人間関係論を統合し，組織構造と人間行動とを結びつけた理論構築を行った。

　ただし，非公式組織の存在は公式組織を前提としている。公式組織なしで非公式組織は存在しえない。また，公式組織の決定を非公式組織が覆すことは組織の秩序を乱すことになり，必ずしも合理的な組織運営とはいえない。

　人間関係論の議論は小規模の組織や同質的集団において可能であり，前章で議論したフォレットの状況の法則のような説明力の高い議論も存在する。人間関係論は行政学の中では現在あまり適用されることの少ない議論であるが，その特性を理解して適用対象を限定すれば十分有効な議論である。

4．リーダーシップとその限界

＜リーダーシップとは＞

　ウェーバーが支配の三類型で，伝統的支配，カリスマ的支配，合法的支配の3つをあげたように，カリスマ的な特性によってリーダーシップを発揮することは危機的状況の中でしばしば期待される。伝統的権威による支配や合理的な権限の配置による管理と並び，強い指導力の発揮は社会が求める期待でもある。

　リーダーシップとは目標達成に向けて人びとに影響をおよぼす過程をさす。しばしば指導者のリーダーシップの不在が叫ばれ，個人のパーソナリティ，肉体的特徴，知性，教育，人気が問われることが多い。しかしながら，現実の期待とは異なり，個人のパーソナリティを特定化しようとした特性（資質）理論からは理論的貢献が得られないことが多かった。そのため，リーダーシップ・スタイルに着目した行動理論の展開が管理の研究ですすめられた。本章では，この行動理論に焦点をあてて，リーダーシップの制度条件について説明しておきたい。

＜行動理論の展開＞

　リーダーシップは，タスクと人間関係の2つの次元で測定されることが一般的である。1940年代ミシガン大学の研究グループは，生産志向と従業員志向の2つの次元で高業績部門と低業績部門のリーダー行動の比較を行った。その結果，高業績部門においては働く人びとを大切に扱う従業員志向のリーダー行動が明らかになった。

　また，1960年代オハイオ州立大学の調査研究では，構造づくりと配慮というリーダー行動の2つの要素が重要であることが明らかになった。従業員が従うことを定め，個別問題を支援することや平等な扱いがリーダーシップの条件となる。日本においても，九州大学の三隅二不二が目標達成（パフォーマンス）と集団維持の2つの機能をリーダーシップの条件としたPM理論が有名である。

さらに，フィードラーのコンティンジェンシー理論においては，パーソナリティ（欲求構造）と状況要因の関係を実証研究した。好意的状況と非好意的状況の両極でタスク志向リーダーの成果が高く，中間的状況で人間関係志向リーダーの成果が高いことが明らかにされている。ハーシーとブランチャードが提唱したSL理論においては，状況に対応したリーダーシップが主張された。部下の成熟度を状況要因として調査が行われ，部下の成熟度にあわせてリーダー行動を変えることが明らかにされている。

＜制度的リーダーシップ論＞

　P・セルズニックは，『組織とリーダーシップ』の中でトップ・マネジメントのリーダーシップをステーツマンシップと呼んだ。彼の制度主義の議論によると，組織に価値が注入され，独自の存在を象徴するようになるとき，その組織を制度という。制度化のリーダーシップでは，①制度の使命と役割の定義，②制度における目的の具体化，③制度の一貫性の維持，④組織内コンフリクトの処理，という機能を果たしているという。

　一般的にリーダーシップにおいて，小集団ではパーソナリティ要因に規定され，大集団では状況要因に左右されることが多い。行動理論において指摘されたように，指導者のパーソナリティ要因よりも状況要因が重視され，その状況を変える指導者のリーダーシップが期待されたのである。

　リーダーシップとは，状況に応じて指導力を発揮するだけでなく，逆に状況を変えることでもある。事前に組織環境へ影響を与えたり枠づけたりする必要性もある。これらは短期には成果が上がらないものであり，むしろ長期的視点から実施されなければならないものである。その点でリーダーシップは制度的な保障が必要であり，組織の中で組織成員が指導者へ信頼を寄せること，逆にいえば指導者が組織成員から信頼を長期的に調達することも前提条件となる。

【確認問題】

　1．組織の理解には，職務の体系として理解する方法と感情の体系として理

解する方法の２つがある。

2．マズローの欲求階層（段階）説は組織管理が組織成員の欲求階層への対応として理解する理論である

3．動機づけの期待理論は，人間行動の原因，方向，結末という過程に注目し，人間の動機づけが高度の期待と結果から得られる価値で規定されるとする。

4．ホーソン工場の実験では能率向上には人間関係の改善が重要であるとした。

5．リーダーシップの研究ではパーソナリティ要因と状況要因とが検討されている。

【練 習 問 題】

　ある省庁の Y 大臣が，「指示に従わない職員は人事異動させる」と発言した。この人的資源管理の手法が長期的にみてなぜ効率的ではないのかについて論述しなさい。

【ステップアップ】

C・I・バーナード（1968）『経営者の役割』（山本安次郎ほか訳）ダイヤモンド社

　本書は現代組織理論の出発点となったバーナードの著作である。難解な本であり，三層構造理論の体系性を理解することも容易ではないが，協働体系，権威，公式組織と非公式組織などの概念を見ると，サイモンが議論を発展させる基礎を形成したことがわかる。経営学はバーナードのように実務家出身の人が学問的発展に寄与することが多いが，それは現実を知っているということだけが理由ではない。バーナードの著作は，エールリヒの法社会学やラートブルフの法哲学などの抽象的な議論と具体的な企業経営の問題とを結びつけるセンスに学問的な力が存在することを教えてくれる。

266

主な参考文献

上林憲雄・厨子直之・森田雅也（2018）『経験から学ぶ人的資源管理』有斐閣

大澤豊編（1989）『現代経営学説の系譜』有斐閣

アーネスト・シャクルトン（2003）『エンデュアランス号漂流記』（木村義昌・谷口善也訳）中公文庫

鈴木竜太・服部泰宏（2019）『組織行動』有斐閣

P・セルズニック（1975）『組織とリーダーシップ　新版』（北野利信訳）ダイヤモンド社

西田耕三・若林満・岡田和秀編（1981）『組織の行動科学』有斐閣

原田順子・平野光俊（2018）『人的資源管理』放送大学教育振興会

A・H・マズロー（1987）『人間性の心理学　改訂版』（小口忠彦訳）産業能率大学出版部

エルトン・メイヨー（1967）『新訳　産業文明における人間関係』（村本栄一訳）日本能率協会

R・リッカート（1964）『経営の行動科学』（三隅二不二訳）ダイヤモンド社

コラム⑩　伝説の厚生官僚・荻島國男 ‥‥‥‥‥‥‥‥‥

　荻島國男さんは，厚生官僚として厚生省内で勉強会を主催し，皆から「オギさん」と慕われる存在だった。東京大学法学部に一浪して入学し，一留して卒業したから，他の人よりも年齢は上だったが，昭和 45 年入省組 16 人の中で事務次官レースのトップを走る逸材であった。当時の厚生省の人事は厚生省にとって一番難関な政策課題の職場に最優秀の人材を配置するというものであり，荻島さんも子育て問題が省内の最優先の政策課題になると児童手当課長に就任した。「1 週間で 100 冊の児童関係の本を読んだが，役に立ったのはベッカーの『人的資本論』だけだ」と述べていた記憶がある。配偶者は小学校の先生であり，2 人の子どももいた。都心に住む共働き世帯が恵まれていない境遇にあることは身に染みて実感していたため，選択の自由を拡大するためにも家族を社会的に支援できる児童手当の改正を模索していたのである。

　「現実のことは役人の方が詳しい。学者のするべきことは枠組みの提供だ」「国民のニーズの半分は聞かなければならないが，半分のニーズは聞いてはいけない」という発言もしていた。私が出会った役人の中で最も頭の回転が速く，クールであり，クレバーであり，人情家であり，清廉潔白な人であった。生活衛生局水道環境部計画課長として廃棄物処理法の改正で当時の通産省と切った張ったのタフな交渉をしていたが，胃癌のため 1992 年 4 月に 48 歳で逝去した。当時は自由な発言が省内で許容されており，公的介護保険に向けて盛んに議論が行われていた。近年は優秀な人材が必ずしも国家公務員をめざさない傾向もあるが，優秀な人材が国家公務員を選択したいという状況になるように，私たちも努力していかなければならないと思う。

第19章　制度の選択

　本章は合議制組織としての行政委員会と審議会の役割に焦点をあてる。その歴史的経緯について概観し，合議制組織の改革が執行権強化と専門性・中立性確保の2つの方向性に基づいて行われていることを明らかにする。

1．合議制組織の意義

＜独任制と合議制＞

　独任制組織とは，最終決裁者が頂点にたつ命令連鎖の階統制組織である。一般的には官僚制組織がこれに該当する。この組織形態を採用するメリットは，第1に，最終責任の所在が明確な点である。第2に，指揮命令系統が明確なことである。第3に，意思決定の迅速性と一貫性が存在する点である。また逆にデメリットとしては，第1に，裁量的専断のリスクが生じる可能性がある。第2に，この組織形態の採用で専門性や政治的中立性が欠如する可能性が生じることである。

　これに対して，合議制組織とは，複数の人間の合意による意思決定をおこなう組織のことを意味する。この組織形態を採用するメリットは，第1に，第三者の利益を反映しやすい点である。第2に，専門性や政治的中立性を確保しやすいことである。第3に，慎重な意思決定に寄与することである。逆にデメリットとしては，第1に，責任が分散すること，第2に，組織成員の意欲が希薄になる可能性があること，第3に，非効率な組織運営になる可能性があること，第4に，審議を尽くせば尽くすほど費用と時間がかかることである。

＜行政委員会と審議会＞

　行政組織で合議制組織といえるものは，行政委員会と審議会である。図表19 -1をみてほしい。国において行政委員会とは，国家行政組織法第3条，内閣府設置法第49条・第64条にもとづく委員会がそれであり，公正取引委員会，国家公安委員会，中央労働委員会などがそれに該当する。地方自治体においては，地方自治法第180条の5以下の委員会・委員が行政委員会に該当し，教育委員会，選挙管理委員会，公安委員会，収用委員会，農業委員会，地方労働委員会，監査委員がそれにあたる。

　行政委員会は執行機能のほか，規則制定の準立法機能（たとえば公正取引委員会規則），準司法機能（たとえば土地収用裁決，労働審判）をもつ。一般的に3〜15人の委員で構成され，自治体の場合は首長任期より長い場合が多い。大臣や首長による任命または選挙によって委員が選ばれている。

　審議会は国の場合，国家行政組織法第8条に規定される機関であり，地方自治体の場合は，条例や要綱などに基づく行政の補助機関である。審議会は大臣や首長からの諮問を受けて，特定の議題について審議を尽くし，答申を行うことが目的であり，行政機関として決定機能・執行機能を有する行政委員会とは，機能が大きく異なっている。審議会の答申に首長などの行政の長は内容を尊重する義務はあるが，それに従う義務はない。審議会は決定機関ではなく補助機関なのである。行政の遂行したい内容が審議会事務局を通じて答申文書に書きこまれることもあるため，行政の隠れ蓑ではないかと批判されることも多い。審議会委員が各種利益団体から選出されているので，社会利益を実現する職能代表的な組織として存在していることも事実である。

＜合議制組織の現代的意味＞

　執行権の強化の視点からすれば，行政委員会や審議会は阻害要因でしかないのかもしれない。階統制組織による意思決定を推進することを志向するならば，行政委員会や審議会は整理統合した方がよいという考え方もある。しかし現実の傾向は，執行権強化による委員会廃止の傾向と，専門性・中立性確保のため

図表 19-1　国と地方自治体の行政委員会と審議会の例

◎国に設置される行政委員会と審議会の例

○国家公務員法 3 条に基づき内閣に設置されるもの
　　人事院（人事官会議）
○内閣府設置法第 49 条・64 条に基づき内閣府に設置されるもの
　　公正取引委員会，国家公安委員会（大臣委員会），個人情報保護委員会，カジノ
　　管理委員会
○国家行政組織法第 3 条に基づき各省庁に設置されるもの（三条委員会）
　　公害等調整委員会（総務省），公安審査委員会（法務省），中央労働委員会（厚生
　　労働省），運輸安全委員会（航空・鉄道事故調査委員会と海難審判庁船舶事故調
　　査部門を統合・国土交通省），原子力規制委員会（環境省）
○国家行政組織法第 8 条に基づく委員会，調査審議，不服審査などを行う（八条委員会）
　　消費者委員会（内閣府），食品安全委員会（内閣府），証券取引等監視委員会（内
　　閣府），社会保障審議会（厚生労働省），厚生科学審議会（厚生労働省），薬事・
　　食品衛生審議会（厚生労働省）
※廃止された委員会
　　電波監理委員会，金融再生委員会，司法試験管理委員会，船員労働委員会

◎地方自治体に設置される行政委員会の例
都道府県に必置
　教育委員会，選挙管理委員会，人事委員会又は公平委員会，監査委員，公安委員会，
　労働委員会，収用委員会，海区漁業調整委員会，内水面漁場管理委員会
市町村に設置
　教育委員会，選挙管理委員会，人事委員会又は公平委員会，監査委員，農業委員会，
　固定資産評価審査委員会

出典：筆者作成

　の委員会設置の方向の双方向の議論が行われているのである。

　　規制改革においては，中央省庁による「業界行政」への批判が行われ，許認
可行政の恣意的裁量への批判が相次いだ。そこではルールによる行政や事後審
査型行政への転換が主張されたのである。原子力規制，カジノ管理，食品安全，
運輸安全の事故調査など委員会や審議会による専門性の確保や中立性の確保の
社会的要請も同時に存在している。

　　また，社会合意の形成を行う統治手段として用いられてきた合議制組織を積

極的に活用し，審議民主主義・熟議民主主義の実現を図ろうとする傾向も存在する。これは国よりもむしろ地方自治体での傾向であるが，政治家や行政官による決定だけでなく，専門家，利益団体，市民による審議会参加の可能性を秘めている。

　さらに近年は行政や司法以外に，紛争を解決する手段が設計されている。代表的な制度がADR（裁判外紛争解決手続）である。医療事故の対応，スポーツ調停，金融紛争の仲介，公害調停，交通事故問題などの紛争処理にADRが積極的に利用されてきている。行政の権力的手法ではなく，裁判の時間のかかる手続きではない制度設計であり，司法型，行政型，民間型のADRが日本においても導入されている。ADRの自主性，迅速性，専門性，実情性が評価され，原発や医療などで事故調査委員会が設置されて注目を浴びている。本章ではADRについて詳細な検討は行わないが，階統制以外の制度選択によって社会問題を解決しようとする傾向は注目に値する。

2．行政委員会

＜起源としての米の独立規制委員会＞

　鵜飼信成によると，行政委員会とは「行政的規制をおこなう権限をもち，多かれ少なかれ一般行政機構から独立した合議制機関」とされている。

　このような行政委員会制度はイギリスやアメリカで多用されてきた。行政官僚制が発達せず，経済社会の諸問題を解決するため行政機関では解決できない準司法的，準立法的な紛争課題を解決するために制度化されてきたのである。特にアメリカの独立規制委員会は，三権分立の機能が厳格な大統領制で採用された統治モデルである。アメリカにおいては，司法機能，立法機能，行政機能が明確に分立している。そのため，行政府で執行機能にあわせて立法機能や司法機能を遂行する場合，行政府から制度的に独立させた組織として，準則を作成する立法機能と裁決を行う司法機能を併せもった行政委員会を創設した。また行政組織の民主化，つまり党派的中立性を図るために行政府から独立させる

必要もあった。

　アメリカの独立規制委員会は，鉄道事業の規制を行う州際通商委員会（ICC）の設立に始まり，連邦通商委員会（FTC），証券取引委員会（SEC），民間航空委員会（CAB），連邦通信委員会（FCC），連邦海運委員会（FMC），連邦電力委員会（FPC）などの行政委員会の制度創設が相次いだのである。

＜日本への導入と変容＞

　日本においては，第二次世界大戦後に GHQ（占領軍総司令部）が行政組織を民主化する目的で，行政委員会を国と地方に設置しようとした。GHQ と日本政府が交渉し，日本政府が判断を加えた結果，独立性をもたない形態の日本型の行政委員会として，23 の行政委員会を設置することになった。国会の関与が少ない点で委員会は包括的権能を与えられ，その形態も各委員会で多様な特性をもっていた。

　その後，内務省などの解体された官庁の後継機関として設置された合議機関としては，国家公安委員会が該当する。経済民主化を目的にアメリカの独立規制委員会をモデルに設置された合議機関としては，証券取引委員会がある。GHQ の明示的指示に基づくことなく日本側が主導して創設された合議機関としては，中央労働委員会がある。

　占領終結後の自由民主党の政党政治の復活により，1952 年に 12 の行政委員会が廃止された。占領終結の逆コースの中で縮小選択である。

　保革対立時代は，議院内閣制の下で内部部局や審議会等の設置を法律事項とする法定主義が徹底し，行政委員会の設置に国会の関与が必要とされた。警察庁を下部機関とする国家公安委員会，審議会に限りなく近い原子力委員会が設置され，国会が設置に関与し，行政委員会の機能が限定的になりながらも，多様な設置が行われた。

　橋本行革による内閣府設置により，一部の行政委員会が内閣府設置法の適用をうけ，より多様な制度選択が行われた。内閣府設置法第 18 条にもとづく「重要政策に関する会議」として，経済財政諮問会議，総合科学技術会議，中央防

災会議，男女共同参画会議が設置された。内閣府設置法第40条に定める「特別の機関」としては，金融対策会議，高齢社会対策会議，中央交通安全対策会議，消費者保護会議が置かれた。内閣府設置法第49条第1項にもとづく外局としては，内閣府大臣委員会として国家公安委員会，内閣府外局委員会として公正取引委員会の設置がはかられた。内閣府設置法第37条にもとづく「審議会等」としては，原子力委員会，国民生活審議会，地方制度調査会が設けられた。

＜日本型行政委員会の特質＞

以上述べてきたように，行政委員会制度は，GHQの改革を契機に国と地方に導入され，日本型の多様な行政委員会制度へと変容した。その特質を伊藤正次に基づき3つにまとめておく。

第1は，事実上の行政組織制度として機能していることが多い点である。委員会の事務局として官僚制が制度化され，委員会は準司法機能や準立法機能ではなく，執行機能を果たしていることが多い。

第2は，限定的多様性の特徴である。限定的とは行政組織の設置に国会の大幅な関与が存在することであり，包括的な機能から機能が限定されながらも，各委員会の執行・司法・立法の機能が多様で非画一的であった。

第3は，行政組織の法定主義が変革を抑制する方向に作用する点である。自由民主党や内閣は行政委員会を設置するインセンティブに欠けた。内閣法制局，行政管理庁・総務庁は組織運営で体系性・統一性を指向し，制度的多様性を拡大することに貢献しなかった。

3. 審 議 会

＜審議会とは何か＞

次に審議会の機能について検討してみよう。

審議会の役割は，民意の反映，利害調整，専門知識の確保，国民の直接的参加（行政の民主化）にある。審議会の委員は，大臣や首長などから任命され，委

員の任期中は特別職の公務員として勤務する。守秘義務や公平中立の態度など公務員が受ける制約や果たすべき義務は他の常勤公務員と同様である。

　たとえば，地方自治体に設置されることの多い行財政審議会は，自治体活動を俯瞰して行財政活動全般を議論し，首長から諮問された事項について具体的に提案する審議機関である。行政委員会と異なり，執行機能を果たすのではなく，あくまで審議をする組織にすぎない。首長は審議会の答申を尊重する義務はあるが遂行する義務はない。首長は審議会の下部機関ではなく，審議会は首長から諮問された事項を議論し，論点を明確にし，問題点を検討し，首長が円滑に執行活動を行うことができるように首長を補助する機能を有している。

＜審議会政治の変化＞

　審議会の機能は第1に，権威づけである。これを「行政の隠れ蓑」であると批判する論者も存在する。学識経験者が所属する審議会において，法律や予算の正当化を行政機関に代わって行う場合，それは行政機関が決定や執行の活動を遂行しやすくするための支援活動として位置づけることができる。

　第2の機能は，利害調整である。労働，社会保障，消費者保護など利害対立が明確な政策分野が存在しており，そこでは労働者と使用者，保険者・供給団体と国民一般，業界と消費者と共に中立委員・公益委員が審議会委員となることが慣例である。図表19-2のように，労働政策審議会では，労働者代表，使用者代表と共に，中立委員として学識経験者が第三者の立場で委員に選出されている。自治体の審議会には商工会や町内会から委員が推薦されることが多いが，それは団体の意思を代表する役割を果たすとともに，事前に意見調整を行う場として審議会が機能しているために他ならない。議会とは異なる意思の媒介・代表として理解され，行政府での利害関係者の事前調整を果たしているのである。

　一般的に権威づけや利害調整として機能している審議会も，1980年代以降，政策決定で大きな役割を果たすことがあった。鈴木善幸内閣における第二次臨時行政調査会がそれである。第一次臨時行政調査会がアイデアに富む報告書を

図表 19-2　第 10 期 労働政策審議会 委員名簿（令和 2 年 9 月 28 日現在）

（公益代表委員）

阿部正浩	中央大学経済学部教授
荒木尚志	東京大学大学院法学政治学研究科教授
奥宮京子	弁護士（田辺総合法律事務所）
小畑史子	京都大学大学院人間・環境学研究科教授
◎鎌田耕一	東洋大学名誉教授
小杉礼子	㈱労働政策研究・研修機構研究顧問
城内博	日本大学理工学部特任教授
内藤恵	慶應義塾大学法学部教授
中窪裕也	一橋大学大学院法学研究科教授
○守島基博	学習院大学経済学部経営学科教授，一橋大学名誉教授

（労働者代表委員）

相原康伸	日本労働組合総連合会事務局長
酒向清	日本化学エネルギー産業労働組合連合会会長
永井幸子	UA ゼンセン常任中央執行委員
中川育江	日本労働組合総連合会宮崎県連合会会長
難波淳介	全日本運輸産業労働組合連合会中央執行委員長
野田三七生	情報産業労働組合連合会中央執行委員長
増田光儀	日本郵政グループ労働組合中央執行委員長
安河内賢弘	JAM 会長
山中しのぶ	全日本電機・電子・情報関連産業労働組合連合会書記次長
山本和代	日本労働組合総連合会副事務局長

（使用者代表委員）

伊藤學人	広島県中小企業団体中央会会長
井上久子	㈱東京個別指導学院取締役副社長
内田高史	東京ガス㈱代表取締役社長
浦野邦子	㈱小松製作所取締役常務執行役員
淡輪敏	三井化学㈱代表取締役会長
冨田哲郎	東日本旅客鉄道㈱取締役会長
中西志保美	アメニティ計画㈱代表取締役
中野奈津美	㈱髙島屋友の会代表取締役社長
椋田哲史	（一社）日本経済団体連合会専務理事
矢口敏和	グローブシップ㈱代表取締役社長

◎＝会長　　○＝会長代理

（五十音順，敬称略）

出典：厚生労働省ホームページ https://www.mhlw.go.jp/content/126000/000718480.pdf
（閲覧日：2020 年 12 月 7 日）

提示したが実行性に欠けていたのに対して，第二次臨時行政調査会はアイデア
に基づき様々な行財政改革を断行した。その後，中曽根康弘内閣では，政策転
換をはかる手法として「臨調」方式の審議会が多用され，執行権強化のために
審議会が実質的な決定の基盤として利用されたのである。さらに議会とは異な
る「媒介領域」としての私的諮問機関が増大したことに注目し，審議会を通じ
た政策決定の拡大としてみることもできる。小泉純一郎内閣における経済財政
諮問会議は，審議会を通じて政策決定をはかる試みとして理解できる。

＜審議会内部の変化＞

　審議会が利害調整や政策決定の場として活用されてきたと述べてきたが，1980
年代以降，合意形成が困難な例もみられるようになった。審議会は一つの答申
を出すのが一般的であるが，委員の間で結論がまとまらず，両論併記が答申の
文書に書かれることも出てきた。また，審議会，委員会，私的懇談会，私的研
究会などの数が増加したため，その統合や大括り化も図られた。中央省庁等改
革推進本部「中央省庁等改革に係る大綱」（平成 11 年 1 月 26 日）において，「審
議会等の整理合理化」の方針が示されたのである。

　数の変化に加えて，構成の変化も見られた。利害集団から代表が選出される
だけでなく，女性委員を一定割合構成することが求められ，地方自治体では公
募委員が委員の一部を構成することが一般的になった。民主党政権において，
社会保障審議会へ薬害の被害にあった当事者を審議会委員として任用したこと
は，極めて画期的な出来事である。登録外国人人口の多い自治体では，外国人
を多文化共生の審議会に加えることもあり，参政権のない住民を審議会に加え
る意味は大きい。性的マイノリティ，当事者，外国人など社会的にはマイノリ
ティに該当する人びとを意思決定の場へ参加させ，多様性を確保することも，
審議会の重要な機能として考えられるようになったのである。

4. 制度の改革と意義

＜執行権の強化＞

　教育委員会とは，都道府県・市町村に設置された合議制組織であり，教育，文化，スポーツ，生涯教育を所管する。月に1～2回開催され，臨時会や非公式の協議会を開催することもある。委員の任期は4年であり，再任可となっている。委員は議会同意のうえ首長が任命する。大津市のいじめ事件を契機に，教育委員会は責任が曖昧で迅速な対応ができないと批判され，内閣府・文部科学省・自由民主党で制度の検討が行われた。

　教育委員会制度が再検討された結果，図表19-3のように，教育長は補助機関・諮問機関に変更するA案，執行機関として残すB案の2つが提示された。当時自由民主党と連立内閣を構成していた公明党は，教育委員会制度を大きく変更することに賛意を示さなかった。そのため，新制度へ移行するも，教育委員会の組織は残し，機能は首長へ一元化する折衷案が採用された。図表19-4の旧教育委員会から，図表19-5のような新教育委員会制度へ変更となった。つまり，教育委員長と教育長の一本化，総合教育会議の新設，首長による大綱の策定を内容とする改革が行われた。

　いじめの問題と行政委員会の制度問題とを直接関係づけるのは議論としてやや飛躍があり，教育委員会の党派的な側面を払拭したいという保守勢力の影響が強く制度改革へ反映している。このような執行権強化や総合行政の志向は教育以外の分野でも実現されている。たとえば文化財保護の業務は教育委員会が所管することが一般的であったが，文化財保護法の改正や地方教育行政法の改正によって，自治体の条例で定めれば文化財保護行政の所管は首長部局でも可能になった。観光課や産業経済課などが所管し，まちづくり・地域活性化と文化財保護とを一体的に取り組むことも可能となった。逆にいえば，文化財保護の専門性は後退し，政策優先度として低くなる可能性は否定できない。

図表 19-3　教育委員会制度の改革案

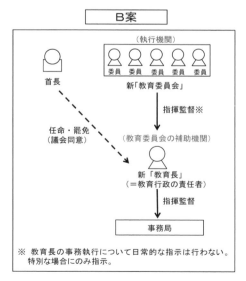

出典：文部科学省ホームページ　https://www.mext.go.jp/b_menu/shingi/chukyo/chukyo1/gijiroku/_icsFiles/
afieldfile/2013/10/24/1340647_03.pdf（閲覧日：2020 年 12 月 7 日）

図表19-4　旧教育委員会制度

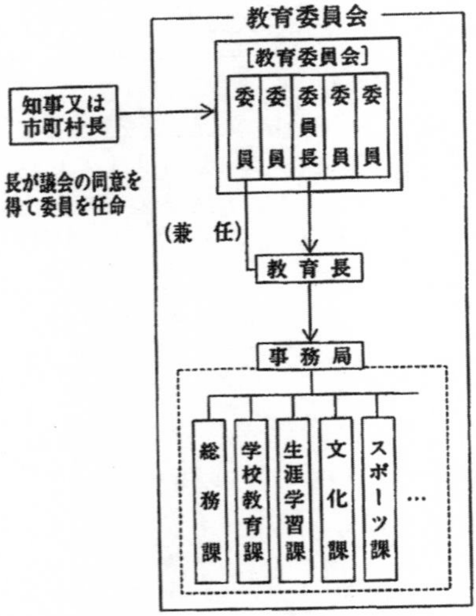

図表19-5　新教育委員会制度

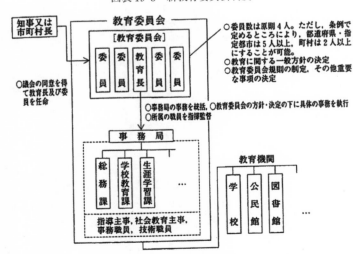

出典：勝野正章・村上祐介（2020）『新訂　教育行政と学校経営』放送大学教育振興会，61頁

出典：勝野正章・村上祐介（2020）『新訂　教育行政と学校経営』放送大学教育振興会，62頁

＜専門性と中立性の確保＞

　図表 19-6 のように，食品安全委員会は添加物，農薬，化学物質，微生物，遺伝子組み換え食品，肥料・飼料などのリスク評価を行う審議会であり，リスク

図表 19-6　食品安全委員会組織図

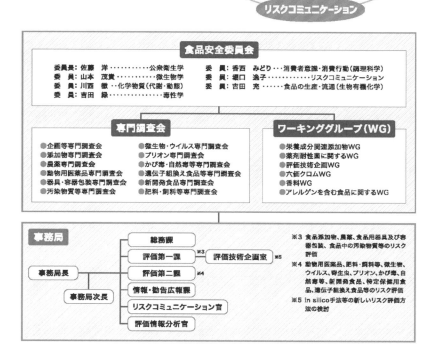

出典：パンフレット『食品安全委員会』　https://www.fsc.go.jp/iinkai/pamphlet/page02.html
　　　（閲覧日：2020 年 11 月 6 日）

管理業務を担う農林水産省・厚生労働省・環境省・消費者庁から独立した地位を保つため内閣府に設置された。7人の委員は国会の同意を得て内閣総理大臣が任命し、委員長は委員の互選によって決まる。委員会の下に16の専門調査会が設置され、医学・薬学・化学・生物学などの科学者・医師が専門委員として所属する。事務局長は農林水産省の出向ポストであり、職員は農林水産省と厚生労働省の出向者が多い。

　また、運輸安全委員会は、航空や船舶の事故調査、原因究明、勧告や意見を行う行政委員会として国土交通省の外局に設置されている。前身の航空・鉄道事故調査委員会は審議会であったが、2008年に行政委員会として発足し、国土交通大臣によって任命される12人の委員（常勤7名、非常勤5名）によって構成されている。

　原子力規制委員会は、利益相反を回避するため、規制と利用の分離、規制の一元化、透明性の高い情報公開を行う行政委員会として、民主党政権の下で新設された。経済産業省資源エネルギー庁・原子力安全・保安院と文部科学省（旧科学技術庁）から環境省の外局へ移管され、図表19-7のように、委員会の事務局は環境省原子力規制庁が所管することになった。これで原子力規制は環境省が一元的に管轄することになった。5名の委員は国会の同意を得て内閣総理大臣が任命する。

　個人情報保護委員会は、個人情報保護の基本法の策定・推進・監視・監督・苦情あっせんを行う内閣府の外局として設置された行政委員会である。国会の同意を得て内閣総理大臣が8名の委員を任命する。

　カジノ管理委員会は、事業免許の審査、事業者の監督、料金の徴収を行うために内閣の外局に設置された行政委員会である。4名の委員は国会の同意を得て内閣総理大臣が任命する。

　このように、近年新しい行政委員会の設置が相次いでおり、その共通性は新しいリスクへの対応をおこなう行政組織の創設の必要性があったこと、その専門性や中立性を確保する必要性があったことにある。また、行政の法執行機能だけでなく、準司法、準立法の総合機能を確保する必要性も存在している。

図表 19-7　原子力規制委員会組織図

出典：原子力規制委員会ホームページ　https://www.nsr.go.jp/nra/gaiyou/nra_chart.
html（閲覧日：2020 年 11 月 6 日）

＜総合性・政治主導と専門性・中立性＞

　本章では行政委員会・審議会をめぐる２つの制度選択の方向性を示してきた。行政に求められている２つの要請は，一方において総合性，迅速性，政治主導の必要性であり，他方において専門性，審議性，透明性や政治的中立性の活動である。

　一方で，総合性とは多様な価値を調整・統合することであり，リスク管理と経済発展の総合化，観光と自然保護の総合化などが例として考えられるだろう。他方で，専門性とは，専門の知識や規範に基づいた判断を意味し，素人判断や安易な妥協とは異なる特質を示している。

　一方で迅速性とは，不確かな状況の中で判断し難い問題でも政治による結果責任による解決をめざすことである。エビデンスが明示されていない状況で判断しなければならない時，最終判断をするのは国民や住民の信託を受けた政治家である。他方で，結論が出にくい状況で熟議に熟議を重ねる営為が審議性であり，結果ではなく討議のプロセスを重視し，その審議や討論の中から導き出される価値を重視する。

　ただし，これらは単純な二者択一的な制度選択ではない。食品安全委員会のように，16の専門調査会やワーキング・グループが付属し，リスク管理を行う農林水産省・厚生労働省・環境省・消費者庁からの諮問を受けてリスク評価の答申を行う審議会もある。

　秋吉貴雄は，食品安全委員会の制度選択を農林水産省と厚生労働省の利益調整という要因だけでなく，教導導出に失敗したことを指摘している。第１は，政策アイデアの失敗であり，リスク管理とリスク評価の機能分離を組織分離と一致させようとしたことである。第２は，制度化の失敗であり，庁組織にするか委員会組織にするか，委員会ならば行政委員会にするか審議会にするかという検討が不十分だったことである。その原因はリスク評価の委員と行政学・行政法の専門家が不在だったこと，制度設計に関する議論が不十分でフレーミングの設定に失敗したことに起因するとされている。

　他にも，運輸安全委員会のように，機能の統合・強化によって審議会から行

政委員会へ変わった制度もある。消費者委員会，労働政策審議会，社会保障審議会のように，審議会ではあるが重要な政策決定のアリーナとなっているものもある。行政委員会や審議会の制度選択は，歴史的経緯，アイデアの欠如，政策内容，関連する政治行政主体との関係など様々な文脈によって大きく左右されるのである。

　しばしば二律背反になりがちな行政活動であるが，どのような行政活動にどのような価値を実現するのか，によって制度の選択は大きく異なっている。官僚制とは合議制構造と対立するものである，とかつて指摘されていたが，現代においても独任制組織とは異なる組織形態を，どのような形で，どのような分野で，制度設計するかは，重要な政治課題である。

【確 認 問 題】

　1．日本の行政委員会は実質上行政組織として機能している。
　2．アメリカの独立規制委員会は三権分立の統治特性の下で発展した。
　3．専門性や中立性を確保するために原子力規制委員会が設置された。
　4．行政委員会とは行政的規制を行う権限を持ち，多かれ少なかれ一般行政機構から独立した合議制組織として定義づけられている。
　5．執行権を強化する目的で教育委員会制度の改革が行われた。

【練 習 問 題】

　教育委員会制度の変更について，新制度に反対の立場（旧制度を維持する立場）から新制度を批判的に検討し，なぜ新しい教育委員会制度が適切とは言えないのかについて論述しなさい。なお，記述には，主張と根拠・論拠を明示すること。（出題の意図は，制度選択の根拠と論拠についての理解を問う趣旨であり，賛否の主張についての是非を問う趣旨ではない。）

【ステップアップ】

今村都南雄（1988）『行政の理法』三嶺書房

　本書所収の「審議会制度の理念と生理」「審議会のインテリジェンス」は合議制組織を理解するための必読文献である。著者の修士論文をベースとして書かれた論考は，審議会が参加の経路として重要な意義をもち，行政機関にはない発想としてのインテリジェンスを包摂するための制度として積極的な意味を持つことを教えてくれる。

主な参考文献

秋吉貴雄（2016）「食品安全行政体制の再構築における教導導出の失敗」『法学新報』
　　第 121 巻第 3・4 号

伊藤正次（2003）『日本型行政委員会制度の形成』東京大学出版会

岸井大太郎・鳥居昭夫編著（2005）『公益事業の規制改革と競争政策』法政大学出
　　版局

新藤宗幸（2018）『原子力規制委員会』岩波新書

松下圭一ほか編（2002）『自治体の構想 4　機構』岩波書店

村上裕司（2011）『教育行政の政治学』木鐸社

山本和彦・山田文（2015）『ADR 仲裁法　第 2 版』日本評論社

第20章　調整と計画

　本章は調整と計画の点から行政の活動にアプローチすることを目的とする。中枢組織の機能を概説し，国と地方自治体の計画について明らかにする。そして調整と計画の作動する制度条件を明示する。

1．調整・計画とは何か

＜調整と計画の目的＞

　調整とは政策や方針を整えることである。水資源開発や電気通信など所管する業務が多機関にわたる場合，政策の不一致を回避するため調整が必要となる。また省庁や地方自治体で方針を統一する場合も，調整が実施される。調整は行政活動の必然的な営為なのである。

　行政において調整が重要な理由は第1に，組織編成の機構において分業と調整はワンセットであり，調整は縦と横に権限・権力を分業させた後の補完機能を果たしている。第2に，調整は行政が価値配分の機構を担っている現実において，利益の配分に重要な機能を有しているからである。ピーターズによると，調整は，コストの低下，矛盾の解消，垂直的マネジメントの維持，正統性の維持，手段の有用性向上という目的を果たす。

　サイモンらによると，計画とは「将来についての提案，代替的提案の評価，およびこれらの提案の達成方法にかかわる活動」として定義づけられ，「将来に対して，また，計画者ないしは彼らが属している管理組織がある程度の統制力を有している事象に対して適用される合理的かつ適応的な思考」とされている。計画は，予測による制御機能，調整による制御機能，複数の課題と対応策を調整・総合化する機能を果たしている。

　なお，ここでの調整や計画は国と地方における中枢機関を中心とした営為を
直接対象とし，児童虐待における学校，病院，警察，保健所，市役所の機関調
整など実施レベルでの業務は中心的な対象としていない。

＜調整と計画の対象＞

　このような調整と計画（企画）は，３つの次元にわけて考えることができる。

　第１の次元は，部局内の調整や部局内部の計画（企画）の作成である。行政
の基本単位は課であるが，課の中で総括（筆頭）補佐が中心となり議論をまと
め，意見を調整し，企画を取りまとめていく。その後，部局内部の関係課の間
での調整，企画のすり合わせとなる。

　第２の次元は，部局間の水平的調整，上司・大臣・首長・議会という垂直的
な調整，それら関係者による計画（企画）の作成である。どのような部署と調
整するか，誰と調整するか，事前の意向を調査し，企画内容を確認していく。
その調整の中で説得と妥協を繰り返すことにある。

　第３の次元は，市民・利益集団など対社会的な調整，対社会の計画（企画）づ
くりである。審議会や直接のやり取りを通じて事前に考えや意見を調査し，取
り入れるべき点は取り入れ，企画立案を行う。行政機関や政治機関と同様に，
ステークホルダーが誰なのかを確認し，どのような説明説得と意見反映を行う
かが鍵となる。

＜調整と計画の手法＞

　ここでは中枢機関が行う調整・計画の手法を４つに区分し，説明しておく。

　第１は，企画策定による政策調整・計画づくりである。これは各省庁の企画
課，調整機関である内閣府・内閣官房，自治体の企画部門などが行う手法である。

　第２は，予算策定による政策調整・計画づくりである。予算の作成に当たっ
ては査定を行わなければならない。その査定は過去や未来の政策の評価を伴っ
ていることが多い。予算編成での政策調整（財務省，各省庁の財政担当課），自治
体の財政部門が実質的に政策評価を行っているのである。つまり，予算の意味

は価値の配分にとどまらず，政策の評価，政策の調整を意味し，査定者が次は
要求者という要求と査定の連鎖構造が調整・企画の過程そのものである。

　第 3 は，人事による調整・計画づくりである。人事権を掌握した人事集中の
行政組織の中では，政策プログラムのレパートリーを入れ替えるのではなく，
上位者の意向にそった政策立案を実現させる。そのために政治主導による人事
を行い，政策調整を実質的に行うのである。

　第 4 は，政治による調整・計画づくりである。首相官邸による指導，審議会
政治による調整，首長の政治的リーダーシップ，議会による法律や条例の制定，
住民参加や職員参加などがそれである。

2．中枢組織の調整機能

＜内　閣＞

　内閣は国政の要である。内閣総理大臣の発議権は，首相のリーダーシップ発
揮のために設計された。内閣法第 4 条第 2 項では，「閣議は，内閣総理大臣がこ
れを主宰する。この場合において，内閣総理大臣は，内閣の重要政策に関する
基本的な方針その他の案件を発議することができる」とされている。

　閣議は全会一致を原則としているが，法令の署名に同意しない閣僚は辞任す
るしかなく，閣内不一致が政治問題化するため，閣僚が署名しないことは稀で
ある。戦前は軍部大臣現役武官制が採用されていた時期，軍部が陸軍大臣や海
軍大臣を通じて閣議の政策決定に影響力を行使することができた。現在では閣
議における議論はほとんどなく，署名は形式的・象徴的な儀式にすぎない。

　また閣議と次官級連絡会議（かつての事務次官会議）は政策の確認・調整を行
うことで内閣としての政策の一体性・統一性を高める効果をもつ。次官級連絡
会議は官房長官が主宰する形となっているが，実質的に内閣官房副長官（事務
担当）が会議運営を担当する。内閣人事局の幹部級職員の事前審査は，人事を
通じた実質的な官僚統制の意味をもっている。

　閣議では閣議人事検討会議が行われ，内閣による人事統制が実施される。各

図表 20-1　神奈川

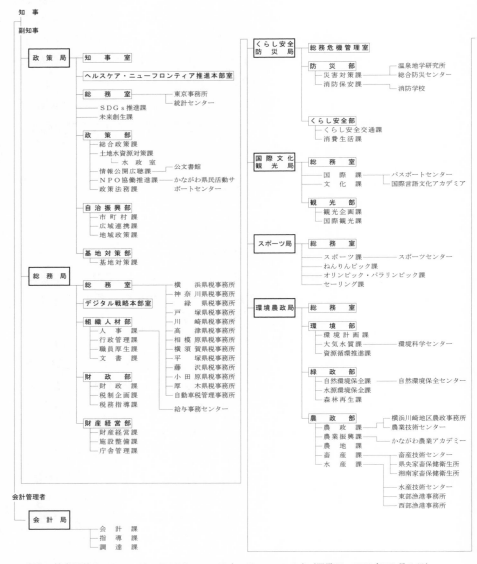

出典：神奈川県ホームページ　r2110kikouzu.pdf（pref.kanagawa.jp）（閲覧日：2020 年 12 月 8 日）

構図

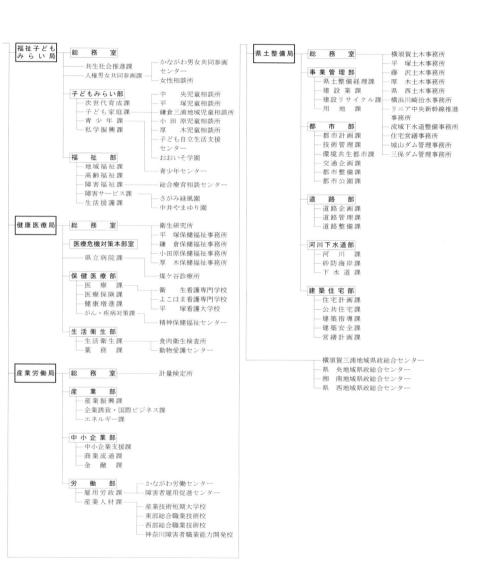

省庁の次官・局長・その他の幹部職員を事前審査する。

＜内閣官房と内閣府＞

　内閣官房は内閣の総合調整機関・補助機関である。内閣総理大臣を補佐し，活動を支援する機関といってもよい。官房長官，官房副長官，危機管理監，官房副長官補，内閣広報官，内閣情報官，首相補佐官，首相秘書官・首相参与などから構成される。多くは各省庁の事務次官級・局長級のポストであり，各省庁の事務次官や局長よりも入省年次の早い行政官（または元行政官）に高い人事ポストを配置することで調整業務を円滑に遂行するよう工夫されている。

　内閣官房の場合，参事官（課長級）や参事官補佐などのポストは，内閣情報調査室などの生え抜き組，他省庁からの出向組，企業・研究所・大学などからの出向者などから構成される実質的な混合集団となっている。内閣府は内閣府の生え抜き職員，各省からの出向者，企業・研究所・大学などからの出向者から構成されている。内閣府は内閣府設置法第3条第1項の一項任務，つまり全政府的政策に関して各省の施策の統一を図る企画立案や総合調整の業務と，同2項の二項任務，つまり旧総理府，旧経済企画庁，旧国家公安委員会の所管事務からなる。

　政策からみた内閣府は省庁間の政策調整業務であり，これは参事官級の業務となっている。内閣府と内閣官房の分担は，前者がより定型的な調整業務，後者が非定型的な調整業務と区別されているが，この境界線は曖昧であり，業務の区分は一般的に内閣官房副長官（事務）の判断で左右される。

＜自治体の調整部門＞

　自治体の中枢部門は自治体によって多様であるが，ここでは東京都，神奈川県，八王子市の例をあげておく。

　東京都の場合，東京都政策企画局が都全体の企画立案を担当し，部局間の政策調整も行う。総務局行政部は市区町村間の調整機能を担う。特別区が都内に存在するため，このような調整コストは都制度に必然のコストである。

図表 20-2　八王子市組織機構図（2021 年 4 月 1 日現在）

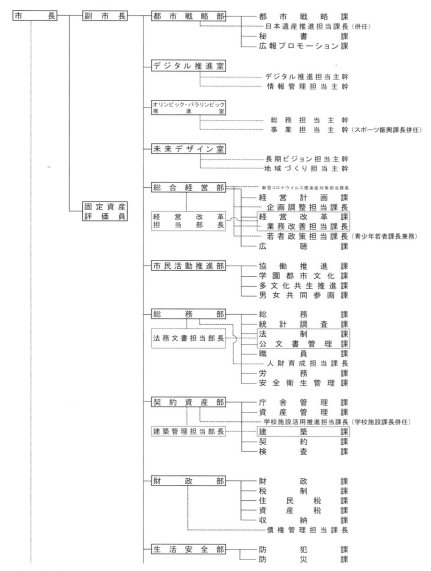

市長部局（21部・3室・106課）

出典：八王子市ホームページ　sosiki.pdf（city.hachioji.tokyo.jp）（閲覧日：2021 年 5 月 31 日）

　また神奈川県の場合，図表20-1のように，政策局は市町村対策や総合的な政策調整を行い，アドホックな課題には推進対策本部を局の中に設置することもある。総務局は人事・研修・財務を所管する中枢組織のひとつである。

　八王子市の場合，図表20-2のように，総合経営部が総合計画・企画立案を担当する。都市戦略部が積極的なまちづくり・経済発展を担当し，未来デザイン室が長期ビジョンを計画する。行財政改革部は行財政改革の推進を担当する。

　地方自治体の政治機構は首長の実施権限が大きく，調整においても政治的リーダーシップが発揮しやすい政治構造となっている。自治体の調整部門は首長によって組織改編が行われることの多い部門であり，知事室や市長室が直接的な補助機能を果たしている。この政治的リーダーシップの背景にあるのは人事を通じた官僚統制である。国も人事統制を強めているので，この点は国と地方自治体の近年の共通した特質となっている。

3．国と自治体の計画

＜国の計画行政＞

　国の総合計画としては，池田勇人内閣の「国民所得倍増計画」，田中角栄内閣の「日本列島改造論」が有名である。計画の共通する要素としては，①未来の事象に関わること，②行動群の提案が総合関連性をもつこと，にある。そのため，小泉純一郎内閣の「聖域なき構造改革」，安倍晋三内閣の「一億総活躍社会」「三本の矢」は計画というよりも政治的スローガンというべきであろう。

　計画は第1に，予測機能を有している。行政の活動は予測が難しく，制御が難しいためである。経済成長がどれくらい見込めるのか，需要がどれくらい拡大するのか，将来どのような状況が想定されるのか，このような将来の状況を見通して計画は推進されなければならない。逆にいえば，計画づくりを通じて将来の活動を制御することも可能である。そのために調査が行われ，エビデンスに基づく見通しが推定されるわけであるが，その予見可能性を高めることは極めて難しいのである。

　計画の第 2 の機能は，調整機能である。計画を作成することを通じて，各省庁や各部局のバラバラな計画を総合化し，辻褄の合う整合性ある計画にしなければならない。しかし，総合計画や総合行政は実施することが難しく，資源制約の中で実効性のある計画づくりは困難を極める。

＜自治体計画の構造＞

　地方自治体の計画は，基本構想，基本計画，実施（実行）計画の 3 層構造となっている。図表 20-3 は新宿区の総合計画の体系である。

図表 20-3　新宿区総合計画の体系

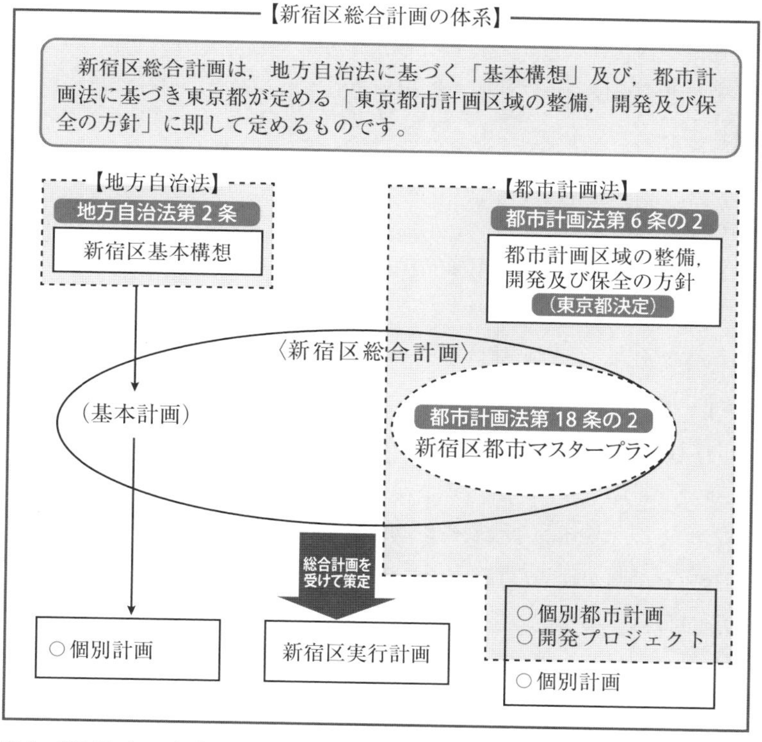

出典：新宿区（2007）『新宿区基本構想　新宿区総合計画』3 頁

　第1の基本構想は，10年程度の長期的な将来展望にもとづく基本方針である。地域の総合的・包括的な望ましい将来像とその実現のための運営方針を定める。それは将来の構想を定めること，具体的に明文化された計画形式の一部を構成すること，の2つの意味を有している。

　第2の基本計画は，基本構想を具体的に実現していくための中長期的な計画である。その計画は前期5年，後期5年，または10年の期間をもつ。計画目標の達成手段や具体的な施策が総合的に表記され，達成目標が明示されている。土地利用・施設建設・産業政策・社会政策・行財政計画などで構成され，計画書として公示される。

　第3の実施（実行）計画は，基本計画を毎年実施するための事業計画である。これは基本構造や基本計画と異なり，予算編成に反映される。3カ年の実施計画の見通しの修正により実施計画を改訂するローリング方式を採用している。計画と予算とが結びついていることが理想であり，政策の優先づけや内部管理の機能を果たすことが期待されている。

<計画行政の特徴>

　計画行政とは，国・都道府県・市区町村・住民の間や部局の間について，計画づくりを通じての政策的調整を行う機能を意味している。ただし，国であれ地方自治体であれ，計画自体は首相・首長任期と一致していない。各省庁や部局の論理で原案が作成されていることは間違いない。

　地方自治体の場合，基本構想・基本計画などの計画策定で住民参加の機会が存在するが，参加住民は一部に過ぎない。基本構想や基本計画は総合的で包括的である一方で，具体的な権限や実効性に欠け，評価との連携に欠ける点は否定できない。計画が理想を描いた理念的なものである一方で，現実には規制による拘束性は低く，資源の優先性を示すことは少ない。

　自治体の計画は基本構想・基本計画・実施計画に限定されず，各部門に数多く存在する。福祉部門に限定しても，介護保険事業計画，老人保健福祉計画，障がい児福祉計画・障がい者福祉計画，地域福祉計画，子ども・子育て支援計

画などがある。それらの計画づくりに際しては，需要予測としてニーズ調査が行われる。要介護高齢者の人数，同居家族の状態，健康状態，日常生活の状態などが調査項目として設定され，それらの調査に基づいて，将来の施設のベッド数，ヘルパーの人数，看護師や保健師の人数，デイサービスの必要量などが推計される。

　しかしながら，ニーズ調査に基づく将来予測が未来を正確に予想できるわけではない。推計の仮定条件が変化すると，将来予測と現実との乖離が生じる。「医療と介護の分担が予定通り進行しない」「制度理解が浸透し利用が予想よりも促進した」という想定外の状況がしばしば生じるためである。また，その計画のすべてに予算の裏づけが存在するかというと，予算との連携に欠けた計画が多い。多くの計画は実効性に欠けるといってもよい。

4．調整と計画の制度条件

＜官房の意義＞

　もともと「官房 kammer」は，国王私有の財貨と帝国国庫の財貨を貯蔵・保管する小部屋を意味するドイツ語である。それが国王を輔弼する貴族たちが執務する部屋の意味に転じ，そして後に国王の書記局，つまり官庁を示す言葉となった。

　行政機関において，官房と呼ばれる組織は政策の企画立案や法令の作成などで舵取り役を果たす。省内調整・政府内調整による円滑な組織運営のための要であり，組織資源（人，金・文書・情報）の総括的な内部管理の機能が政策調整の基盤を形成している。

　行政の官房組織は民間企業の中枢組織に比べて規模が格段に大きい。国の省庁では各省職員の約 30 〜 40％が大臣官房の所属である。民間企業で人事，文書管理，会計の管理部門は工場，商品開発，営業の部門に比べて人員や予算で規模は小さい。行政機関は内部管理が社会統制へ拡大するメカニズムであるため，主管課などの内部部門を官房部門が直接統制することで間接的に社会統制

を行っているのである。

　また行政機関の官房部門は民間企業のそれに比べて人事面でも枢要なポストである。企業において人事部門は近年重要なポストになりつつあるが，行政機関ほどではない。中央省庁の場合，官房三課（総務課，秘書課，会計課）の課長を経て審議官，局長，事務次官へと昇進していくことが一般的であるため，人事面でも官房は重要な経路にあたる。総括的な業務を経験して全省的な視点を養う教育的効果も有している。官房は調整機能を果たしながら行政官僚制に規律ある秩序を形成している重要な役割をもっている。

　図表 20-4 は農林水産省と総務省の官房組織の組織図である。審議官レベルは，政策立案，公文書監理，サイバーセキュリティ情報化という共通ポストが新設され，標準化している。ただし農林水産省は国際部，検査・監察部という他省庁では局レベルの部署を大臣官房組織に構成しており，課や室のレベルは官房三課に留まらず多様であり，原局・原課として担当できない残余的機能も果たしている。それに対して，総務省は比較的標準の官房三課を中心としたシンプルな構成となっている。

＜計画の制約条件＞

　行政の機能の一つに予測と調整による制御が存在する。要介護高齢者数や福祉施設の利用者数などを予測し，その予測に基づいて計画や予算を策定し，政策間の調整を行うことが求められている。需要予測は前述したように，行政活動の基本である。人口・経済・財政の予測データに基づく計画を策定することは，行政活動の将来を制御することを意味している。その将来の行政活動を見通す意義が，計画や調整には存在しているのである。

　組織が計画を立てる理由は，現在の選択が将来の選択肢を限定することになり，資源制約も大きいためである。将来の予測を行う計画に対しては，理想主義という批判が常に出てくる。それでも行政組織が計画を重視するのは，将来を正確に予測できると確信しているのではなく，憶測や偶然に代わる唯一の代替案として認識されているからである。いわば，将来を制御する次善の策とし

図表 20-4　農林水産省と総務省の大臣官房組織（2021 年 5 月 31 日作成）

農林水産省大臣官房（2021 年 4 月 1 日現在）

大臣官房
● **官房長**
● 総括審議官
● 総括審議官（国際）
● 技術総括審議官
● 危機管理・政策立案総括審議官
● 公文書監理官（サイバーセキュリティ・情報化審議官が兼務）
● サイバーセキュリティ・情報化審議官
● 輸出促進審議官
● 生産振興審議官
● 審議官
● 参事官
参事官
報道官
秘書課長
文書課長
予算課長
政策課長
技術政策室長
食料安全保障室長
環境政策室長
広報評価課長
広報室長
報道室長
情報管理室長
情報分析室長
地方課長
災害総合対策室長

（農林水産省大臣官房つづき）

◎**国際部長**
国際政策課長
国際戦略室長
国際経済課長
国際機構グループ長
国際地域課長
振興地域グループ長
◎**検査・監察部長**
調整・監察課長
審査室長
行政監察室長
会計監査室長
検査課長

●は分掌職または総括整理職

総務省大臣官房（2020 年 4 月 1 日現在）

大臣官房
● 官房長
● 総括審議官(3)
● 政策立案総括審議官
● サイバーセキュリティ・情報化審議官
● 地域力創造審議官
● 審議官(14)
● 参事官(9)
秘書課長
総務課長
会計課長
企画課長
政策評価広報課長
参事官

●は分掌職または総括整理職

出典：農林水産省ホームページ　https://www.maff.go.jp/j/org/outline/attach/pdf/index-1.pdf
　　　総務省ホームページ　https://www.soumu.go.jp/main_content/00679057.pdf
（閲覧日：2021 年 5 月 31 日）

て計画の制約を現実的に理解している。

　計画は人間の将来の行動に関わるものであり，それは代替的計画の評価および好ましい代替案の選択基準となる行動目標の確立を必要としている。計画目標の一貫性を担保するためには計画の調整を行わなければならない。組織内部では予算の編成を通じて会計課（予算課）が企画・計画を制御し，人事を通じて秘書課（人事課）が企画・計画を統制し，公文書や定員管理を通じて総務課が企画・計画を統制し，白書などの政策作成を通じて政策課が企画・計画を統御する。ただし，どのように調整や協働の体系を設計したとしても，結果が想定されていたものと同じ状況であることはほとんどない。

　しばしば計画は中立的な立案ではなくなる。それは政府内外の政治勢力の影響を受けるからである。また各省の特性も中立性を制約する。たとえば，一方で財務省は財政均衡主義の立場から消極的な予測を行い，低い経済成長率を想定する。悲観的な経済予測をするのは，各省からの予算要求を制御しなければならないためである。それに対して，他方で経済産業省は積極的な景気対策を行う立場から好景気を想定して相対的により高い経済成長率を想定する。楽観的な経済予測は積極的な経済政策の前提である。

＜調整の制度条件＞

　総合調整による制御は，命令連鎖の一元的な指揮に基づくものではないことが多い。ギューリックは，「調整は相互の信頼と目的の一致から生まれなければならない」と述べ，状況認識を共通化すること，利益を共通化することの重要性を指摘している。フォレットが状況の法則で指摘したように，調整は互いの利益を充足するものでなければ成功しないのである。佐藤功によると，「調整の機能は，権力的・命令的な指揮監督の機能ではない」というが，状況認識と利益の共有化こそ調整の重要な条件である。

　先述したように，企画や計画には将来を予測する機能や調整を行う機能が付随する。しかしながら，予測機能と調整機能は必ずしも一致しない。将来予測の精度を高めようとすればするほど関係部署との調整コストは高くなる。計画

の現実性と調整の可能性とは両立しにくいのである。調整できる計画は現実性高い計画とはいえないのが実態であり，整合性が詰められることなく計画づくりや調整が行われることが多い。

　また計画調整は予算による調整ほど有効なのかも疑問である。国・都道府県・市町村の計画，各自治体の各部門の計画を調整することは可能かというと，厳密には難しい。予算編成は実質的に政策評価の機能を果たしているが，企画調整より財政調整の機能の方が有効なのではないか，という点は否定できない。そのため，地方自治体では企画部門と財政部門とを統合させる傾向にある。

　また財政状況が悪化している時に，行政は利益を配分するのではなく不利益を提供することも行わなければならない。サービスの停止，施設の統廃合，水準の切り下げなどがそれである。その際には行政部局間の調整だけでは十分ではなく，政治的リーダーシップが発揮される必要性がある。政治の優れて重要な機能が調整による優先づけという行為だからである。

【確 認 問 題】
　1．地方自治体の計画は，基本構想，基本計画，実施計画（実行計画）の3層
　　　構造となっている。
　2．計画は具体的な予算の裏付けや権限を伴っておらず，実行性に欠ける。
　3．内閣総理大臣は閣議で重要政策に関する基本的方針の発議をすることが
　　　できる。
　4．次官級連絡会議は官房副長官（事務担当）が実質的に運営している。
　5．国の官房組織は各省の約30〜40％の職員が所属する調整組織である。

【練 習 問 題】
　「調整と計画を行う必要がない」と言う政治家（首相，大臣，知事）に対して，なぜ調整と計画が必要なのかを説明し，どのような条件ならば調整と計画が機能するかの条件について説明しなさい。政治家は首相，大臣，知事の中から1人または複数人を想定し，論じなさい。

【ステップアップ】

西尾勝（1990）『行政学の基礎概念』東京大学出版会

　調整と裁量は行政学にとって最大の難問であり，これらを議論する際には，これらへどのようにアプローチするかに大いに迷うところである。この本に所収してある「行政と計画」は調整と計画の問題を考えるうえで必読の論文である。目配りの良さと纏める力の高さが遺憾なく発揮されている。他にも，自治，行政責任，行政裁量，集権と分権などの概念について議論されており，本書は行政学を学ぶ者にとってはバイブル的な著作である。

主な参考文献

H. サイモンほか（1977）『組織と管理の基礎理論』（岡本康雄・河合忠彦・増田孝治訳）ダイヤモンド社

佐藤功（1985）『行政組織法』有斐閣

総務庁長官官房総務課編（1987）『日本の官房機能』行政管理研究センター

武智秀之（2019）「電力の国家管理と政策形成：1938年電力管理法の制定過程」『季刊行政管理研究』第168号

新川達郎（1995）「自治体計画の策定」西尾勝・村松岐夫編『講座行政学第4巻　政策と管理』有斐閣

西尾勝（1965）「企画と調整の概念」『行政管理』1965年10月号，東京都企画調整局

牧原出（2003）『内閣政治と「大蔵省支配」』中央公論新社

牧原出（2009）『行政改革と調整のシステム』東京大学出版会

蝋山政道（1963）『行政学研究論文集』勁草書房

コラム⑪　内閣調査局と経済安定本部

　内閣調査局は1935年5月，岡田啓介内閣の下で内閣のスタッフ機能を強化するために設置され，1937年5月に企画庁，10月に企画院となった。内閣調査局は，「重要政策に関する調査」「内閣総理大臣より命ぜられたる重要政策の審査」「内閣審議会の庶務」の機能を担い，内閣総理大臣に属して政策の調査や審査を行う補助機関であった。

　また，経済安定本部は経済復興を目指すために1946年8月から1952年7月まで

復興計画のために中枢機関として存在した経済官庁である。「経済安定の基本的施策の企画立案」「関係各行政機関の事務の総合調整及び推進」「物価の統制」「経済統制の確保」「外国人の投資及び事業活動の調整」を任務とし，巨大権力をもつ最強官庁であった。

　この2つの機関は，ともに混迷する政治経済の状況の中で設立された中枢機関であり，外的には統制経済的な志向を持ち，内的にはリベラルな組織風土を持つ，日本では特異な組織であった。調査・立案・調整という機能を有した2つの行政機関について，現在では忘れられがちであるが，その果たした役割を理解することは政府の中枢機能や調整機能を考えるうえで重要である。

　2つの機関に共通していた点は，開放型の制度を採用したことである。2つの機関は民間や各省庁から有能な人材を調達していた。意思決定方式として会議を採用していた。内閣調査局は部課制を廃止し調査官会議を採用して活発な議論の下に立案を行い，経済安定本部は総合調整委員会や幹部会で意思決定を行った。調整を行う際に最大の関門は財政問題であり，共に大蔵省の予算査定機能を包摂しようとしたが成功しなかった。

　ただし，共に統制経済を枢要とした中枢機関ではあるが，第1に，内閣調査局が外交や国防以外は幅広く政策分野を網羅したのに対して，経済安定本部は経済関係に特化した中枢機関である。第2に，内閣調査局は調査に重きが置かれ，経済安定本部は内閣調査局以上に立案と実施に優っていた。経済安定本部は地方組織の実施機関も持ち，監督や検査も行う権限を有していた。第3に，内閣委調査局は調査官20人，専門委員60人程度の100人に満たない組織であるのに対して，経済安定本部は3,000人を超える当時としては巨大官庁であり，影響力も大きかった。第4に，他省庁との関係では，内閣調査局が内閣直属の組織であるのに対して，経済安定本部は内閣の部局から総理庁の機関とされた。第5に，民間人や学者を内閣調査局は専門委員として調達したのに対して，経済安定本部は局長級として任用した。

　参考文献：武智秀之（2019）「内閣調査局と経済安定本部 —— 中枢機関の成立条件 ——」大曾根寛ほか編『福祉社会へのアプローチ』成文堂

第21章　行政責任の構図

　本章の目的は行政責任の構図を概観することである。責任と統制の構図を総論的に理解したうえで，行政責任が制度的・外在的責任から拡張したことを歴史的に明らかにする。行政責任論争の内容を概観し，その現代的意義を考察する。

1．官僚制における責任

＜行政責任の古典モデル＞

　行政の責任は絶対君主を頂点とした行政官僚制がモデルとなっている。つまり，経済学の本人－代理人モデルに依拠するならば，絶対的な主権を持つ君主が本人であり，官僚はその本人の意向に基づいて活動する代理人となる。命令－服従の連鎖構造の中で，官僚が責任を果たすべき対象は君主ひとりであり，絶対君主の命令は絶対であった。

　ただし，恣意的な権力行使は，君主や官僚によって実施されていた。そのため，絶対君主や官僚の恣意的権力行使を抑制するための政治装置が権力分立制であり，法治行政であった。この法治行政における行政責任のモデルは機械のような自動装置を想定していた。ここにおいても，官僚の責任は受動的な責任であり，従う主人は君主であり，議会であり，国民であった。従属すべき対象は分散したものの，果たすべき任務は与えられた枠組みを忠実に執行する存在であった。

　この行政官僚制のおかれている状況は，近代国家が現代国家へと変貌し，職能国家・福祉国家・行政国家へと変化するにつれて，大きく変化した。それが受動的責任から能動的責任への変化である。

＜受動的責任と能動的責任＞

　官僚制における責任は，統制と応答の関係によって構成されている。その責任の構造は複雑であるが，4つに区分しておく。

　第1は，任務責任である。これは行政活動を統御する政治機関や上級行政機関からの任務を遂行する責任である。第2は，服従責任である。これは法令や予算に従って行動する責任である。第3は，弁明責任であり，監督者の問責に応答して自己の行為について弁明する責任となる。第4は，受裁責任であり，統制者が加える制裁に服する責任となる。

　このような受動的責任に加えて，現代の官僚制は新しい責任にも応答しなければならなくなった。これが行政責任の肝である。つまり，受動的責任として従来通り法令・予算・命令に忠実に行動する責任は果たさなければならないが，能動的責任として命令や指示に従いつつ，助言・補佐・諫言する責任も負っているからである。なぜなら，官僚が負うべき責任は政治家や上司だけでなく，国民，議会，法令，予算など多岐にわたり，重層的な責任構造へと変化してきたからに他ならない。

＜統制の類型＞

　このような行政責任の構図を統制の観点から類型化したのがギルバートの4類型である。図表21-1のマトリックスをみてほしい。彼は制度的と非制度的，外在的と内在的という2つの軸で行政責任の構図を明らかにした。ここで制度的とは法制度上の統制であり，非制度的とは非法制度上の統制を意味する。外在的とは行政外部からの統制であり，内在的とは行政内部からの統制をさしていう。

　第1のセルである「(1) 制度的・外在的統制」としては，裁判所の判決や命令，議会の法律や決議・議決・調査，住民訴訟，住民の直接請求・不服申し立てがある。

　第2のセルである「(2) 制度的・内在的統制」としては，内閣など執行機関の命令や指揮監督，審議会の答申，上位者・管理職の指揮監督，会計検査院の検

査，人事院の管理，監査委員の監査，人事委員会・公平委員会の審査がある。

　会計検査院は日本国憲法第90条第2項，会計検査院法第1条の規定に基づき内閣に対して独立した地位を保ち，会計検査院の検査官は国会の同意を経て内閣が任命し，検査院長は検査官から互選された者を内閣が任命する。また，会計検査院ほどの独立性はないが，人事院は国家公務員法に基づく中央行政機関であり，行政委員会として中立性を保っている。人事院の人事官・総裁は国会の同意を経て内閣が任命する。内閣に属するが内閣から独立して権限を行使する点が特徴である。この2つの機関は法律上内閣から独立した位置づけとなっているので外在的統制に分類することも可能であるが，ここでは国会の同意を得て内閣が任命する点から議会や裁判所と同じ位置づけとはせず，制度的・内在的統制としておく。

　第3のセルは「(3)非制度的・外在的統制」である。利益集団の圧力活動，住民団体の運動，住民の陳情・苦情，マスコミの報道がある。

　第4のセルは「(4)非制度的・内在的統制」である。職員組合の要求・批判，同僚の評価・批判，専門家集団の評価があげられる。

　行政責任は第1のセルである制度的・外在的責任を基本として，その責任確保の方法が第2の制度的・内在的責任，第3の非制度的・外在的責任，第4の

図表21-1　統制の類型

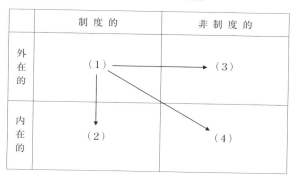

出典：筆者作成

非制度的責任・内在的責任へと拡大した。この拡大した要因は，民主性と能率性（効率性）の社会要請に対応して，行政責任の内容と責任をとる方向が大きく変化していったからに他ならない。次に，近代から現代にかけて行政責任の構図が複雑化，重層化した歴史的経緯を西尾勝に従い説明しておきたい。

2．近代民主制での変容

＜立憲君主制への移行＞

　近代民主制における行政責任の変化の背景は第1に，君主の統治権を拘束する憲法の制定が行われたことである。ブルジョワジー勢力によって議会が開設され，絶対君主制から立憲君主制への移行が進んだ。ここで君主の統治権，つまり王権とは，課税権，予算議決権，会計検査権，裁判への関与権，常備軍の統率権を含む膨大な権力である。議会勢力の立場からは絶対君主の恣意的権力を抑制するため，君主の立場からは革命が相次ぐ中で君主制が存続するためにも，君主の有していた王権を制約し，その一部を議会などの政治勢力へ移管することが行われたのである。国王自ら憲法を制定して権力を抑制したものを欽定憲法という。

　この時に生じたのが，行政責任を果たすべき方向である。立憲君主制が君主制原理と国民代表原理の2つを併せもっていたため，その保守性と革新性は行政責任にも影響した。はたして，憲法を順守すべきか，君主の命令に従うべきか，というディレンマである。議会が制定する法律と君主が制定する勅令の区別を行い，行政官僚制を国民の意思の下に従わせることが法治行政原理の制定の趣旨であった。

　しかしながら，行政官にとっては，法律と勅令の趣旨が一致しない場合，法律に従うべきか勅令に従うべきか，という深刻な対立を解決しなければならない。立憲君主制により責任の重層化という課題が生じたが，それを解決するには現代民主制への移行を待たなければならなかった。

＜国民主権の確立＞

　近代民主制における行政責任の変化の背景は第2に，行政官僚制が奉仕し究極的な責任を負うべき存在として主権を持つ国民が誕生したことである。制約憲法によって王権が制約され，議会をブルジョワジー勢力が掌握するようになると，王権が持っていた予算の編成権，軍隊を掌握する権限などを議会勢力が把握し，その議会に国民が代表を選出させることで国民の意思を政治機関が代表するようになってきた。国民主権の確立が，行政責任の変化した背景にある。

　ただし，国民は行政を直接統制する機会は少ない。地方自治体ならば住民による自己統治の可能性はあるが，国政レベルにおいて多くの統制の責務は政治機関に信託されている。間接民主制において，議会や政党という近代の政治組織が国民の意思を政治に体現する媒介機構となる。近代化の中で政党は，地域の名士から構成された名望家政党から，限定普通選挙による大衆政党へと変貌した。議会も多数の党派によって運営されるような責任政党による政治が登場した。

　このような状況の中で，はたして行政官は国民に責務を果たすべきか，それとも議会や政党に責務を負うべきなのか，その行政責任の構図はより複雑となった。行政の責任対象は国民と議会の重層性を生むことになり，そこで政治責任と行政責任の分離も生じてきた。いわゆる政務と事務の区別である。政治が指導し行政が従属する縦の統治構造が生まれたのである。

＜三権分立制での変容＞

　憲法によって王権が制約され，他の統治機関が近代化されるようになると，司法府，立法府，行政府の権力分立が明確化されるようになってきた。内閣，多数派の政党，議会という権力主体が，議院内閣制の場合は権力が融合的に制度化されるようになり，大統領制の場合は権力が抑制均衡の状態で運用されるようになってきた。どちらであれ，政治権力は多元化し，それに伴い，行政責任は多元化することとなった。

　これに拍車をかけたのが，近代民主制での情実任用・猟官制である。イギリ

スやアメリカで採用されたこの任用制度は，行政官の忠誠の方向性を大きく変えた。つまり，党派的な人事によって公務員の任用が積極的に行われた結果，国民や議会全体より政権党に奉仕する志向性が一般的になったのである。公務員の給与は特定政党の政治資金と化し，行政のポストも選挙の結果次第で配分されたのである。

　党派的な人事は行政の活動を大きく変えた。行政の中立性・永続性・専門性は低下し，行政官僚制が近代化で獲得した大規模な専門能力の動員も不可能となり，社会の問題を解決するために生まれた近代官僚制が社会の問題を解決する機能を喪失していたのである。近代民主制での責任構図の変化は，制度的・外在的責任を原則としながらも，制度的・外在的責任から制度的・内在的責任へと責任の構造が拡張した点である。

3．現代民主制での変容

＜社会集団の噴出＞

　現代民主制における変化の第1は，圧力団体・利益集団が台頭してきたことに伴う行政責任の変化である。辻清明が「社会集団の政治的機能」で指摘したように，経済団体，労働組合，農業団体，マスメディアなどが利益と意思を代表する手段として19世紀末から登場し，政党や議会に代わる代表機能を実質的に有するようになった。そのため，行政機関は社会集団に対する利益配分機構として機能するようになったのである。

　行政機関は立案・執行の業務を遂行するにあたって社会集団と日常的に直接接触し，場合によっては説得・交渉し，時によっては立案や執行を変更・阻害される事態もでてきた。行政機関は本来的に国民全体へ公僕として公益を実現する機構であるが，国民全体と行政との関係，個別の業界など社会集団と行政との関係に分離し，政治過程は多元化した。

　この結果，行政が果たすべき責任の対象として，非制度責任が発生した。マスメディアに対してプレスリリースをし，利益集団の利益誘導，圧力団体での

圧力活動，住民運動への対応など非制度的・外在的責任への直接応答も行政の重要な責務となった。メディアは世論へ影響を与え，世論は政策や政局を大きく左右する。メディアの課題設定機能は極めて重要である。このような状況において，議会や内閣などの政治家だけに対してのみが行政官の応答すべき責任ではなくなり，行政責任の構造は拡張的となった。

＜行政権の優越化＞

　現代民主制の変化の第2は，行政権の優越化に伴う行政責任の変化である。産業化や都市化という近代の現象に伴い，大きな社会問題が生じた。農民が農村から工場労働者となるため都市へ移動し，貧困が拡大し，失業者が増大し，住宅・上下水道・住宅の都市インフラの整備が求められた。都市への人口集中に伴い，教育や公衆衛生の制度を整えることも求められた。

　この結果，行政活動の量的拡大と質的変容は必然となった。もはや行政活動が素人集団では社会問題を解決することはできない。専門性への応答も求められるようになった。政府提出法案は増大し，行政立法が拡大した。法律の細目は政令に委任し，委任立法も一般的になった。こうして行政の裁量は拡大し，行政組織は大きな裁量権力を有する機構へと変貌したのである。

　これは行政責任を大きく変える契機となった。なぜなら，法治行政での行政には自動販売機のように機械的な処理を期待しており，法を積極的に解釈し，社会の変容に応じて法を応答的に活かすことは期待されていなかったからである。つまり受動責任に限定されていた行政の責任は能動責任へと拡大することになった。これは政治が決めて事務がそれを執行するという縦の系列関係を排し，政務と事務の明確な区分が困難となり，行政が政治の侍女である構図を否定するものであった。

＜公務員制度の変容＞

　現代民主制の第3の変化は，資格任用制の確立に伴う行政責任の変化である。先に社会問題を解決するため専門性を高める必要性があったことを指摘した。

政治の人事への党派的介入は大きな腐敗を呼び，アメリカの民主主義の再生は
猟官制を維持したままでは難しいと主張されるようになったのである。政治行
政分断論がそれである。

　そのため，任用と罷免の両面で政治的中立性を確保し，行政の専門性を確保
する必要があった。強固な身分保障のもとで，学歴・勤務年数などに基づいた
昇級昇進の公務員制度を設計することが，緊急の課題であった。つまり行政官
僚制を積極的に制度設計することで，民主主義の再生を図ろうと考えたのであ
る。

　これは高い専門性と深い倫理観を有する専門職業人を養成する必要性へと結
びつき，行政官僚制の自律性と能動性に期待し，非制度的・内在的な責任の重
要性を認識することにつながった。専門職主義の中で専門家の同僚評価に基づ
く社会統制が期待されるようになった。このような現代公務員制度の確立は，
行政責任の構図において外在的・制度的責任の限界を示すことになったのであ
る。

4．行政責任論争とその継承

＜フリードリッヒの責任論＞

　1930年代から40年代にかけて，フリードリッヒとファイナーによって繰り
広げられた行政責任論争については，行政学の教科書で取りあげられることが
少なくなってきた。このような傾向に警鐘を鳴らすがごとく，村松岐夫は『政
と官の五十年』の中で，フリードリッヒとファイナーの論争の現代的意義を積
極的に見出している。村松が指摘するように，行政責任論争で議論された論点
は現在の行政活動の本質と何ら変わりがない。そこで本節では，フリードリッ
ヒとファイナーの論争を概観し，その現代的意義を探ることにしたい。

　アメリカの政治学者フリードリッヒは，「責任ある行政官とは，技術的知識と
民衆感情という2つの有力な要素に応答的な行政官である」と述べた。彼がい
う機能的責任とは，客観的に確立された技術的・科学的な「標準」にしたがっ

て行動する責任であり，「科学の仲間」による判定が行われる。専門家による評価がそれである。また政治的責任とは，市民感情に応答して判断・行動する責任である。行政の広報活動，市民の参加，国民に対する直接的経路を重視し，参加による行政責任の確保をめざしたのである。

　フリードリッヒが認識したこの時代背景にある官僚制への要請とは，専門性であり，住民への政治的応答であった。行政への楽観と信頼が根底に存在し，代議制民主主義への疑問が存在した。他律的責任ではなく自律的責任が行政官僚制の果たすべき責任であり，内在的責任や政治的・主観的責任が機能的・客観的責任を補完すると観念したのである。

＜ファイナーの責任論＞

　これに対してイギリスの行政学者ファイナーは，近代民主主義の基本原理を再確認し，行政の民主的統制を重視した。その時代背景には，ファシズムやスターリニズムによる専制主義や独裁制への危惧が存在したのである。社会変化に対して専門性をもって対応するにしても，ファイナーは行政官僚制に恣意的権力というフリーハンドを与えることに否定的であった。他律責任を強調し，制度的・外在的責任の保障を重視した。根底にあるのは，行政への悲観と不信である。

　ファイナーによると，①行政官が国民の欲求と考えたものではなく，国民自身が欲したことのために働かなければならない，②国民から選挙された代表を政治機関の中枢に据えていなければならない，③国民はその欲求を政治機関に伝達する能力をもち，政治機関を国民の指令に服従させる権力をもたなければならない，とした。説明がなされる相手の機関や人の外在性を行政責任の本質的な要件としたのである。

＜行政責任のディレンマ＞

　図表21-2のように，この2つの考え方は共に行政の本質を示している。行政責任の重層化，多元化，自律化はディレンマの構造に陥っており，行政の受動

図表21-2　フリードリッヒとファイナーの議論の対比

	フリードリッヒ	ファイナー
責任の性質	自律的	他律的
責任の志向	能動的	受動的
責任の構図	非制度的	制度的
行政への態度	楽観的	悲観的

出典：筆者作成

と能動，他律と自律，規律と裁量のバランスの中に行政活動は存在する。この行政責任のディレンマを克服するための新しい制度設計が求められている。政治家に忖度する官僚には「誠実廉直」な態度が欠けているが，本来ならば「誠実廉直」な態度は行政官に求められている重要な資質のひとつである。行政責任論争はともすれば昔の議論として認識され，歴史的な遺物として忘れ去られようとしている。しかし，その議論をどう生かすか，それをどのように継承するかは，私たちの見識や力量次第である。

　近年は新しい行政に対する統制として，第1に，新しいリスクへの専門的判断による対応が求められている。リスク社会での対応はゼロサムの対応ではなく，合意が難しい分野である。そのためリスクコミュニケーションに大きな負担をしなければならない。第2に，行政の不手際や不作為への対応も求められる。行政活動は常に不手際と不作為の連続であるが，結果責任を問われる政治家とは異なり行政官が法的責任を問われることは少ない。リスクを恐れて抑制的な行動にもなりかねないからである。しかしながら，たとえ不手際や不作為の裁量行動であっても，第3に，予見可能性への対応は答責性として重要である。建設アスベスト訴訟における2021年5月17日の最高裁判決でも，国の規制権限の不行使が指摘されている。裁判規範性では将来を正しく予見できたかどうかが行政には問われ，ウェーバーがいう目測力が行政官には求められてい

る。

＜予見可能性と不作為＞

　2020 年 9 月 30 日，福島原発集団訴訟で仙台高裁は国と東京電力の責任を認めた。ここで重要なのは津波の予見可能性の判断である。国の地震調査研究推進本部が 2002 年 7 月に公表した地震予測「長期評価」が福島県沖で津波地震が起こる可能性を指摘したことで，国が津波を予想し，東京電力に安全対策を指示すれば事故を防げたとした。仙台高裁判決は，「長期評価」について「合理的根拠がある科学的知見」であるとし，東京電力から「信頼性に疑いがある」という報告を受けて津波高の試算の指示を撤回した国の態度について「不誠実ともいえる東電の報告を唯々諾々と受け入れ，規制当局に期待される役割を果たさなかった」と厳しく批判したのである。この仙台高裁の判決は行政学によって重要な「法学情報」（伊藤大一）であり，行政機関の予見可能性を示す行政責任に関する重要な判決であった。

　ただし，地裁判決や高裁判決では国の責任を問う判決と問わない判決とに分かれている。2021 年 1 月 21 日，原発訴訟東京高裁判決は国の責任を認めず，東京電力のみに賠償を命じた。この高裁判決は地震調査研究推進本部が公表した地震予測「長期評価」について信頼性を否定した。しかし 2021 年 2 月の千葉避難者訴訟の控訴審（東京高裁）判決では逆に，相当の科学的信頼性があると認めた。そして国は長期評価に基づけば，原発の敷地の高さを大きく超える津波を予見でき，公表から遅くとも 1 年後には東京電力に事故を避ける措置を命じることができたと指摘している。そこから東日本大震災が起こるまでの約 7 年半で防潮堤の設置や重要機器等の防水対策は可能であり，全電源喪失という結果は避けることができたと判断した。東京高裁は規制権限を行使しなかった国の対応を違法であると結論づけたのである。このように原発訴訟に関する地裁・高裁の判決において，国の責任に対する評価は大きく分かれ，最高裁判決が出ていない 2021 年 2 月現在では，その責任について法的には確定していない。

　ブラックボックスである行政を対象とする場合，その内部の作動メカニズム，

意思決定メカニズムを詳細に把握することは難しい。裁判所の判決文は，行政の決定・判断に至るまでの根拠となる事実や理由となる論拠について説明している場合があり，このブラックボックスを理解するために重要な意味をもつ。この仙台高裁の判決は官僚制の予見可能性や事故発生の結果回避の義務について詳細に検討しており，しかも規制権限の不行使にまで踏み込んで論じている。裁判所の判決でここまで詳しく行政のメカニズムについて論じたものは珍しく，官僚制の予見可能性や不作為・不手際のメカニズムについて理解するために貴重な「法学情報」である。また判決文は行政の活動に対して規範的な意味をもち，特に最高裁判決は決定的である。制度的・外在的統制として司法統制は行政の責任を確保するために必要不可欠な存在である。

【確認問題】

1．国民主権の確立で，国民に責務を果たすべきか，政党や議会に責務を負うべきか，という行政責任の構図が生まれた。
2．フリードリッヒは，機能的責任と政治的責任を主張し，行政の自律的責任を説いた。
3．立憲君主制への移行により，従うべきものが法律なのか勅令なのかという責任対象の重層化が生じた。
4．圧力団体や利益集団の台頭により，非制度的・外在的責任が生じた。
5．ファイナーは，近代民主主義の基本原理を再確認し，行政の民主統制を重視した。

【練習問題】

行政の裁量と統制について論じなさい。

【ステップアップ】

足立忠夫（1992）『職業としての公務員：その生理と病理』公務職員研修協会
「行政責任の問題を語る際にはこの本」といえるほど定番の著作である。足立

忠夫は，任務的責任，応答的責任，弁明的責任，受裁的責任の循環構図を示し，行政責任のディレンマ構造を示すスタンダードな説明を行ったが，本書では公務員制度の研究に多大な業績をあげてきた著者ならではの，著者しか語れない責任論を論じている。同じ著者の『行政と平均的市民』日本評論社，は土地収用の問題を取りあげたユニークな著作であり，行政が強制力を発揮する土地収用の問題と「平均的市民」を論じている。

主な参考文献

足立忠夫（1992）『行政学（新訂）』日本評論社

マックス・ヴェーバー（1980）『職業としての政治』（脇圭平訳）岩波文庫

辻清明（1950）「社会集団の政治的機能」長浜政壽・辻清明・岡義武編『近代国家論　第二部　機能』弘文堂

手塚洋輔（2010）『戦後行政の構造とディレンマ──予防接種行政の変遷』藤原書店

西尾勝（1990）『行政学の基礎概念』東京大学出版会

村松岐夫（2019）「カール・フリードリッヒ再読」『政と官の五十年』第一法規

『毎日新聞』2020 年 10 月 1 日東京朝刊

『朝日新聞』2021 年 2 月 20 日東京朝刊

『朝日新聞』2021 年 5 月 18 日東京朝刊

第22章　統制と責任

　本章の目的は，制度的・内在的統制方式を説明することである。新しい
統制方式として，公益通報者保護，情報公開，オンブズマン，政策評価，
公文書管理について検討し，その可能性と限界を示す。

1.　内在的統制の制度

＜総　務　省＞

　総務省は，行政制度一般に関する基本的事項の企画立案を行い，機構や定員
の管理運営，独立行政法人・国立大学法人・特殊法人の新設改廃，政策評価の
業務を担当する。橋本行革で総務庁（旧行政管理庁），自治省，郵政省の一部が
統合されて総務省となり，内政の総括官庁となった。

　総務省行政管理局や行政評価局は，機構と定員の管理として行政公式組織の
改善を提示し，政策評価により行政活動の見直しへ貢献している。「国の行政機
関の機構・定員管理に関する方針」（平成26年7月25日閣議決定）に基づき，総
務省が策定する「国の行政の業務改革に関する取組方針」を踏まえて，各省庁
は業務改革に取り組み，これを基に毎年度の機構・定員要求を行う。こうした
各府省の業務改革の取組を，内閣人事局は機構・定員審査に適切に反映するこ
ととされている。これらの行政管理を通じて，行政組織の責任を確保している。
このような定員管理や政策評価の結果を見れば，私たちは行政活動の一端を理
解することができる。

　行政改革の形式と実態として各省の局・課の数は減ったため，改革が推進し
たと総務省は説明する。しかし局次長，室長，参事官ポストは増大しており，
局長や課長の数だけでは判断できない。ポスト増は総務省の了承済みのことで

ある。また評価の対象も評価される側の同意を得て設定される。内部管理による責任確保には制約があることも了解しておかなければならない。また，地方自治体の改革については，地方自治体の後見主義の立場から地方自治体を保護し，利益を誘導する。そして改革を推進するために情報を提供し，統制を加える役割を担っている。

＜会計検査院＞

　会計検査院は，国の収入支出の決算について検査報告する業務を行い，行政機関であるが内閣から独立した地位を保っている。内閣は検査報告を国会へ提出し，会計検査院は決算というアプローチから衆議院行政監視委員会や参議院決算委員会との連携を図っている。

　会計検査院では，5つの検査基準，つまり正確性，合規性，経済性（economy），効率性（efficiency），有効性（effectiveness）が用いられ，最も重要な合規性（合法性）では会計経理が法令・予算・会計規則と会計経理慣行に即して違法不当ではないかという基準が具体的に用いられている。

　ここで正確性とは，決算の表示が予算執行等の財務の状況を正確に表現しているかどうかであり，合規性とは，会計経理が予算，法律，政令等に従って適正に処理されているかである。経済性とは，事務・事業の遂行及び予算の執行が，より少ない費用で実施できないかであり，効率性とは，業務の実施に際し，同じ費用でより大きな成果が得られないか，あるいは費用との対比で最大限の成果を得ているかを意味する。そして有効性とは，事務・事業の遂行及び予算の執行の結果が，所期の目的を達成しているか，また効果を上げているかという視点である。

　不適切な会計処理事項として，①「法律，政令若しくは予算に違反し又は不当と認めた事項」，②「会計経理に関し法令に違反し又は不当であると認める事項」，③「法令，制度又は行政に関し改善を必要とする事項」があげられている。

　近年の特徴としては，①「法律，政令若しくは予算に違反し又は不当と認めた事項」よりも②「会計経理に関し法令に違反し又は不当であると認める事項」

と③「法令，制度又は行政に関し改善を必要とする事項」の指摘事項が増える傾向にある。また，特記事項の記述で議論を促すこともある。会計検査の結果は次の政策立案に反映される可能性を持っているので，予算と同様にその結果は重要である。そのため国会の決算委員会や行政監視委員会との連携は，行政統制として大きな意義がある。

　しかし，会計検査院には情報提出の強制権限がなく，検査報告のフィードバックが弱いという課題も残っている。あくまで評価でなく検査を行っている機関であるので，正確性と合規性の基準を基本とした活動であることは了解しておかなければならない。

＜人　事　院＞

　人事院は，国家公務員法に基づいた中央人事行政機関であり，内閣からの独立性を有した行政委員会である。

　国家公務員法にもとづき，給与その他の勤務条件の改善及び人事行政の改善に関する勧告（人事院勧告），採用試験，任用，分限，研修，給与，懲戒，苦情の処理，職務に係る倫理の保持その他職員に関する人事行政の公正の確保及び職員の利益の保護等に関する事務をつかさどっている。これらの人事管理の面から人事院は行政職員を内部統制している。

　とくに重要な業務は人事院勧告であり，これは国家公務員給与への影響だけでなく，地方公務員給与への影響もある。また，かつての自由民主党と日本社会党の保革伯仲時代には，人事院勧告を与党が実施することと法案・予算の通過とが政党間の政治的取引対象とされていたこともある。

　内閣へ人事院の権限が一部移管する際には，内閣人事局案に対して人事院も強く抵抗したが，官邸に押し切られ，幹部職員に関しては内閣人事局の所管へと変わった。近年は幹部職員のみならず新卒採用に関しても内閣人事局が関与することがあり，人事院と内閣人事局の活動範囲の確定は明示的ではない。

2．公益通報者保護

＜公益通報者保護法の概要＞

　公益通報者保護法とは，役所や企業など事業者の法令違反行為の通報を理由とした労働者の解雇，降格，減給といった不利益な取扱いを禁じた法律である。2004年6月14日に制定され，2006年4月1日に施行した。

　その法制定の背景には，食品の偽装表示や自動車のリコール隠しの不祥事が相次ぎ，これらが内部告発を契機として明らかとなったことにある。組織内部の事情については，外部の者は窺い知ることはできず，インサイダーに情報を依存しなければならないことも多い。国税庁の査察業務もその一例であるが，それが悪意のある誤情報の場合もあり，その見極めは難しい。

　図表22-1で示すように，公益通報者保護制度の内容は複雑である。公益通報者保護の主体は「公益通報をした労働者（公務員を含む）」とされ，正社員，パート，アルバイトなど直接雇用の労働者だけでなく派遣労働者も含まれる。取引先の業者取引事業者に雇用される労働者も対象となる。また公益通報の対象としては，「個人の生命又は身体の保護，消費者の利益の擁護，環境の保全，公正な競争の確保その他の国民の生命，身体財産その他の利益の保護にかかわる法律」（二条三項一号）の違反行為について，労働者が行う通報に限定している。

＜公益通報の通報先＞

　公益通報の通報先は，事業者内部，権限ある行政機関，その他の事業者外部，の3つである。

　企業など事業者内部への通報の場合は，①不正の目的でない　②法令違反行為が生じ，まさに生じようとしていると思った場合，に保護要件が限られる。行政への通報の場合も同様であり，さらに厳格に適用される。「信ずるに足りる相当の理由がある場合」「不正と信じた合理的な理由」「真実相当性」が要件とされる。外部のマスメディア，消費者団体など事業者外部への通報の場合も，

図表 22-1　公益通報者保護法の概要

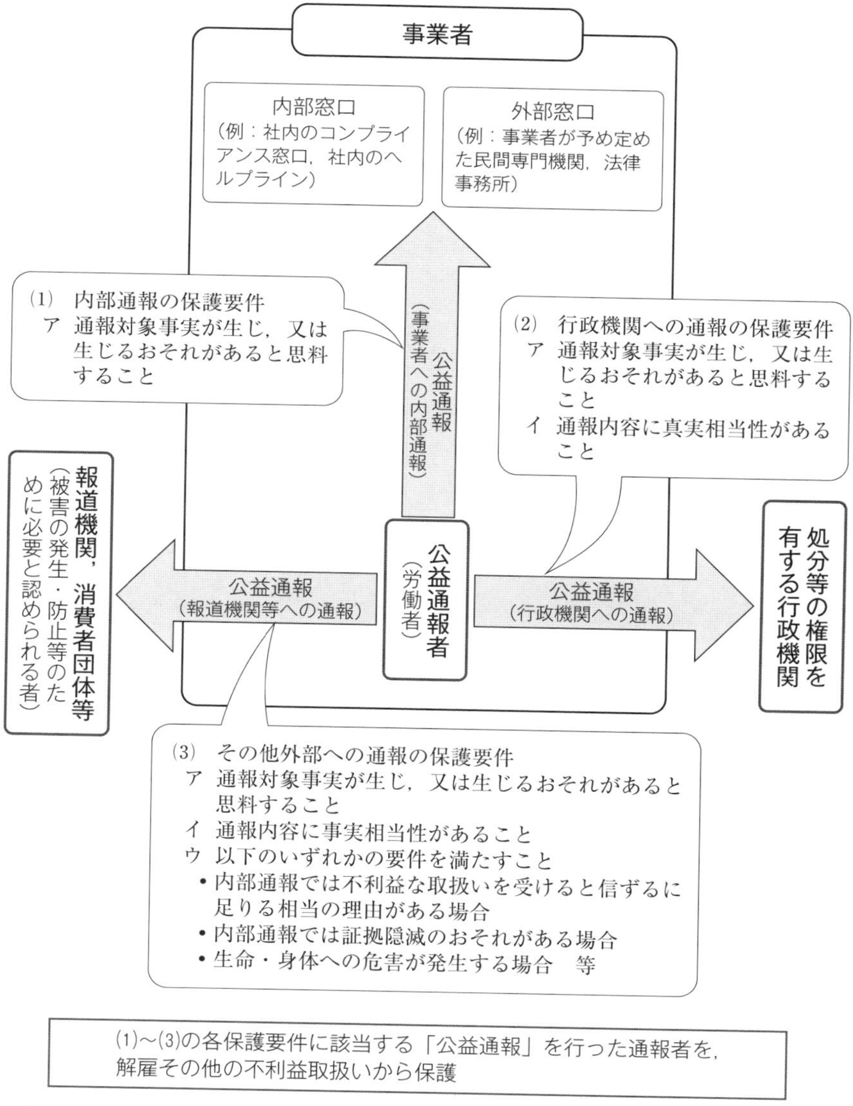

出典：消費者庁編（2019）『消費者白書　平成 29 年版』勝美出版，224 頁

事業者内部と同様の保護要件となる。

「内部や行政に通報すると不利益な取り扱いを受けるおそれがある」「内部通報では証拠隠滅の恐れがある」「事業者から内部や行政に通報しないことを，正当な理由なく，求められた」「書面での内部通報後，20日以内に調査を行う旨の通知がない，または事業者が正当な理由なく調査を行わない」「人の生命，身体への危害が発生する窮迫した危険がある」がそれである。

保護の対象として解雇・降格・不利益からの保護が想定され，解雇の無効（三条），労働者派遣契約の解除の無効（四条），不利益取扱いの禁止（五条）が公益通報者保護法で規定された。

図表22-2のように，民間事業者では，内部通報が不正発覚に果たす役割は大きく，内部通報を導入した効果として，違法行為への抑止力，自浄作用による違法行為の是正機会の拡充，従業員が安心して通報できる環境整備などがあげられている。実際に事業者が不正を発見する経緯は，内部通報が最も多く，内部監査や上司による日常のチェックを上回っている。

＜公益通報者保護制度の課題＞

公益通報者保護法は，弱い立場のインサイダーを保護する点で画期的な法律でもあったが，課題も多い。

第1の課題は，要件の厳格さ，ハードルの高さである。「真実相当性」「窮迫した危険」という要件はかなり厳格に適用されている。第2の課題は，罰則規定と担当窓口への守秘義務の順守が規定されていない点である。第3の課題は，対象の限定と罰則の弱さである。対象となる法律は法改正でも大きく変わらなかった。2017年9月1日の段階で462本であったが，2020年6月9日の段階で470本となっている。税法，政治資金規正法は対象外である。勤務先・派遣先・取引先は対象に含まれるが，請負契約先は対象外となっている。不利益の取り扱いの場合，労働審判・裁判・原状回復の強制はなく，民事ルールの適用であり違反者への罰則や行政処分はない。

また，諸外国では告発による利益確保として，企業の不正請求について告発

図表 22-2　内部通報制度導入の効果

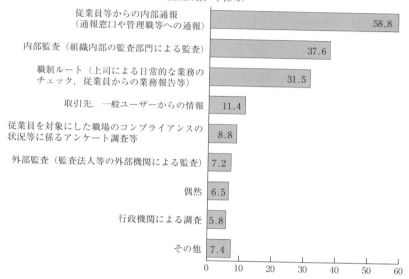

社内の不正発見の端緒
（複数回答，単位％）

従業員等からの内部通報（通報窓口や管理職等への通報）　58.8
内部監査（組織内部の監査部門による監査）　37.6
職制ルート（上司による日常的な業務のチェック，従業員からの業務報告等）　31.5
取引先，一般ユーザーからの情報　11.4
従業員を対象にした職場のコンプライアンスの状況等に係るアンケート調査等　8.8
外部監査（監査法人等の外部機関による監査）　7.2
偶然　6.5
行政機関による調査　5.8
その他　7.4

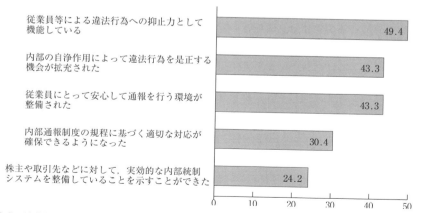

通報窓口を設置したことによる効果
（複数回答，単位％）

従業員等による違法行為への抑止力として機能している　49.4
内部の自浄作用によって違法行為を是正する機会が拡充された　43.3
従業員にとって安心して通報を行う環境が整備された　43.3
内部通報制度の規程に基づく適切な対応が確保できるようになった　30.4
株主や取引先などに対して，実効的な内部統制システムを整備していることを示すことができた　24.2

出典：消費者庁（2017）「平成 28 年度 民間事業者における内部通報制度の実態調査報告書」55, 58 頁

者が訴訟を行い，報奨金として勝ちえた金額の 15 〜 30％を告発者へ分配する制度もある。しかし日本においては，公益通報者への正のインセンティブは少ない。

2020 年に公益通報者保護法は法改正が行われ，一部義務づけが強化された。事業者に公益通報に対応する業務に従事する者を定めることを求め，従業員が 300 人以上の事業者には公益通報の対応を義務づけた。地方自治体を含む行政機関に対しては，労働者などからの公益通報に適切に対応する体制を整備することを義務づけた。このように，対象の拡大や義務づけの強化など改善は図られたが，公益通報者保護が行政統制の手段として積極的に位置づけられたわけではなく，民事ルールの適用にとどまっている。漸変的な改革がどのように今後行われるか注視していかなければならない。

3．情報公開・オンブズマン・政策評価

＜情報公開の意義と限界＞

情報公開とは，広義では政府機関が保有する情報を外部の者に提供するすべての行為をさす。それは情報提供業務，情報公表義務制度，開示請求制度の 3 つから構成されている。

第 1 の情報提供業務は，広報誌の発行，公文書館や情報センターの設置，行政資料の配布，マスコミへの情報提供，相談・案内窓口の設置である。第 2 の情報公表義務制度とは，条例・規則の交付，自治体の財政状況の公表，都市計画案の縦覧，固定資産税台帳の縦覧である。第 3 の開示請求制度とは，行政が保有する情報について住民など不特定多数からの開示請求に応答することである。

情報公開制度は，1967 年にアメリカで導入され，デンマーク，ノルウェー，フランス，カナダ，オーストリアへ普及した。日本では，国で情報公開法が 1995 年 5 月に制定され，2001 年 4 月に施行された。地方自治体では情報公開条例が 1982 年に山形県金山町，1983 年に神奈川県と埼玉県で情報公開の手続き

に関する条例が制定された。これらに基づく情報公開の活動は自由権に基づく
「知る権利」の保障や参政権の補完として理解されている。情報公開は条例に基
づき，住民以外にも請求に応じて情報が提供されている。請求には全部公開さ
れることが多いが，一部開示の場合も存在している。

　情報公開制度が拡大するにつれて，請求者の範囲は住民に限定すべきか否か，
対象機関の範囲はどこまでか，対象情報の範囲はどこまで設定すべきか，適用
除外・例外の範囲はどうするのか，公開が拒否された場合の救済の方法と機関
をどのように設計するのか，という課題が生じている。個人情報保護との抵触，
公開すべき公益とは何か，という根源的な問題も存在しているのである。

　情報は行政官僚制の権力源である。情報の隠匿や秘密主義は行政機関でしば
しばみられる現象であるが，情報を収集し，蓄積させた情報を独占し，そして
情報を秘蔵することによって，国民や政治家を操作することも可能である。

　情報公開の意義は，この秘密主義を是正し，国民との情報の非対称性を解消
させることにある。国民に開示請求権を与え，政府に開示義務を課して，両者
に権利義務関係を成立させることこそ，情報公開制度の本質である

　しかしながら，問題点も多い。開示請求手続のコストが大きい点である。一
部の者から情報公開の大量請求が行われることもある。請求者への開示や住民
へ提供される情報が，住民にとってわかりやすい情報なのかも疑問である。あ
えて請求者に一次資料を提供し，わかりにくくする場合もありうる。情報公開
が進めば進むほど，行政側の破棄・隠蔽は進展し，情報公開の逆機能も生じる。

　このような点を改善するためには，情報提供業務を義務化し，情報公開義務
制度の整備や情報管理の改善が必要である。会議録の作成と公文書の保存も同
時に行うべき事項であろう。

＜オンブズマン＞
　オンブズマン制度は，海外に亡命中のスウェーデン国王が1713年に官僚を監
視するために最高検察官を任命したことに起源をもち，1809年にスウェーデン
憲法に規定され，翌年にオンブズマンが任命されたことに始まる。行政活動の

拡大にもかかわらず，従来の法的救済制度や議会による統制が不十分であった
ため，各国で普及していった。

　各国のオンブズマン制度は，議会型オンブズマンと行政型オンブズマンに分
類され，独任制の公務員として位置づけられている。一般的に，行政機関の違
法，不当な行為や好ましくない事実行為について苦情を受け付け，それについ
て職権で調査をおこない，是正勧告・調査報告を任務とする。スウェーデンで
は軍隊や警察もオンブズマンの検査対象となっている。

　日本においては，川崎市の市民オンブズマン，中野区の福祉オンブズマン，
日野市の福祉オンブズマンが有名であるが，行政管理研究センターの調査によ
ると，70近くの地方自治体で導入されている。条例や要綱に基づく設置され，
首長部門に置かれた行政型オンブズマンが多い。またオンブズマンの権限は極
めて限定的であり，対象も狭い。是正勧告も強制力に乏しく，改善への結びつ
きが弱いという課題が残っている。苦情申立件数が少なく，コストも大きいた
め，この制度をどのように維持管理していくかが課題となっている。

＜政策評価＞

　政策評価の目的は，行政活動の見直しと行政職員の意識改革の２つにある。
費用を削減し，業績を改善し，担当する職員の意識を変えることが政策評価の
具体的な目的である。評価の方法としては，トラベルコスト法，費用便益分析
など重厚で専門的な評価方法から自己点検シートのチェックによる簡便な方法
まで様々である。また外部評価，内部評価，この２つの組み合わせなどがあり，
対象も網羅的に行われる場合と重点的に対象を絞って実施される場合とに分か
れる。

　ただし，政策評価を行政統制の手法として用いるには課題もある。第１に，
予算との連動である。政策評価を行政活動の改善方法として用いる場合，予算
と連動させる必要がある。しかしながら，内部評価で行う場合は，予算削減を
恐れて客観的な評価を行わない可能性があり，内部評価を行う場合は大きなコ
ストがかかり常設化することは難しい。

　第2に，短期的な目的と長期的な目的との連動である。予算削減による行政活動の大幅な見直しと行政職員の意識改革という長期的目的とをどのようにして連動させるかが課題である。活動見直しの短期目的ならば外部評価と客観的な評価が望ましいが，意識改革の長期的目的ならば自己点検の内部評価を常態化する必要がある。長期目的と短期目的を連動させ，行政を担当する職員に当事者意識を保持することが，改革を継続するために重要である。

4．公文書管理

＜公文書管理法の制定＞

　公文書の管理は民主主義の基本である。なぜなら，公文書は税金を原資として行われている行政活動での基礎情報であり，現在と未来において検証されるべき対象だからである。公文書の保存なしに国民の知る権利は保障されないし，政治に参加する権利も保障できない。民主主義国家ではこの公文書の管理に大きなコストをかけており，それは民主主義を良好に作動させるための社会コストとして認識されている。ただし，日本においては行政官それ自身にその重要性の認識が欠けており，その欠落のまま行政活動を制度設計しているのが現状である。

　21世紀に入って，海上自衛隊の航海日誌の廃棄，防衛庁議事録の未作成，C型肝炎内部資料の放棄，年金記録問題など文書管理の杜撰さが露見した。そのため，福田康夫内閣が施政方針演説の中で公文書管理法の制定を表明し，2009年6月に制定され，2011年4月に施行となった。

　図表22-3は，公文書管理における公文書の範囲を示したものである。公文書には，行政文書，法人文書，特定歴史公文書を含む。公文書管理法は，①統一の管理ルールの法令化，②レコードスケジュールの導入，③コンプライアンスの確保，④公文書管理委員会の設置，⑤国立公文書館の機能強化，⑥歴史的公文書の利用促進，という内容からなる。2016年3月の段階で，行政文書ファイルは1,804万6,295ファイル（中央省庁119万4,977，6.6%）あり，膨大な情報を

図表 22-3 「公文書等」の範囲について

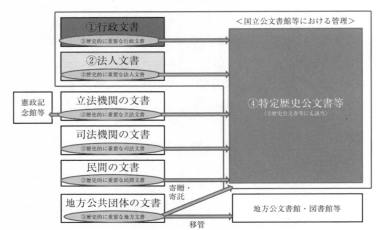

「③歴史公文書等」＝全ての③の合計。
「公文書等」＝「①行政文書」＋「②法人文書」＋「④特定歴史公文書等」

出典：内閣府ホームページ https://www.8.cao.go.jp/chosei/koubun/about/shikumi/g_bun/kenshuu.pdf
（閲覧日：2020 年 11 月 9 日）

管理することが求められている。

＜公文書管理法の見直し＞

　2017 年 9 月に公文書管理に関する総務省の勧告が行われ，保存期間の誤りの多さ，国立公文書館の積極活用，自己点検形骸化の改善，「公文書管理自己点検用チェックシート」の積極活用，職員研修の重視，廃棄への罰則のなさが指摘された。総務省の勧告としてはかなり踏み込んだ勧告である。

　2017 年 11 月に野党 4 党（民進，自由，共産，社民）による公文書管理法改正案が提示され，同時に総務省公文書管理委員会によってガイドラインの見直しも進められた。その見直し案に基づき公文書管理法が改正され，意思決定過程や事務及び事業の実施の合理的跡付けや検証に必要となる行政文書，1 年未満の保存期間を設定する類型の行政文書であっても重要又は異例な事項に関する情

報を含む場合など合理的な跡付けや検証に必要となる行政文書については，1年間以上の保存期間が必要とされた。

　しかし，行政機関による「総合的」「実質的」な判断は恣意的裁量の余地を残す。「自衛隊日報問題」「森友問題」「加計問題」では，「文書の不存在」を行政機関が主張した。そのため日本弁護士連合会（以下，日弁連という）は公文書管理の見直しに際して具体的な提言を行っている。

　第1は，「組織共用性」の要件についての解釈を確定することである。組織共用性とは「組織的に用いる」ことであり，職員個人ではなく組織としての共用文書の実質を備えた状態を意味する。行政組織において業務上必要なものとして利用・保存されている状態のことであり，行政文書を公開する際の基準となっているものである。行政機関の偏った法解釈，電子メールも「組織共用性」の要件にするべきと日弁連は主張する。

　第2は，「保存時間1年未満」の文書範囲を限定・可視化することである。ともすれば，保存期間1年未満の文書を多数にする可能性もあり，ファイル名などでは外部からは見えにくいことを指摘している。

　第3は，文書管理の厳格化である。文書管理の定型化，文書作成義務の順守・徹底，罰則の設定，内部通報窓口の設置が提案されている。そもそも文書は電子データ化されているので，従来の紙ベースの文書管理とは異なり，電子化は文書管理の定型化や合理化を容易にし，管理コストは大きく逓減していくはずである。

　第4は，各府省の公文書管理監（局長級）の権限強化，外部統制化である。日弁連は公文書管理庁の設置を提言しており，独立行政機関としての公文書管理委員会の設置についても触れている。

＜公文書は誰のものか＞

　公文書ははたして誰のものなのか？　公文書管理は民主主義の根幹にかかわる問題である。18世紀末の人権宣言には，主権は国民にあると明記され，フランスにおいては年間60億円を公文書管理費用に用い，国立公文書館を3館設置し

ている。日本の約3倍のコストをかけているのである。公文書管理の専門家として
してのアーキビストの養成も行っており，法制度・歴史の専門的訓練が大学院
で行われ，800人のアーキビストが公文書管理局から各省庁に派遣され第三者
による文書管理が実施されている。

　日本においても，条例を制定するだけでなく公文書館を設置している自治体
は，2014年の段階で88自治体と少なく，予算や人員の不足が促進を制約して
いる。国であれ自治体であれ，電子データ化の進展はこのコストの逓減に貢献
する可能性が高いが，これは今後の動向を注視しなければならない。

　公文書管理は民主主義のコストである。コストの大きさゆえに杜撰な管理を
許容することはできず，国民に対して責任を果たしているとはいえない。行政
は国民の福利を向上させる道具である。吉野作造は民本主義を説いた「憲政の
本義を説いてその有終の美を済すの途を論ず」の論考の中で，政治の目的は民
衆の福利にあり，政策決定は民衆の意向によるとした。国民からの検証，そし
て未来の国民からの検証に耐えられるようにし，説明する責任を行政が果たす
ように行政のシステムを設計することは，行政学の重要な社会的責任である。

【確 認 問 題】
　1．オンブズマン制度は，日本において一部の自治体で採用されている。
　2．公益通報者保護は，真実相当性という要件が厳格に運用され，対象者が
　　　限定される課題がある。
　3．会計検査院では正確性，合規性，経済性，効率性，有効性の検査基準が
　　　用いられている。
　4．公文書管理法は組織共用性の要件についての解釈が確定していないとい
　　　う課題がある。
　5．情報公開が進めば進むほど，行政側の破棄・隠蔽が進展するという逆機
　　　能が生じる。

【練 習 問 題】

　『インサイダー』という映画の中で，CBS テレビのプロデューサー，バーグマン（アル・パチーノ）は，たばこ会社副社長のワイガンド（ラッセル・クロウ）に会社の不正を告発するインタビューを持ちかけ，ワイガンドはインタビューに応じ，法廷での証言を決意した。しかしワイガンドは失職し，離婚の後に家族と離散し，家に銃弾を撃ち込まれたりした。またバーグマンも CBS 上層部の圧力で番組から降ろされた。しかし，バーグマンは新聞社へリークし，ワイガンドのタバコのニコチンに関する告発は社会的に大きな反響を呼んだ。ワイガンドは博士号を持つ科学者でもあったが，職を追われた後は高校の理科教師となり，優秀教師の賞を得る教師となる。バーグマンもジャーナリズム論を教える大学講師へ転職した。映画の最後は「私たちは何に勝ったのか」という主人公の発言で終わり，示唆的なものであった。

　1999 年に公開されたこの映画は実話に基づいたものであるが，内部告発は自分だけでなく家族や同僚を捲き込んで大きなコストとリスクが付随し，個人の正義感や倫理観に支えられていることがよくわかる。このような内部告発を行政統制の手段として設計する意義と限界について，情報公開制度や公文書管理制度による責任確保と比較して論述しなさい。

【ステップアップ】

古川俊一・北大路信郷（2004）『公共部門評価の理論と実際』日本加除出版

　政策評価や行政評価はしばしば形而上学的な研究に陥りがちである。しかしながら本書は実務に精通した 2 人の著者が評価の組織運用の実態を明らかにし，理論どおり展開されない評価活動について説明している。また評価は科学的な文脈ではなく政治的文脈の中で用いられていることも理解できる。評価に関する研究で理論と現実の二兎を追うことに成功した稀有な研究書である。

主な参考文献

岡義武編（1975）『吉野作造評論集』岩波文庫

行政管理研究センター編（2016）『地方公共団体における公的オンブズマン制度の実態把握のための調査研究』

ハーバート・A・サイモン，クラレンス・E・リドレー（1999）『行政評価の基準：自治体活動の測定』（本田弘訳）北樹出版

消費者庁編（2019）『消費者白書　平成 29 年版』勝美出版

角田邦重・小西啓文編（2008）『内部告発と公益通報者保護法』法律文化社

瀬畑源（2011）『公文書を使う　公文書管理制度と歴史研究』青弓社

総務省（2017）『公文書管理に関する行政評価・監視結果に基づく勧告』

総務省自治行政局行政経営支援室（2018）『情報公開条例等の制定・運用状況に関する調査結果』

西尾勝編（2000）『行政評価の潮流』行政管理研究センター

日本弁護士連合会編（2019）『公文書管理』明石書店

C・ペイトマン（1977）『参加と民主主義』（寄本勝美訳）早稲田大学出版部

D・C・ローワット（1989）『世界のオンブズマン構想』（川野秀之監訳）早稲田大学出版部

山谷清志編（2010）『公共部門の評価と管理』晃洋書房

第23章　参加と責任

　本章の目的は，住民参加に焦点をあて，責任と統制のあり方を検討する。法制度上の参加方式について概説し，新しい参加方式として，市民会議，パブリック・コメント，市民協働事業の3つを取りあげる。それらを効率・有効・代表（正統）の観点から検討する。

1．住民参加の制度

＜直接請求制度＞

　首長や議員の選挙，つまり間接民主主義とは別に，私たちには別の政治的経路が存在する。それが住民参加の直接民主主義の制度である。参加には自治体の国政参加や職員参加など様々な次元が存在するが，本章では住民参加に焦点をあてて行政責任の意味を考えていきたい。

　第1は，条例の制定・改廃の請求，いわゆるイニシアティブである。イニシアティブとは直接民主制による国民・住民による発案のことである。地方自治法第12条・第13条によると，有権者総数の50分の1以上の者の連署により，住民の直接請求権が認められている。首長・議会議員の条例提案権限が機能しない場合や住民意見が反映されない場合に，首長へ条例制定の直接請求が提出され，議会に提案される。住民の請求は「議員定数」「住民投票」に関するものがほとんどとなっている。

　署名の収集期間の短さ（都道府県2か月・市町村1か月）は高いハードルであり，有権者総数の50分の1という署名数も同様に高いハードルとなっている。改革の論点として，この署名数を変えるか，また対象を変えるか，という問題が地方制度調査会でも議論されている。現在は地方自治法第12条で「地方税の賦課

徴収並びに分担金，使用料及び手数料の徴収に関するものを除く」とされている
るからである。

第2は，事務の監査請求である。自治体の監査委員は自治体の財務管理，事業の経営管理事務全般について監査を行う。住民はこの自治体の監査委員に監査請求を行うことができる。有権者総数の50分の1以上の者の連署があれば，監査委員は監査を行い，結果報告を監査委員の合議で決定し，請求代表者に送付し公表し，議会及び首長ならびに関連ある委員会や委員に提出しなければならない。後述する住民監査請求が請求の対象が財務に限定されるのに対して，地方自治法第242条で規定する事務の監査請求については，自治体の事務全般の調査を請求する制度といってよい。

第3は，議会・議員・長・主要公務員の解散解職請求，いわゆるリコールである。リコールとは一般的に直接民主制による解職・解散の請求のことを意味し，この直接請求はリコールの一種と考えてよい。有権者の総数の3分の1以上の連署の後，選挙管理委員会へ議会の解散，議員の解職，長の解職を請求することができる。主要公務員の場合は3分の1以上の連署があれば，長へ解職を請求することができる。

＜住民投票＞

このほかに，住民参加の制度としては住民投票がある。いわゆるレファレンダム制度とは，国民や住民の直接投票による政治的決定を行うことであり，それには，①憲法第95条に基づくもの，②地方自治法の直接請求手続に基づくもの，③市町村合併の特例に関する法律に基づくもの，④条例に基づくもの，が存在している。「巻町における原子力発電所建設についての住民投票に関する条例」に基づく住民投票，「御嵩町における産業廃棄物処理施設の設置についての住民投票に関する条例」に基づく住民投票，大阪都構想の是非を問う住民投票が有名である。

この住民投票は，既存の地方政治の構造を直接民主主義の制度で打破できる点で画期的な側面をもつ。地方議会などの保守勢力の基盤を打破する強い政治

的影響力を行使できるためである。しかしながら，課題も多い。個別型の住民
投票は個別の案件に対する拒否権行使の側面が強く出てくる。公共性との調和
をどう図るのか，住民の範囲はどこまでか，という課題もある。合意形成の側
面が薄く，二者択一の単純投票としての政治解決である点は否定できない。住
民投票の尊重義務を首長に求めることが可能かについても議論は確定していな
い。なによりまして，住民投票のコストは大きく，簡単に実施できるものでは
ない。

＜住民監査請求と住民訴訟＞

　監査請求前置主義とは，住民監査請求をしてその結果を待たなければ住民訴
訟を提起できないことである。この監査請求の対象は，「財務会計上の違法もし
くは不当な行為または怠る事実」がある場合に限定される。

　請求の対象は，違法又は不当な財務会計上の行為又は怠る事実があり，市の
財政に損害を与える場合となる。財務会計上の行為として違法又は不当な場合
とは，公金の支出，財産の取得，管理，処分，契約の締結，履行，債務その他
の義務の負担がある。怠る事実として違法又は不当な場合とは，公金の賦課徴
収を怠る事実，財産の管理を怠る事実がある。監査請求の期間は当該行為から
1年以内に限られている。監査委員は60日以内に監査を行い，議会・長などへ
勧告・通知・公表をしなければならない。

　住民訴訟は参政権の一種であり，住民監査請求を行った住民が住民訴訟を行
うことができることとなっている。住民訴訟の提起は，首長が講じた措置に不
服がある場合，監査勧告を60日以内に行わない場合，監査委員勧告を長等が講
じない場合に認められる。請求の内容は，差止め請求，当該行為の取り消し・
無効確認の請求，当該怠る事実の違法確認の請求，損害賠償・不当利得返還の
請求などである。請求期間は30日以内の訴訟提起とされ，判決後の手続は60
日以内の損害賠償金・不当利得を返還することが義務づけられている。

2．新しい参加方式

＜市 民 会 議＞

　住民参加の制度について述べてきたが，従来から町内会・自治会での参加の是非が地方自治では議論されてきた。本章では町内会・自治会への参加について直接詳しく論述しないが，このような地域への参加に加えて，近年は新しい参加方式も模索されている。ここでは市民会議，パブリック・コメント（意見公募手続き），市民協働事業の3つに焦点をあて，それぞれの参加を効率，有効，代表（正統）の3つの視点から分析しておきたい。ここで効率性とはインプットとアウトプットの比率であり，有効性とはインプットとアウトカムとの比率であり，代表性・正統性とは直接民主主義の存在理由に関わるものである。

　新しい参加の第1は，市民会議である。これは市民がイニシアティブをとって住民主導で運営される会議であり，条例や計画の策定，男女共同参画，環境，子育て，食品問題などで採用されている方式である。この参加デモクラシーには様々な制度がある。たとえば，図表23-1のように討論型世論調査においては，アンケートと集団討論・質疑応答を繰り返しながら自分の意見を修正し合意形成を図っていく。またコンセンサス会議においては，10～12人の市民が専門家のアドバイスを入れながら合意形成を行い，その過程を公開しながら報告書を作成していく。市民陪審においては，発起人・主催者・司会者のほかに証人（証言者）の主張を聴取しながら市民が討論を行い，陪審員のように結論を作成する方法である。スイスやアメリカの樫の木の下での住民集会で描かれたような直接デモクラシーの設計であり，ルソーが示したデモクラシーの理想型の実現である。

　日本においては，市民討議会として住民票からの無作為抽出方式が採用され，専門家，行政，市民の討議による意見聴取の手法が模索されている。これらは参加する住民が能動的な市民であることを前提にして，裁判員制度のように住民へ参加を義務づける点に特徴がある。「みたかまちづくりディスカッション」

図表 23-1　討論型世論調査の流れ

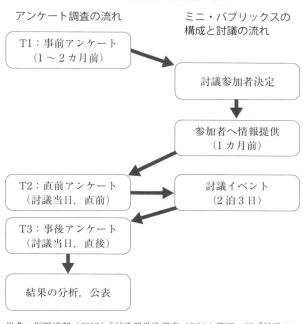

アンケート調査の流れ

ミニ・パブリックスの
構成と討議の流れ

T1：事前アンケート
（1～2カ月前）

討議参加者決定

参加者へ情報提供
（1カ月前）

T2：直前アンケート
（討議当日，直前）

討議イベント
（2泊3日）

T3：事後アンケート
（討議当日，直後）

結果の分析，公表

出典：坂野達郎（2012）「討論型世論調査（DP）」篠原一編『討議デモ
クラシーの挑戦』岩波書店，15頁

においては住民票から無作為抽出で選出された 1,800 人から 103 人が参加を承
諾し，最終的に市民会議へ 83 人が参加した。4.6％の参加率である。「千代田区
無作為抽出による区民討議」においては，住民票から無作為抽出で選ばれた区
民等同士が，複数のグループに分かれて同一のテーマについて自由に論議し，
グループごとに意見をとりまとめ，全員の投票により優先順位をつけ，提言を
行う手法が採用されている。

＜パブリック・コメント＞
　第2は，パブリック・コメント（意見公募手続き）である。これは行政機関が
行う規制等の行政行為に対して意見，改善案などのコメントを求める参加方式

である。パブリック・コメントは，イギリスを起源とし，日本においては国で先んじて導入され，横須賀市のように一部の自治体でも積極的に導入されている。国においては，行政手続法第39条に基づく意見聴取として位置づけられ，地方自治体においては，各自治体の条例・要綱に基づき実施されている。図表23-2は富山県魚津市のパブリック・コメント手続の流れである。

行政手続法第39条によると，行政機関が命令等（法律に基づく政令，省令及び規則，審査基準，処分基準並びに行政指導指針）を定めようとする場合には原則として，その案と関連資料を公示し，意見提出先及び意見提出期間（原則として30日以上）を定めて，広く一般の意見を求めなければならない。行政分野の特殊性などから行政手続法に定める手続を適用することになじまないものについては，行政手続法や個別の法律の定めにより，行政手続法の規定を適用しないこととされている。

その他に，計画づくりにおいては，公聴会や聴聞会が開催され，都市計画や建設関係では，パブリック・インボルブメントが遂行されている。これらは事前に国民や住民から意見が聴取され，それらを意思決定へ反映させることでより良い行政へ改善しようとする試みである。ここでは，これらの意見公募手続きや意見表明手続きを代表してパブリック・コメント制度を中心に論じることにする。

＜市民協働事業＞

第3は，市民協働事業である。その一つに市民提案型事業がある。市民や市民団体から提案された複数の事業から専門家や市民から構成される審査会において事業内容を評価し，市民協働事業として適切なものを選択するものである。八王子市，多摩市，綾瀬市，伊勢原市などで実施されており，企画の提案・評価で住民参加が可能となり，市民の望む事業が実現される可能性がある。図表23-3は神奈川県伊勢原市の市民協働事業の概要である。

また施設協働型事業として，コミュニティセンター，公民館，男女共同参画センターなどの運営で，環境啓発運動，介護予防事業，男女共同参画事業など

図表 23-2　パブリック・コメント手続の流れ（フロー図）

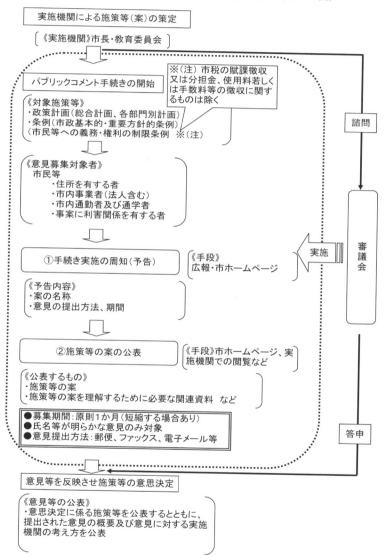

実施機関による施策等（案）の策定

《実施機関》市長・教育委員会

パブリックコメント手続きの開始

※（注）市税の賦課徴収又は分担金、使用料若しくは手数料等の徴収に関するものは除く

《対象施策等》
・政策計画（総合計画、各部門別計画）
・条例（市政基本的・重要方針的条例）
（市民等への義務・権利の制限条例　※（注）

《意見募集対象者》
　市民等
　　・住所を有する者
　　・市内事業者（法人含む）
　　・市内通勤者及び通学者
　　・事案に利害関係を有する者

①手続き実施の周知（予告）

《手段》
広報・市ホームページ

《予告内容》
・案の名称
・意見の提出方法、期間

②施策等の案の公表

《手段》市ホームページ、実施機関での閲覧など

《公表するもの》
・施策等の案
・施策等の案を理解するために必要な関連資料　など

●募集期間：原則1か月（短縮する場合あり）
●氏名等が明らかな意見のみ対象
●意見提出方法：郵便、ファックス、電子メール等

諮問

実施

審議会

答申

意見等を反映させ施策等の意思決定

《意見等の公表》
・意思決定に係る施策等を公表するとともに、提出された意見の概要及び意見に対する実施機関の考え方を公表

出典：富山県魚津市ホームページ　https://www.city.uozu.toyama.jp/attach/EDIT/004/004770.pdf
（閲覧日：2020 年 11 月 15 日）

伊勢原市が進める協働事業制度

伊勢原市では、市民活動団体と市との協働事業を推進していくため、次の２つの制度を進めていきます。

◇市民提案型協働事業制度
　　市民（市民活動団体）が企画・立案するもので、市と協働で事業を行うことにより、地域の課題解決または市民生活の向上に寄与するもの

◇行政提案型協働事業制度
　　市が現在実施しているかまたはこれから実施する事業のうち、市から市民活動団体へ提案して協働を呼びかけるもの

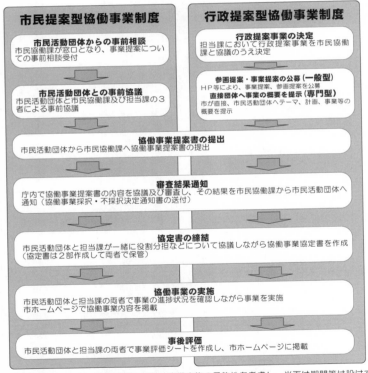

☆提案時期については、協働事業の促進や事業実施の柔軟性を考慮し、当面は期間等は設けず、随時受け付けます。

出典：神奈川県伊勢原市ホームページ「伊勢原市市民協働マニュアル《概要版》」
　　　https://www.city.isehara.kanagawa.jp/docs/2012060100031/file_contents/R1kyoudoumanyuaru.pdf
　　　（閲覧日：2020 年 11 月 15 日）

協働事業制度

対象となる市民活動団体は？

　市民提案型協働事業及び行政提案型協働事業の対象となる市民活動団体は、原則として、次のいずれの要件も満たす団体です。※行政提案型協働事業(専門型)の場合を除く

> 1．5人以上の団体で、構成員の2分の1以上が市内に在住・在勤・在学
> 2．活動拠点が市内である
> 3．運営に関する会則等があり、適正な会計処理が行われている

次のような団体を想定
しています

①特定非営利活動法人（NPO法人）
②市民活動団体、ボランティア団体
③地域コミュニティ組織
④その他市民活動団体等（教育・研究機関、公益団体、民間事業者など）

対象となる事業は？

　市民提案型協働事業及び行政提案型協働事業の対象となる事業は、原則単年度事業（毎年度審査を経て継続可）で、次の要件のいずれにも該当する事業です。

> 1．市民が受益者となる公益的な事業
> 2．市民活動団体の先駆性、専門性等の特性を活かした事業
> 3．市民活動団体と行政の役割分担が明確かつ妥当であり、協働で実施することにより相乗効果が期待できる事業
> 4．協働事業の実施年度において、市の他の制度による補助金等の対象になっていないもの
> 5．次のいずれにも該当しない事業
> 　・公序良俗に反するもの
> 　・営利を目的とするもの
> 　・政治・宗教に関する活動を目的とするもの

次のような事業を想定
しています

①きめ細かく柔軟なサービスを提供する事業
　例）子育て支援、障がい者支援、高齢者生きがいづくり、介護相談等
②特定の分野に専門性を必要とする事業
　例）市民活動団体の運営支援、難病の支援、傾聴ボランティア育成等
③市民活動団体が先駆的に取り組んでいる事業
　例）子ども虐待防止、ニート防止、DV防止、ポータルサイト運営等
④地域の実情に合わせながら進める事業
　例）防災講座、まちの景観づくり、愛着ある道路・河川づくり等
⑤市民が主体的に活動する事業
　例）ゴミの減量等、外国籍市民への支援、子どもへの読書普及活動等

344

の地域に根差した事業を市民の発案でおこない，施設単位でその事業を運営することもある。

　かつてアーンスタインは，図表23-4のように，市民参加の階梯を8つのレベルに区分した。世論操作，緊張緩和，情報提供，意見聴収，融和策，パートナーシップ，権限移譲，市民のコントロールの8つである。世論調査と緊張緩和は非参加であるが，情報提供，意見聴収，融和策の3つは名目上の参加に過ぎず，パートナーシップ，権限移譲，市民のコントロールが市民に権力が付与されたといえるものである。以下，効率，有効，代表・正統の3つに区分しながら参加の諸相を分析してみたい。

図表23-4　アーンスタインの市民参加の階梯

8	市民のコントロール citizen control	┐	
7	権限委任 delegated power	├	市民権力 citizen power
6	パートナーシップ partnership	┘	
5	宥和策 placation	┐	
4	表面的意見聴取 consultation	├	名目的参加 tokenism
3	情報提供 informing	┘	
2	緊張緩和 therapy	┐	非参加 non-participation
1	世論操作 manipulation	┘	

出典：Arnstein, S. R.（1969）"A Ladder of Citizen Participation,"
Journal of the American Planning Association, 35(4), 216-224.

3．住民参加の意義と限界

＜参加の効率性＞

さきに直接請求制度として，条例の制定・改廃の請求，いわゆるイニシアティブ，リコール制，事務の監査請求，住民投票，住民監査請求について触れた。たとえば，条例制定の請求は有権者の50分の1が必要とされるが，それらの請求のハードルは高い。そのため，この住民発案のコストを下げる改革が重要である。

他の参加デモクラシーの制度においても同様に，効率は大きな課題である。なぜなら，直接デモクラシーの設計は参政権の行使や間接デモクラシーの補完としての意義は大きいものの，ダールが『規模のデモクラシー』で指摘したように，直接デモクラシーはコストが大きく，小規模の政治社会で実現しやすいからである。逆に，大社会においては間接デモクラシーの方が効率よく，そのために自治体における選挙では，首長や議員へ住民の意思が信託されることが一般的である。

直接請求や住民投票などのイニシアティブやレファレンダムは，重要な案件や二者択一的な選択では効率的になる。しかしその前段階の審議・熟議が必要となり，そのためには膨大なコストがかかる。すべての案件に関して市民会議を開催することはできないため，重要な案件に限定して開催することが必要となる。福祉やジェンダーの問題全般について社会的マイノリティの意見を反映させる方法としては効率的ではない。当事者を多く参加させることは不可能であるし，多数の人びとへ関心をもって行動・発言してもらうことも現実的とはいえないかもしれない。

図表23-5で示したように，市民会議に代表される参加方式の効率は一般的に低い。ただし，討論型世論調査においては熟議（審議・討議）デモクラシーの合意形成の非効率を補う形でアンケート調査の効率が組み合わされている。アンケート調査自身は住民の標準特性を知る方法として効率的な方法であるため，

図表23-5　参加デモクラシーの諸相

	市民会議	パブリック・コメント	市民協働事業
内　容	住民主導の会議	意見や改善案の提示	市民の企画案の運営
形　式	市民討議会，討論型世論調査，コンセンサス会議，市民陪審	パブリック・コメント公聴会，聴聞会，パブリック・インボルブメント	市民提案型事業公共施設での事業運営
効　率	非効率（アンケート調査で改善）	効率	非効率
有　効	合意形成は有効政策形成は非有効	合意形成は非有効政策形成は条件付有効	合意形成は条件付有効政策形成は有効
正統(代表)	相対的に高い	低い	高い
政策例	条例，環境，生命倫理男女共同参画遺伝子組み換え食品	行政活動一般	行政活動一般提示されたテーマ

出典：筆者作成

　アンケート調査を組み入れる手法は審議デモクラシーの非効率を改善し，参加デモクラシーの効率を向上させる工夫の一つといえる。

　またパブリック・コメントの制度は，電子社会において効率的な意見聴取方法である。多数の原案を国民・住民へ一度に発信し，パブリック・コメントを不特定多数の国民・住民から求めることも可能である。すべての案件について目を通してコメントする国民・住民はいないが，関心を寄せる案件に対して意見を提案するならば国民のコストも低くなるので，参加の量も拡大する。福祉やジェンダーの問題に関しても，社会的マイノリティの意見を反映する方法としては効率的である。ただし，新規・廃止・修正の事業すべてをパブリック・コメントの対象にするならば，自治体の各部局には負担の大きい制度である。人口規模が大きければ大きいほど，都市化された自治体であればあるほど，意見提出者や件数が多い傾向がある。小規模の自治体にとって，パブリック・コメントの効率性は高くないかもしれない。

　市民協働事業について，事業を発案したり事業を遂行していたりする住民については，事業を精査することで行政によって権威づけされることになるので，

必ずしも非効率な方法ではないかもしれない。目的や対象を限定すれば効率的
な事業展開になるが，応募件数は限られる。しかし，もし多くの市民提案が提
出されれば，事業運営にはかなりコストがかかる。またコミュニティ・センタ
ーや公民館の運営で協働事業が展開されているが，これについても大規模な事
業ではなく，地域の特性や容量に応じて展開することが望ましい。市民提案型
事業にせよ施設協働型事業にせよ，福祉やジェンダーなど社会マイノリティの
恒常的な事業が展開されるには，地域社会にこれらの問題に取り組んできた複
数の非営利団体が存在する必要がある。

＜参加の有効性＞

　参加には社会の合意を形成する過程の側面と政策の効用を上げる結果の側面
がある。ここでは合意形成と政策形成の２つの側面から検討してみたい。
　第１は，合意形成の側面である。市民会議の形式は様々であるが，それは熟
議（審議・討議）デモクラシーの制度設計であるため，社会合意は得やすい特性
をもっている。熟議（審議・討議）デモクラシーは多数決の結果ではなく合意形
成の過程を重視し，審議の過程で相手を説得し自分の意見を修正する可能性を
秘めている。効用としては専門知と地域知の動員が可能となり，サイレント・
マジョリティの意見を吸収することも制度的に可能である。参加を通じた政治
教育の側面をもち，時間はかかるが意見が二分する事態は回避することができ
る。福祉やジェンダーなど社会的マイノリティの意見を擁護して議論を進める
合意形成を行う方法としては有効である。
　これに対してパブリック・コメントは行政当局と国民・住民一般のコミュニ
ケーションであるため，社会合意形成の効用はない。むしろ社会に存在する多
様な意見を行政が知る機会を確保しているのであり，多様性を統合する機能が
期待されているわけではない。マイノリティとマジョリティが意見を交わすわ
けではなく，多様な意見が修正したり一致したりする過程が存在するわけでは
ない。パブリック・コメントで市民から提案された意見や事実はホームページ
で公開するだけでなく，議論を活発化させるための根拠・論拠を提示する機能

として行政は積極的に活用することも可能である。

市民協働事業については，市民会議とパブリック・コメントの中間的位置づけとなる。もし市民提案型事業を審査する中で審議や議論が公開されて論点や課題が明示化されるならば，その審議の過程は市民会議と同様の機能を有することになる。しかしながら応募件数が少なく，その審議が公開されずに議論も活発に行われなければ，合意形成の機能は発揮できない。施設協働型事業も同様に，事業が発案され採択される過程で議論がどれくらい行われたかによって合意形成の意味は違ってくる。

第2は，政策形成の側面である。一方で市民会議は政策形成としては必ずしも有効ではない。他方で，多数決原理はデモクラシーの最終手段として有効である。意見対立が解消されない場合，最終的には多数が政策を実現する主体となることは民主主義社会として適切である。そのため千代田区の区民会議のように，審議を重ねた後に最終的に投票で優先順位をつける方法でこの熟議（審議・討議）デモクラシーの特性を修正することも行われている。

パブリック・コメントの制度は，アンケート調査が標準的な特性を知るのに適切な参加方法であるのと異なり，特定の利益・情報の収集を行うには最適な参加方法である。パブリック・コメントを行うと，批判的かつ反対の意見が多く集まり，その中から貴重な情報を得ることが可能である。中学校の跡地利用に関するパブリック・コメントでは，その中学校の卒業生や施設利用者から売却反対のコメントが多数寄せられるが，それは住民の多数の意思かどうかは疑問である。納税者の意思を無視した偏った意見かもしれないのである。そのため，参加デモクラシーは目的によって最適な方法を変えることが必要となり，むしろこのような偏りこそがこの参加方式の持ち味である。情報を採用する行政側の裁量は政策形成を大きく左右する。

市民提案型事業であれ施設協働型事業であれ，市民協働事業は市民の意見をくみ取ることが可能であり，各地域に必要とされる事業を提供できるという需要と供給のマッチングという点で有効な方法である。マイノリティの意見をくみ上げて多様性を確保する方法として行政全体の中の補完として位置づけるな

らば，その政策は有効となる。

＜参加の代表性・正統性＞

　次に参加デモクラシーの正統性（代表性）について論じる。従来から参加デモ
クラシーに関しては，その正統性や代表性の点から批判がされてきた。議会迂
回説がそれである。参加デモクラシーは二元的代表制を崩壊させ，首長が政治
支持を調達する手段であるというのが批判の主な主張である。確かに首長部局
への参加が多い現状をみれば，参加は相対的に議会勢力を弱体化させる機能を
担っているし，議会に政権基盤のない首長が参加を政治的に利用するため実際
に行われている手法でもある。しかし政治責任は議会だけではなく，首長も政
治責任を取る主体である。首長部局への政治経路は住民統制の可能性も意味し
ているため，必ずしも二元的代表制においてマイナス効果だけではない。

　市民会議は合意形成や政策形成において重要な役割を果たすが，その組織が
決定機関として条例で位置づけられているわけではないことを考えれば，その
正統性や代表性は第一義的なものとして評価することはできない。すべての権
能がエンパワメントされたわけではないのである。この点は首長や議員とは異
なる。市民会議の提案は首長や議員が意見や提案を最大限尊重しなければなら
ない尊重義務のあるものとして理解するべきであろう。その点は審議会一般と
変わらない。無作為抽出による参加が試行され，それは審議会の正統性や代表
性を修正する試みではあるが，参加率の低さからみると，無作為抽出は代表性
を示すとまではいえず，高い意識を有する一部の市民が選出されているという
特性は否定できない。市民会議と比べて，討論型世論調査は代表性や審議性を
担保することができる手法である。

　パブリック・コメントについては，行政手続法や自治体の条例・要綱に基づ
く意見聴取制度であり，その参加の正統性は担保されている。しかしその意見
は国民や住民の意思を代表しているかどうかには疑問がある。前述したように，
意見の偏りこそこの制度の特性であるため，手続きの正統性は十分とはいえな
い。しかも採用での恣意的裁量の課題を考えれば，代表性を補完するための制

度保障が必要となるであろう。

　市民協働事業については，市民提案型事業が採択されれば，それは正統な事業として位置づけられる。また学校区ごとに設置されたコミュニティセンターや公民館の施設協働型事業は最大限自治が尊重される中で運営されているものであるので，3つの参加デモクラシーの中では最も正統性や代表性の特質を有する事業となる。住民自治の下で行われた事業としては最適なものといえるであろう。

　このように参加デモクラシーは間接民主主義の制度である選挙に代替する参加方式ではない。議会への住民参加の可能性も模索されており，議会委員会への住民参加の可能性，委員会・公聴会への住民参加も具体的に試行されているところである。

【確認問題】
　1．条例の制定・改廃の請求権が有権者総数の50分の1以上の者の連署により認められている。
　2．討論型世論調査では，アンケートと集団討論・質疑応答が繰り返し行われ，自分の意見を修正しながら合意が形成される。
　3．パブリック・コメントは，特定の利益や情報を得るには適切であるが，偏った情報が集まる可能性もあり，代表性を補完する制度保障が必要である。
　4．住民投票には個別の案件に対する拒否権行使の側面が強くなる。
　5．市民会議ではメンバーを選出する方法として住民票から無作為抽出方式が採用されている場合があるが，それは住民が能動的な市民であることを前提としている。

【練習問題】
　LGBT（性的少数者）に関する議論を市政で深めるために，本章で示された3つの参加方法（市民会議，パブリック・コメント，市民協働事業）の中から検討する

ように市長が市職員へ指示した。あなたが担当職員ならば，市長に対して，どのような参加方法（ひとつまたは複数）を活用するように提案するか，提案する参加方法，それを採用する理由，想定される効果・課題を述べなさい。また，提案しない参加方法についても，採用しない理由，想定される効果・課題を述べなさい。

【ステップアップ】

西尾勝（1975）『権力と参加』東京大学出版会

　著者は地方自治の研究に始まり，官房の研究，概念の研究などを経て地方自治の研究に戻っていった。その研究系譜の中で出発点となった研究の成果である。1960年代半ばに参加の問題が現実でも研究でも高まりをみせた時代背景も本書から読み解くことが可能である。細かい事例について初心者には理解しにくい点もあるかもしれないが，助手論文を原型とする「アメリカにおける大都市行政の構造（一）～（七）」『国家学会雑誌』79巻3・4号，5・6号，7・8号，11・12号，80巻1・2号，5・6号，7・8号，1965-1967年と合わせて講読すれば，参加の諸相についてより理解を深めることも可能である。

主な参考文献

足立忠夫（1975）『行政と平均的市民——土地収用と市民——』日本評論社

坂野達郎（2012）「討論型世論調査（DP）」篠原一編『討議デモクラシーの挑戦』岩波書店

柴田直子・松井望編（2012）『地方自治論入門』ミネルヴァ書房

篠原一（2004）『市民の政治学』岩波書店

篠原一編（2012）『討議デモクラシーの挑戦』岩波書店

ロバート・A・ダール，エドワード・R・タフティ（1979）『規模とデモクラシー』（内山秀夫訳）慶應通信

高木鉦作著，東京市政調査会編（2005）『町内会廃止と「新生活協同体の結成」』東京大学出版会

高木鉦作編（1981）『住民自治の権利　改訂版』法律文化社

常岡孝好（2003）『パブリック・コメントと参加権』弘文堂

西尾勝・大森彌編（1986）『自治行政要論』第一法規出版

日高昭夫（2018）『基礎的自治体と町内会自治会：「行政協力制度」の歴史・現状・行方』春風社

キャロル・ペイトマン（1977）『参加と民主主義』（寄本勝美訳）早稲田大学出版部

寄本勝美（1993）『自治の形成と市民』東京大学出版会

コラム⑫ 審議民主主義の経験

　ある自治体の審議会でコミュニティセンターの見直しを行う機会があった。自治の原則でコミュニティセンターの運営には市役所が介入しないことになっていたため，審議会も介入はしないが見直しを行うための手法に苦労した。結局，各コミュニティセンターで自主点検をおこなってもらい，それを合同セミナーで発表してもらい，それぞれの発表から学ぶ方式を採用した。

　しかしそれまでの過程は，審議会のメンバーであるコミュニティセンターの代表の人達に敵でないことを理解してもらい，「文章が硬い」「上から目線だ」と非難されながらも，辛抱づよく説得し，各コミュニティセンターを回って住民と審議と討議を繰り返した。10か所近く回り，議論は数時間に及ぶこともあった。

　ただし，町内会がないといわれてきたその自治体にも2か所自治会があることを知り，また住民との討議のなかから自分をふりかえり学ぶことも多かった。まさしく審議民主主義の実践であり，協働の中で一般住民から学ぶことが多いことを身にしみて感じた経験であった。

第 24 章　行政学説史

　本章の目的は，行政学全般を概観するために行政学の学説史を説明することである。官房学，シュタイン行政学，アメリカ行政学の歴史的展開を検討し，組織理論との交錯を示す。行政学の現代的課題を概説する。

1．官房学とシュタイン行政学

＜官房学の背景と特色＞
　17 世紀半ばから 18 世紀後半にかけて，ドイツ・オーストリア各地で発達した官房学は，絶対君主の下で発展した実用的技法である。当時，三十年戦争後のウエストファリア条約（1648 年）により神聖ローマ帝国は連邦制へ移行し，各領邦君主は領邦主権が認められ絶対君主をめざして経済的にも軍事的にも競争していた。
　ここで官房とは，君主を補佐していた集団であり，近代官僚制の萌芽でもあった。官房学とは，領邦君主のための実用学・統治技術であり，農業経営方策，鉱山開発方策，都市商工業の振興方策，税政策などの経済政策により君主の財産の維持拡大をめざしたのである。当時の領邦君主の歳入源は，ドメーネン（王家の直轄領地からの収入），レガーリエン（都市商工業者などへ課した特権収入），ベーデ（領邦内の封建諸侯を通じて臣民に課した分担金収入）などから構成されていた。
　後見主義的・幸福促進主義的イデオロギーが「公共の福祉」の名の下に正当化され，そこに政治と行政の区別はなかった。国家の意思を創る者は君主であり，その意思や権威を体現するのは家臣であった。

＜官房学の系譜＞

この官房学の系譜を3つに区分しておく。図表24-1をみてほしい。

第1は，前期官房学である。ベッヒャー，ヘールニク，シュレーダーという論者は，具体的な実践的な献策をおこなう著作をあらわした。現在でいう財政学や経済政策の混合的なものであり，「公共の福祉」の思想的基盤は神学であった。

第2は，後期官房学である。1727年プロイセンのハレ大学，その後フランクフルト大学で官房学講座が開設され，大学で組織的な教育が開始された。ユスティ，ゼッケンドルフ，ゾンネンフェルスは官僚養成用の教科書を作成し，前期官房学に比べてより総合的，体系的，理論的なものであった。ユスティの『警察学』は，経済政策や財政学とは区別された警察学（ポリツァイ）の体系を確立しようとしたものであり，警察国家では国家資材の概念を基礎に警察学の体系が展開され，警察学の目的は国家資材の直接保持とされた。

第3は，官房学の後の展開である。1806年に神聖ローマ帝国が崩壊し，ドイツ・オーストリアで憲法論争が起きた。絶対君主制から立憲君主制へ移行するにつれて官房学は衰退し，ドイツ流の財政学，経済政策，国家学，行政学，公法学へ分化発展した。19世紀にはベルグやモールの警察法学が発展し，それは自然法哲学の影響を受けたものである。法治国家思想を形成し，君主をも拘束する法の観念や君主と臣民の一致調和をはかろうとした。官房学は，立憲主義・法治主義の下，法律による行政の原理によるドイツ行政法学に取って代わられたのである。

＜シュタイン行政学＞

19世紀半ばから後半にかけて，ドイツ・オーストリアは近代化の中にあった。市民改革運動，ドイツ同盟（1841年），ドイツ関税同盟（1834年），三月革命（1848年），フランクフルト憲法制定（1849年），北ドイツ連邦（1867年），ドイツ帝国成立・ビスマルク憲法発布（1871年）がそれである。統治構造を大きく変化させたのは憲法論争であった。君主の主権も憲法によって制約を受けるとするも

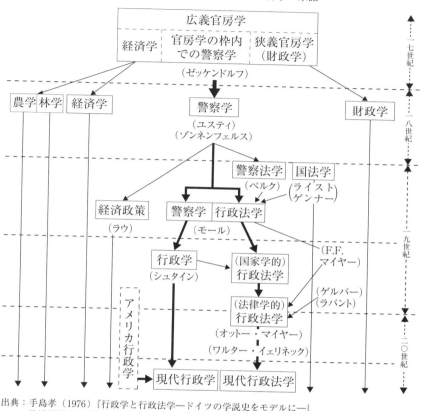

図表 24-1　ドイツにおける行政科学の系譜

出典：手島孝（1976）『行政学と行政法学—ドイツの学説史をモデルに—』
　　　辻清明編代表『行政学講座 1　行政の理論』東京大学出版会，2 頁

　のである。君主の恣意が介入しやすい警察（行政）活動を議会が制定した法律
によって拘束すべきとする考えは，ランバートや O・マイヤーの形式的公法学
で唱えられ，実証的公法学へと発展した。
　このような歴史的背景の中，19 世紀後半に官房学と公法学の「両学派の中間
の時期にその位置を占め，両者の何れの要素もその裡（うら）に包容する独自
の学説を樹立した」（辻清明）のがシュタイン行政学である。シュタインは日本

において伊藤博文が明治憲法制定にあたって教えを請うたオーストリア大学の国法学者でもあった。その学説の特色は，第1に，絶対主義的な「警察」概念を「憲政」と「行政」とに分解し，第2に，その両者の間に「憲政が行政に対立する」「行政が憲政に対立する」という二重の関係を設定した点にある。憲政が行政に対応し，行政が憲政に対応する二重構造の設定である。「憲政が行政に対立する」とは，議会が定立した法律により行政を拘束する法治行政原理を支持することであり，「行政が憲政に対立する」とは，市民社会の階級的矛盾を是正するための積極的な行政の役割を期待した。「憲政は，その固有の概念に基づいて，行政の活動なくしては無内容であり，また行政はその概念上，憲政なくしては無力である」（シュタイン）と述べている。

　行政は決して抽象的な憲政原理の単なる具体化過程を意味するのではなく，憲政の具体的な価値そのものが行政の現実的機能によって規定されるとした。これは行政法学の憲政優位の原則につながる議論である。また，法治行政原理の形式性を看破し，行政法学は法を公法と私法とに区分する論理により，議会勢力の及び得ない行政の自由な法解釈と裁量の余地を設定した。民主勢力の台頭に対抗しつつ近代国家の形式を整えながら官僚制支配を維持することを考えた。

　このシュタイン行政学は，行政に憲政を制約する独自の権能を期待したこと，現実の社会動態との関連で行政を理解しようとしたこと，社会科学的な認識から憲政と行政の二分論を主張したことに革新としての意義がある。しかしながら，不徹底な立憲君主制を正当化し，結果的に絶対主義的官僚制を温存させる理論を提供した保守的な側面は否定できない。

2. アメリカ行政学の系譜

＜発展理由と系譜＞

　現代行政学は，19世紀末のアメリカに生まれ，第一次世界大戦後に飛躍的に発展し，世界各国へ普及した。その背景には，当時の猟官制に基づいたアメリ

カ民主主義のままでは社会の課題に対応できないという認識があったのである。その特色は，執政機関の一元化と官僚制原理の導入であり，民主制と官僚制，民主性と能率性を接ぎ木する改革が行われた。逆説的にいえば，アメリカにはヨーロッパのような官僚制が成立していなかったがゆえに，官僚制を作動させるための学問として行政学がアメリカで発展したのである。西尾勝によると，それは3つの制度改革に基づくという。

　第1は，公務員制度改革である。猟官制度を廃止し，資格任用制度を採用する改革が行われた。公務員の任免が情実任用や猟官制によって行われ，政党政治の行政への介入で混迷していたためである。

　第2は，地方自治制度改革である。市政の腐敗を根絶する市政改革運動が展開され，市民党という第三政党の結成で改革派の市長が擁立された。これは州憲法，地方自治法，都市憲章の改正を州議会へ働きかけ州地方関係を見直すこととなり，市政調査会を設立して市政を客観的・科学的に調査分析し，行政技術の面から改革案を提示することになった。

　第3は，軍制改革である。当時の陸軍長官の名前を取ってルート改革といわれる。米西戦争で軍の運用・補給が混乱した経験から，連邦軍と州兵との関係を見直し，陸軍に陸軍参謀部と陸軍大学校を設置した。陸軍のスタッフ機能を見直し，近代化が進められたのである。

　西尾勝の理解によると，アメリカには行政理論と組織理論の二つの系統の流れがあり，ある時は結合し，ある時は分離する発展史をとげている。アメリカ行政学は組織理論を摂取しながら発展し，その理論的骨格をなした。そのため組織理論の理解なくして行政学を語ることはできない。

<政治・行政分断論>

　初期のアメリカ行政学において，政治・行政分断論を主張したのはW・ウイルソンの『行政の研究』，F・グッドナウの『政治と行政』である。彼らは政治の領域と行政の領域を峻別すべきとし，行政の自律性を強調した。政治の論理から自由に専門知識に基づく行政の論理が形成されるべきとした。なぜなら，

腐敗した政党政治から行政を開放し，管理の合理的改革を通じてアメリカ民主政治の再生をめざすことが必要不可欠と考えられたからである。行政における技術の領域を強調したため，政治・行政分断論（政治・行政二分論）は技術的行政学ともいわれる。

　彼らは19世紀末から20世紀初頭の公務員制度改革，市政改革，軍制改革への対処として方策と理論を提示した。政治＝政党政治，行政＝執政職を頂点とした行政府として認識され，資格任用制による官僚制を養成し，継続的な業務の領域を確立することが重要であるとした。20世紀初頭，アメリカ行政学の関心は効率的な管理方法の確立に移行し，人事管理・労務管理・財務管理・事務管理・組織管理で行政学の論理と手法を構築することが課題とされた。

　その際に枠組みとしてテイラーの科学的管理法が適用された。ニューヨーク市政調査会を中心に科学的管理法の発想と技法を自治体の財務管理・人事管理・組織管理へ応用した。また，連邦政府レベルにおいても1910年「能率と節約に関する委員会」（タフト委員会）が設置され，能率性の導入が議論された。

＜POSDCORB行政学＞

　1930年代のアメリカ行政学は，POSDCORB行政学または正統派行政学といわれる。これは後述する古典的組織理論と一体的に展開した。F・ルーズベルト大統領が設置した「行政管理に関する大統領諮問委員会」（ブラウンロー委員会）において，ニューディールを背景にして組織再編成による執行権強化の方策が模索された。ギューリック・アーウィック編『管理科学論集』が提出され，そこではPOSDCORBという7つの管理機能，つまりPlanning（計画），Organizing（組織），Staffing（人事管理），Directing（指揮命令），Coordinating（調整），Reporting（報告），Budgeting（予算）の造語が提示されている。これは経営学者ファヨールの管理論から示唆を受けたものである。行政の科学における基本善は「能率」であり，「能率」は行政の価値尺度においてナンバーワンとされる。合理的な組織編成を行うには，「なされるべき仕事」の論理的配列を確定することが先行すべきとされた。人に仕事を合わせるのではなく，仕事に人を合わせるべきであ

るとされた。

　職務の割り当ては，組織目的を分解し，目的・手段の連鎖構造を設計し，権限を配分し，責任を確定させる手順をとる。命令一元化の原理では，組織の頂点から末端まで指揮命令系統を単純化し，一元的に整序すべきとされる。フラットな組織を想定して生産ラインに応じて職長を配置した機能的職長制と異なり，統制範囲の原理では，一人の上司が直接効果的に監督できる部下の数には限度があるとするものである。同質性の原理とは，技術的効率性を高めるためには同質的な仕事をグルーピングすることが望ましいとするものである。階層標準化の原理はできるだけ階層数を減らして命令の連鎖を少なくするべきとするものである。部門編成の原理とは，目的（治水，防犯，教育），作業方法・過程（工学，統計，会計，法制），対象（顧客，退役軍人，貧困者，森林，公園），地域の4つの基準で組織編成を行うとする基準である。

　組織編成原理の影響としては，連邦レベルにおいては予算局・大統領府の創設として結実した。トップを補佐して統括管理機能を担当するスタッフ機関の創設である。地方レベルにおいては，シティ・マネージャー制度の創設として制度化した。市会（カウンシル）が市の執行権をシティ・マネージャー（市支配人）に委ね，一元的な指揮監督関係を形成するための市政改革である。

＜政治・行政融合論＞

　1940年代のアメリカ行政学は，機能的行政学と呼ばれる。J・M・ガイス，C・J・フリードリッヒ，D・ワルドー，F・M・マークスなどが主たる論者である。当時，産業社会が成立し，各国共に管理統制国家を経験した。アメリカもその例外ではなく，ニューディール期の政府介入を契機に行政機能の肥大化がはかられた。行政権の優越化という現象が生じ，アップルビーやサイモンのように実務へ参加する行政学者も現れた。

　しかし彼らが見た行政の世界は，教科書で語られる世界とは全く違う世界であった。政治と行政は連続・循環・融合した不可分の過程であり，政治と行政の分断という事実認識と価値判断は不適切なものとなっていた。大統領府創設

の政治過程において，関連業界，議会との折衝，三者間の合意は政治と切り離すことができない行政の世界であった。また，独立行政機関とすべきか農務省の一部局とすべきかという議論は，従来の組織編成原理が通用しない論理であった。彼らが大学で学んだ政治とは党派であり，行政とは技術または管理であったが，彼らが見た政治とは政策決定であり，行政とは政治の決定そのものであった。

　このようにして正統派行政学への批判が生じ，サイモンは組織編成原理が「行政の諺」にすぎないと断じ，実証的分析に耐えうる諸概念とアプローチの提示が必要と訴えた。ダールは「行政の科学」の中で能率価値を強調し，人間行動を完全合理的存在とすることを問題視し，社会的背景を重視すべきとした。ワルドーは1948年に著した『行政国家論』において，規範的能率と客観的能率の区別，能率を行政の最高の価値とすることを疑問視した。

3．組織理論の摂取

＜科学的管理法から古典的組織理論へ＞

　アメリカ行政学にとって組織理論はその骨格であり，それを無視して学問的成立はありえなかった。逆にいえば，組織理論を摂取したからこそアメリカ行政学は学問として成立し，世界の中で優越的な立場を形成できたのである。まずその目的と背景から説明しよう。

　F・テイラーは，19世紀末にハーバード大学を中退し，工場労働者として働き，その経験を著作としてあらわした。『職場管理』（1903年），『科学的管理の諸原理』（1911年）がそれである。彼は工場生産の作業能率を高めようとする能率増進運動を主張し，科学的管理メカニズムの適用による労使双方の「精神的態度および慣行の完全な革命」を通じて労使間の有機的協調を図ること，唯一最善の方法を発見することを目的として，科学的管理法による文明革命を実現しようとした。

　19世紀末から20世紀初頭のアメリカでは，中南米から未熟な移民労働者が

流入し，使用者の賃金切り下げと労働者の組織的怠業が頻繁に起きていた。労使対立から起きる非能率が恒常的に起きており，科学的管理法はこのような状況を打破するため能率性を向上させるアイデアの集大成である。

　科学的管理法の内容とは，「動作研究」を通じて，あるひとつの作業を構成している各部分を要素動作として抽出する。熟練労働者が各要素動作を遂行するのに必要な最短時間を「時間研究」によって得る。この二つを組み合わせて，最も能率的な作業基準を設定しようとした。標準化とは，作業者の行動方針となるよう作業や事務を特定し，作業や事務の指導表・指図表を作ることであり，統制とは組織成員が責任をもって割当てられた仕事を遂行できるよう配慮し，その基礎条件を確立することである。協働とは共通の目標と個々の職務との相互関連を有機的に把握し，この共通目標をより能率的に達成するように職務を配列し統制の条件を整えることであった。

　この科学的管理法の影響は大きく，企業組織の能率増進運動・行政調査運動に影響を与え，科学的管理法を中心とした管理の理論は1920年代から1930年代に急速な発展をみた。1906年設立のニューヨーク市政調査会による行政調査運動，1911年の節約と能率に関する大統領委員会の設立，1910年以降のシティ・マネージャー制度の確立，1921年予算会計法の制定，1923年職階法の制定が具体的な影響の例である。レーニンもテイラー・システムを評価しているほどである。このように適用される組織が拡大するにつれ，科学的管理法のようにフラットな工場生産ラインを想定した作業の科学から，さらに古典的組織理論では前述したように組織（編成・管理）の科学へと関心が拡大していった。

＜人間関係論＞

　ウエスタン・エレクトリック社のホーソン工場で，メイヨーに率いられたハーバード大学グループが，作業条件の変化と従業員の「心理的要因」が生産性の向上にどのような影響を及ぼすのか，調査を行った。その調査の結果，非公式組織を発見することになり，非公式組織が組織の能率向上に貢献していることが明らかにされた。

またフォレットは『新国家論』の中で,「人間の創造精神は孤立した自我の中ではなく,集団の組織を通じて開発される」とし,テイラーの原理を一部継承しながら「機能」と「地位」の対応関係を否定し,組織に心理的要因を導入して理論を構築した。最終権威と複成権威の区別とは,実際の権威は各職位に内在し,複数の権威が組織目標に向かって一致するときに組織の権威が発生とするものであり,状況の法則とは,組織における命令は組織が当面する状況を把握する力として理解すべきとし,上位者も下位者も状況の支配をうけているとした。建設的コンフリクトにおける統合の原理とは,組織が生命を維持し安定性を獲得するためには常に紛争が必要とするものであり,コンフリクトにより個性の開発が可能になるとさえ述べている。メイヨーもフォレットもアーウィック編集の『管理科学論集』に論文が掲載され,構造と動機づけの理論的統合に貢献し,現代組織理論への道筋を示した点は重要である。

＜現代組織理論＞

第10章で論じた能率的な組織構造をめざした古典的組織理論と,第18章で論じた最適な人間関係をめざした人間関係論とを統合したのが,バーナードとサイモンの現代組織理論である。

バーナードは,ニュージャージー州のベル会社社長であったが,テイラーが科学的管理法を提示した際の工場労働者の増大という歴史的文脈と異なり,バーナードが理論を構築した当時はホワイトカラーの増加が顕著であった。テイラーはフラットな組織を想定したが,バーナード以降の現代組織理論は階層の多いピラミッド型組織を想定して理論構築した。

バーナードは,『経営者の役割』の中で協働体系を「石を動かす人々の行為」に例えながら,具体的な作業全体として,石の重さ,道の状態,丸太の強靭さ,人A〜Fの心理状態,力や腕の長さ,賃金水準,人間が協力し合って働いている姿を概念化した。

彼は公式組織と非公式組織の関係について,公式組織が十分作動しない領域に理解力と動機づけを与えるのが非公式組織であり,公式組織も非公式組織が

なければ存在できないとした。権威の受容とは，人間行動に影響を与えるときに無批判・無検討で受容するものであるが，それには限界があり，その限度内の範囲を権威の受容圏・無関心圏と呼んだ。

　このバーナードの理論を継承して体系化したのが H・サイモンである。『経営行動』『組織』を著し，組織内部の意思決定過程の研究でノーベル経済学賞を受賞している。彼は経済人モデルではなく管理人モデルを提唱し，最適化ではなく満足化の基準で意思決定をしているとした。また組織の意思決定として決定前提への影響に注目し，認知能力の限界のため限定された合理性の中で願望水準の充足をめざすとし，最適解を求めずに満足のいく選択を行うとしたのである。組織影響力とは一定の意思決定へ誘導する態度・習慣・心理を自らつくりだすことであり，組織の中には公式・非公式の伝達経路が設計され，個人の意思決定の限界を克服するよう設計されているとした。組織の日常の人間行動に着目し，意思決定を組織影響力でいかに統制するか，組織の誘因−貢献の組織均衡をいかに形成するかに着目して理論構築した。

4．行政学の発展

＜一体性の危機＞

　このように，組織理論は行政学の分析枠組みとして貢献し，正統派行政学への批判を行った行政学の理論的基盤を形成した。さらに 1960 年代，行政学は政治学へ回帰し，行政を政治現象として理解するか，管理現象として見るかという基本視角の対立が生じた。「行政学は，著しく分裂の様相を呈している分野である。というのは，政治に対する行政についての研究と内部管理の研究との間に相対的に共通のものがほとんどないからである。政治−行政関係の研究は行政学を政治学に結びつけるが，内部管理の研究は行政学を管理と組織の理論に結びつける」とサイモンは述べている。

　さらに 1970 年代初頭，新しい行政学が主張されるようになった。それは規範性・実践性に対する共感を根底とする考え方である。マリーニ編『新しい行政

学に向けて』（1971年），ワルドー編『騒乱の時代における行政』（1971年）がその代表的な業績である。新しい行政学の主張は，①科学的検証よりも公式組織に有意な行動指針を提供できる規範的知識の提供，②社会的公平への積極的コミットメント，③政治的中立よりも必要な変革に積極的に取り組むべきこと，に要約される。これは従来の論理実証的な方法論への批判でもあった。

＜日本の行政学＞

　日本の行政学は，講壇行政学から出発した。1882年東京大学文学部政治学科に行政学講座が設置され，後に東京帝国大学法科大学へ講座が移る。当初は国法学者K・ラトーゲンが行政学の講座を担当したが，10年で廃止となった。当時の法典整備の状況のためである。ラトーゲン講義録は，ドイツ官房学の流れをくむ国法学であった。またシュタイン行政学の影響もあった。憲法取調べのシュタイン詣でもあり，日本でもL・フォン・スタイン『行政学（上）（中）（下）』の翻訳が渡辺廉吉により行われていた。有賀長雄『行政学　上巻』は，社会学的行政学の代表である。

　その後，東京帝国大学と京都帝国大学に行政学講座が1921年に復活し，国家学からの独立を志向した。東京帝国大学の蝋山政道は，行政制度の構造と機能の独自性に着目し，政治制度，国際制度，経営管理など幅広い関心から研究を行った。のちに政治学から独立した行政固有の論理を模索した。他方で京都帝国大学の田村徳治は法律学からの解放をめざし，人類社会の発展を促す「公共事務の処理」を行政の使命とした。哲学的な壮大な体系をめざすものであった。蝋山政道の後は東京大学で辻清明，そして西尾勝，田村徳治の後は京都大学で長浜政寿，そして村松岐夫が行政学の講座を担った。

　戦後の行政学の特色を西尾勝は，歴史意識の強さ，官僚制研究への傾斜，地方制度研究への傾斜，体制構造分析への指向の4つにまとめている。アメリカ行政学の受容と反発が存在し，学説の導入と管理の世界に留まらない政治学の一分野としての行政学の構築が志向された。

＜ NPM 改革と現代の行政学＞

　1970 年代からの新公共管理（NPM）改革は，実践志向の行政学の一派を形成し，行政学に新しい視点を提供した。また，マクロ的な政治経済学・国家論からのアプローチ，ミクロ経済学の理論的志向性，公共選択・公共経済学の影響など様々な影響が日本の行政学にも及ぼされている。アメリカだけでなく，イギリス，北欧，中欧での行政学の興隆も，行政学の普及と発展に寄与した。

　現代の行政学の特色を 4 つにまとめておく。第 1 に，公共政策への志向性である。程度の差はあれ，現代の行政学は公共政策をどのように取り入れるかを課題としている。第 2 に，経済学を理論的背景とする志向性である。ミクロ経済学を理論的支柱とする傾向は，政治学や社会学でも一般的であり，行政学も同じ傾向にある。第 3 は，学説史思考からの脱皮である。学説の研究と理論の研究とは本来的に異なる。前者は輸入の学問であり，後者は独立の学問である。第 4 に，脱アメリカ行政学の志向性である。かつてはアメリカ行政学をフォローし，その学説を摂取することが一般的であった。近年はアメリカやイギリスのみならず，ドイツ，北欧，イタリア，フランス，韓国の研究も進み，日本を対象とした実証的研究も進んだ。

　ただし，実務志向とマクロ志向の分断は解消されず，政策研究・政治経済学との接点についても模索の段階といえるだろう。学説の蓄積から理論と実証の蓄積へと変わることができるかどうかが，現代の行政学の課題である。

【確認問題】

1．政治・行政融合論の論者が見た政治とは政策決定であり，行政とは政治の決定そのものであった。
2．シュタインは憲政と行政の二重構造を指摘した。
3．政治・行政分断論では，政治＝政党政治，行政＝執政職を頂点とした行政府として認識され，資格任用制による官僚制を養成して継続的な業務の領域を確立することが重要であるとした。
4．官房学とは，領邦君主と官僚のための実用学・統治技術であり，農業経

営方策，鉱山開発方策，都市商工業の振興方策，税政策などの経済政策により君主の財産の維持拡大をめざした。

5．アメリカにはヨーロッパのような官僚制が成立していなかったがゆえに，官僚制を作動させるための学問として行政学がアメリカで発展した。

【練習問題】
　学説の中から1つ選択し，それを分析枠組みとして用いて日本の行政を分析しなさい。

【ステップアップ】
辻清明（1943）「ロレンツ・シュタインの行政学説（一）（二）」『国家学会雑誌』第57巻10号・12号
　行政学説の研究でこの論文以上のものはない。シュタインを学説史の中で積極的に位置づけようとした著者のセンスは突出している。この論文を講読すれば，シュタインが革新性と保守性とを併せ持った稀有な存在であったことが理解できる。学説の内容理解だけでなく，辻清明の学者としての研究姿勢についても学ぶことが可能である。ちなみに，この論文は未完で終わっている。「社会集団の政治的機能」長浜政壽・辻清明・岡義武編『近代国家論　第二部　機能』弘文堂，と併せて現在においても行政学の必読文献である。

主な参考文献
足立忠夫（1992）『行政学　新版』日本評論社
今里滋（2000）『アメリカ行政の理論と実践』九州大学出版会
今村都南雄・武藤博己・真山達志・武智秀之（1999）『ホーンブック行政学　改訂版』北樹出版
鵜飼信成（1950）『行政法の歴史的展開』有斐閣
ハーバード・A・サイモン（1970）「行政理論と行政制度の変動」I・デ・ソラ・プール編『現代政治学の思想と方法』（内山秀夫ほか訳）勁草書房
L・V・スタイン（1887）『行政学』（上）（中）（下）（渡辺廉吉訳）元老院
手島孝（1976）「行政学と行政法学——ドイツの学説史をモデルに——」辻清明編集

　代表『行政学講座 1　行政の理論』東京大学出版会
手島孝（1995）『アメリカ行政学　復刻版』日本評論社
西尾勝（1990）『行政学の基礎概念』東京大学出版会

あ と が き

　この教科書はコロナ禍の真最中に執筆された。大学では遠隔授業で Webex や Zoom のツールを利用することが推奨され，学期末試験もレポート提出となった。レポートでの評価では授業理解度や能力到達度が判定できないと多くの教員が考え，日常の授業で多くの課題を学生に出し，それが学生たちの超過負担につながった。学生が本や論文を読む時間がなくなり，遠隔授業とレポートによる評価により，インターネットだけで情報を収集する傾向が一段と顕著となった。学生たちは本を講読することもなく，図書館利用が難しいため，本や論文の研究蓄積をサーベイすることも少なく，自分の関心を文章にまとめる機会も余力もないのが実情であった。私自身は教育ソフトである manaba のツールを用いて毎週反転授業を行ったが，高い出席率にもかかわらず配布資料を授業の前に講読し理解していた学生は多くはなかった。レポートや論文の作成で学生たちは本や論文などの入手に苦労した。このような制約が多い状況の中で，精度の高い教科書の重要性を感じた教員や学生は多いのではないかと考えている。

　教科書を執筆して多くの研究蓄積のうえに自分が存在していることを改めて実感した。蠟山政道『英国地方行政の研究』，辻清明「ロレンツ・シュタインの行政学説」「社会集団の政治的機能」，長浜政壽『地方自治』，足立忠夫『英国公務員制度の研究』，鵜飼信成『行政法の歴史的展開』など，行政研究には名著・名論文が多く存在している。しかし，昔の業績であるためか，現在では講読されることもなく，引用されることも少なくなっている。行政学の良き伝統は継承したいと考え，これらの研究蓄積を踏まえる形で執筆した。

　ただし，日本の行政学は体系化と理論化が課題であり，本書では章立て構成や組織理論の摂取については新たな工夫を凝らした。具体的な行政や政策の内

容も盛り込むよう努力した。この点は伝統の継承というよりも革新の部分といってもよい。一定の頁数という制約条件の下，教科書は何を書き込むかだけではなく，何を削除するかが著者の重要な判断事項である。公共政策と地方自治についてどれくらい書き込むかが教科書作成の難題のひとつであった。同じ時期に『政策学講義』の改訂作業を行っていたため，記述の重複を避けることにした。公共政策と地方自治について無理をして書き込めば，行政学の重要な論述を削除することになりかねない。そのため，公共政策と地方自治は必要最低限の論述をする方針とした。これらについて詳しくは，関連する教科書を参照していただければと考えている。

　かつて経済学者の森嶋通夫は，社会科学は実験ができないので大学の授業を通して理論の検証を行うと述べ，研究の理論的意義と教育の実証的価値の循環を唱えた。この教科書は，中央大学法学部で行ってきた行政学の講義で作成した講義ノートに基づいている。行政学の講義では毎年革新をめざして新しい講義内容に挑戦した。革新や挑戦といえば聞こえはいいが，その実態は99％失敗の連続である。学生にとっては解りにくく迷惑な講義であったと思うが，この教科書は99％連戦連敗の講義から1％の可能性を見出した帰結である。この教科書の完成で学生への答責を果たすことができればと考えている。

　昨年の春学期はキャンパスが閉鎖状態であったが，秋学期は大学構内に学生も一部戻り，演習など一部の科目で対面授業を再開することができた。学生たちは教員や学生の仲間と一緒の空間で学ぶことの喜びを感じ，純粋に学ぶことの楽しさや大切さを体感したように思う。この多摩キャンパスで教育するのも残りわずかであるが，無事に日常生活を過ごすことができる幸せをかみしめている。

　2021 年 2 月

武 智 秀 之

参 考 文 献

教科書

（中央大学図書館調べ：発行順に掲載したが、第2版などがある場合は最新の版のみ明記した）

有賀長男（出版年不明）『行政学講義』東京専門学校

穂積八束講義（出版年不明）『行政学』出版社不明

L・V・スタイン（1887）『行政学　上・中・下』（渡辺廉吉訳）元老院

ラトーゲン講述（1892）『行政学』八尾書店

有賀長雄（1895）『行政学講義』講法会

田村徳治（1925）『法律学と行政学』弘文堂書房

蠟山政道（1928）『行政学総論』日本評論社

蠟山政道（1930）『行政組織論』日本評論社

蠟山政道（1936）『行政学原論』日本評論社

永田一郎（1950）『行政学概論』有信堂

蠟山政道（1950）『行政学講義序論』日本評論社

吉富重夫（1954）『行政学』有信堂

国井成一（1959）『行政学講義』中央大学生協出版局

辻清明（1964）『行政学講義　上　改訂2版』東京大学出版会

吉富重夫（1964）『行政学講義』有信堂

国井成一（1965）『教材行政学』中央大学生協出版局

長濱政壽（1965）『行政学序説』有斐閣

辻清明著（1966）『行政学概論　上巻』東京大学出版会

吉富重夫（1967）『現代行政学』勁草書房

D・ワルドオ（1968）『行政学入門』（足立忠夫訳）勁草書房

田村徳治（1971）『理論行政学』中央書房

法貴三郎（1974）『行政学概論』文雅堂銀行研究社

法貴三郎（1976）『行政学概論　2』日本経済調査局

H・A・サイモン，D・W・スミスバーグ，V・A・トンプソン（1977）『組織と管理の基礎理論』（岡本康雄，河合忠彦，増田孝治訳）ダイヤモンド社

ピーター・セルフ（1981）『行政官の役割：比較行政学的アプローチ』（片岡寛光監訳，武藤博己，辻隆夫，縣公一郎訳）成文堂

田口冨久治（1981）『行政学要論』有斐閣

加藤一明・加藤芳太郎・渡辺保男（1985）『行政学入門　第2版』有斐閣

村松岐夫編（1985）『行政学講義』青林書房

竹尾隆（1986）『現代行政学』啓文社

H・G・フレデリクソン（1987）『新しい行政学』（中村陽一訳）中央大学出版部

片岡寛光・辻隆夫編（1988）『現代行政』法学書院

西尾勝（1988）『行政学』放送大学教育振興会

足立忠夫（1992）『行政学　新訂』日本評論社

竹尾隆（1994）『現代行政学理論』嵯峨野書院

今村都南雄・武藤博己・真山達志・武智秀之（1999）『ホーンブック行政学　改訂版』北樹出版

佐々木信夫（2000）『現代行政学』学陽書房

クリストファー・フッド（2000）『行政活動の理論』（森田朗訳）岩波書店

西尾勝（2000）『行政の活動』有斐閣

西尾勝（2001）『行政学　新版』有斐閣

村松岐夫（2001）『行政学教科書：現代行政の政治分析　第2版』有斐閣

竹尾隆（2002）『現代行政学』晃洋書房

大住荘四郎（2002）『パブリック・マネジメント』日本評論社

有賀長雄編述（2007）『行政学　上巻内務篇（復刻版）』信山社出版（日本立法資料全集／芦部信喜［ほか］編集：別巻453）

佐藤俊一（2007）『政治行政学講義　第2版』成文堂

ローレンツ・スタイン（2007）『行政学　巻上・巻中・巻下　復刻版』（渡邊廉吉譯）信山社出版（日本立法資料全集／芦部信喜［ほか］編集：別巻442-444）

安章浩・新谷浩史（2010）『身近な公共政策入門：ミクロ行政学入門』学陽書房

福田耕治（2012）『国際行政学』有斐閣

西尾隆編（2012）『現代行政学』放送大学教育振興会

佐々木寿美（2012）『比較行政学』学陽書房

笠原英彦・桑原英明（2012）『日本の政治と行政』芦書房

曽我謙悟（2013）『行政学』有斐閣

佐々木信夫（2013）『日本行政学』学陽書房

牛山久仁彦・外山公美編著（2013）『国家と社会の政治・行政学』芦書房

城山英明（2013）『国際行政論』有斐閣

堀江甚編（2014）『政治学・行政学の基礎知識』一藝社

真渕勝（2014）『行政学案内　第2版』慈学社出版

今村都南雄・武藤博己・沼田良・佐藤克廣・南島和久（2015）『ホーンブック基礎行政学　第3版』北樹出版

ラトーゲン講述（2015）『行政学：完（復刻版）』信山社出版（日本立法資料全集／芦部信喜［ほか］編集：別巻898）

村上弘・佐藤満編著（2016）『よくわかる行政学　第2版』ミネルヴァ書房

外山公美編（2016）『行政学　第2版』弘文堂

西尾隆編（2016）『現代の行政と公共政策』放送大学教育振興会

原田久（2016）『行政学』法律文化社

伊藤正次・出雲明子・手塚洋輔（2016）『はじめての行政学』有斐閣

千草孝雄（2016）『現代行政学研究』志學社

森田朗（2017）『現代の行政』第一法規

ヤン＝エリック・レーン（2017）『テキストブック政府経営論』（稲継裕昭訳）勁草書房

風間規男編著（2018）『行政学の基礎　新版』一藝社

金井利之（2018）『行政学講義』筑摩書房

金井利之（2020）『行政学概説』放送大学教育振興会

真渕勝（2020）『行政学　新版』有斐閣

福田耕治・坂根徹（2020）『国際行政の新展開』法律文化社

講座等

蠟山政道（1965）『行政学研究論文集』勁草書房

渓内謙ほか編（1974）『現代行政と官僚制：辻清明先生還暦記念　上・下』東京大学出版会

辻清明編（1975）『現代行政の理論と現実』勁草書房

今村都南雄（1978）『組織と行政』東京大学出版会

辻清明責任編集（1986）『行政学講座　全5巻』東京大学出版会

R・マインツ（1986）『行政の機能と構造：ドイツ行政社会学』（縣公一郎訳）成文堂

西尾勝（1990）『行政学の基礎概念』東京大学出版会

片岡寛光（1990）『国民と行政』早稲田委大学出版部

片岡寛光（1992）『行政の構造』早稲田大学出版部

村松岐夫（1994）『日本の行政』中央公論社

西尾勝・村松岐夫編（1994-5）『講座行政学　第1〜6巻』有斐閣

今村都南雄（1997）『行政学の基礎理論』三嶺書房

片岡寛光（1998）『職業としての公務員』早稲田大学出版部

森田朗編（1998）『行政学の基礎』岩波書店

新藤宗幸（2001）『概説現代日本の行政』東京大学出版会

今村都南雄編（2002）『日本の政府体系』成文堂

福田耕治・真渕勝・縣公一郎（2002）『行政の新展開』法律文化社

藤井浩司・縣公一郎編（2007）『コレーク行政学』成文堂

東田親司（2008）『私たちのための行政』芦書房

今村都南雄（2009）『ガバナンスの探求：蠟山政道を読む』勁草書房

大住荘四郎（2010）『行政マネジメント』ミネルヴァ書房

大山耕輔（2010）『公共ガバナンス』ミネルヴァ書房

土岐寛・平石正美・外山公美・石見豊（2011）『現代行政のニュートレンド』北樹出版

東田親司（2012）『現代行政の論点』芦書房

森田朗・金井利之編（2012）『政策変容と制度設計』ミネルヴァ書房

縣公一郎・藤井浩司編（2016）『ダイバーシティ時代の行政学：多様化社会における政策・制度研究』早稲田大学出版部

初 出 一 覧

「行政官僚制の動態」今村都南雄・武藤博己・真山達志・武智秀之『ホーンブック行政 改訂版』北樹出版，1999 年，129-162 頁（絶版）

「行政資源の調達と運用」同上，163-195 頁（絶版）

「多次元ガバナンスの構造：統制・調整・契約」『経済学論纂』第 58 巻第 3・4 号，2018 年 3 月，205-217 頁

「人口減少時代の福祉とデモクラシー」『ジェンダー・暴力・デモクラシー』中央大学社 会科学研究所，2018 年 3 月，47-53 頁

「教科書はマニュアルか？：行政学教科書を読み解く」『白門』第 69 巻第 12 号，2018 年 3 月，17-24 頁

「行政学を学ぶ (1)」『白門』第 70 巻第 11 号，2018 年 11 月，12-20 頁

「行政学を学ぶ (2)」『白門』第 70 巻第 12 号，2018 年 12 月，8-14 頁

「行政学を学ぶ (3)」『白門』第 71 巻冬号，2019 年 12 月，23-29 頁

「日本の行政組織改革」『法学新報』第 127 巻第 7・8 号，2021 年 2 月，285-320 頁

※本書の一部は上記の文献を大幅に修正し，残りの大部分は新たに書き足したものである。各章と対応させて列挙はしないが，出典の一覧を列挙しておく。

事 項 索 引

人 名 索 引

著者紹介

武 智 秀 之
<small>たけ ち ひで ゆき</small>

1963 年　福岡県生まれ
中央大学法学部教授　博士（法学）

単著

『保健福祉の広域行政圏構想』地方自治総合研究所, 1996 年
『行政過程の制度分析』中央大学出版部, 1996 年
『福祉行政学』中央大学出版部, 2001 年
『政府の理性, 自治の精神』中央大学出版部, 2008 年
『政策学講義』中央大学出版部, 2013 年
『政策学講義〔第 2 版〕』中央大学出版部, 2017 年
『公共政策の文脈』中央大学出版部, 2018 年

編著

『福祉国家のガヴァナンス』ミネルヴァ書房, 2003 年
『都市政府とガバナンス』中央大学出版部, 2004 年

行 政 学

2021 年 8 月 31 日　初版第 1 刷発行

著　者　　武　智　秀　之
発行者　　松　本　雄一郎

発行所　　中 央 大 学 出 版 部
東 京 都 八 王 子 市 東 中 野 742 番 地 1
郵便番号　192-0393
電話 042(674)2351　　FAX 042(674)2354

印刷・製本　株式会社 遊文舎